myBook+

Ihr Portal für alle Online-Materialien zum Buch!

Arbeitshilfen, die über ein normales Buch hinaus eine digitale Dimension eröffnen. Je nach Thema Vorlagen, Informationsgrafiken, Tutorials, Videos oder speziell entwickelte Rechner – all das bietet Ihnen die Plattform myBook+.

Ein neues Leseerlebnis

Lesen Sie Ihr Buch online im Browser – geräteunabhängig und ohne Download!

Und so einfach geht's:

– Gehen Sie auf **https://mybookplus.de**, registrieren Sie sich und geben Ihren Buchcode ein, um auf die Online-Materialien Ihres Buchs zu gelangen
– **Ihren individuellen Buchcode finden Sie am Buchende**

Wir wünschen Ihnen viel Spaß mit myBook+!

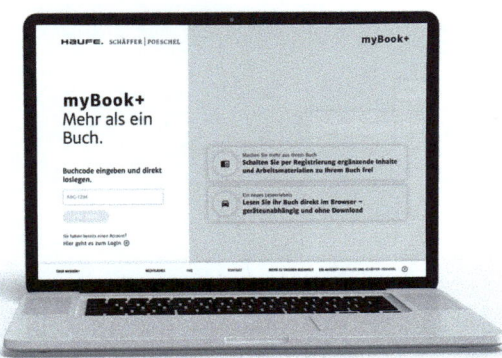

Digitaler Stress: Schattenseite der neuen Arbeitswelt

Dr. David Bausch

Digitaler Stress: Schattenseite der neuen Arbeitswelt

Entstehung, Herausforderungen und Bewältigung

1. Auflage 2024

Haufe Group
Freiburg · München · Stuttgart

Bibliografische Information der Deutschen Nationalbibliothek

Die Deutsche Nationalbibliothek verzeichnet diese Publikation in der Deutschen Nationalbibliografie; detaillierte bibliografische Daten sind im Internet über http://dnb.dnb.de/ abrufbar.

Print:	ISBN 978-3-648-17710-5	Bestell-Nr. 13136-0001
ePub:	ISBN 978-3-648-17711-2	Bestell-Nr. 13136-0100
ePDF:	ISBN 978-3-648-17712-9	Bestell-Nr. 13136-0150

Dr. David Bausch
Digitaler Stress: Schattenseite der neuen Arbeitswelt
1. Auflage 2024, Januar 2024

© 2024 Haufe-Lexware GmbH & Co. KG, Freiburg
www.haufe.de
info@haufe.de

Bildnachweis (Cover): Janine Theißen

Produktmanagement: Mirjam Gabler
Lektorat: Ulrich Leinz

Inhaltsverzeichnis

Geleitwort

Digitale Transformation und mentales Wohlbefinden:
eine gesellschaftliche Herausforderung.

Die unaufhaltsame Welle der Digitalisierung hat unsere Welt in vielfältiger Weise verändert. Die Auswirkungen sind in unserer alltäglichen Umwelt unübersehbar und haben Lebens- und Arbeitsweisen von Menschen stark beeinflusst.

In den letzten beiden Jahrzehnten haben rasant voranschreitende technologische Entwicklungen eine Fülle von Veränderungen hervorgerufen, die heute bereits zur alltäglichen Normalität gehören. So ist ein Smartphone für die meisten von uns ein treuer Begleiter geworden, dessen Fehlen kaum vorstellbar ist. Wenn es dennoch fehlt, verspüren einige von uns ein Unbehagen oder sogar Entzugserscheinungen. Die digitale Welt hat zweifellos unser Leben in vielen positiven Aspekten transformiert. Sie ermöglicht uns den Zugang zu einer Fülle von Informationen, sozialen Netzwerken, Unterhaltung und auch Bildung. Außerdem haben digitale Tools das Potenzial für einen positiven Einfluss auf unser Wohlbefinden. Sie können beispielsweise durch das Tracking von Gesundheitsdaten zu einem gesundheitsbewussten Verhalten beitragen. Apps und Plattformen bieten mittlerweile Möglichkeiten zur Selbsthilfe und können verwendet werden, um Achtsamkeitsübungen, Stressbewältigungstechniken und therapeutische Ressourcen zugänglich zu machen. Seit 2020 nutzen Ärzt:innen und Psychotherapeut:innen sogar digitale Gesundheitsanwendungen (DiGA) zur Behandlung von psychischen Erkrankungen.

Nicht nur Individuen profitieren von digitalen Technologien, sondern auch Unternehmen schöpfen aus ihnen Nutzen. Von der Automatisierung von Prozessen bis hin zum Kundenmanagement und der Unternehmenskommunikation führen diese Technologien zu einer Kostenreduzierung und gesteigerten Effizienz. Die digitale Transformation birgt unbestreitbar viele Vorteile. Das Bundesministerium für Wirtschaft und Energie (BMWi) sieht sie als Schlüssel zur Zukunft der deutschen Wirtschaft. Mit diesem Wandel gehen jedoch auch starke Veränderungen in der Arbeitswelt einher. Die Möglichkeiten neuer Technologien sind somit vielfältig und der verstärkte Einsatz von Künstlicher Intelligenz wird zusätzlich tiefergreifende Veränderungen in allen Lebens- und Arbeitsumgebungen schaffen.

Trotz all der Chancen, die die digitale Revolution mit sich bringt, ist nicht zu übersehen, dass sie auch negative Auswirkungen auf die mentale und körperliche Gesundheit vieler Menschen mit sich bringt. Die rasante technologische Transformation allein kann unser mentales Wohlbefinden und die psychische Gesundheit insgesamt negativ beeinflussen. Zusätzlich sind das Vorhandensein und der Gebrauch digitaler Technologien potenziell mit zahlreichen negativen Auswirkungen auf unsere Gesundheit verbunden. Ununterbrochene Arbeit am Laptop oder Computer, eine Masse an E-Mails und Nachrichten sowie Soziale Medien lenken uns vom eigentlichen Arbeitsprozess ab und verbrauchen zudem viel Aufmerksamkeitskraft. Ein ungesunder Umgang mit digitalen Technologien kann zu psychischen und körperlichen Symptomen führen, sodass eine chronische Müdigkeit, ein Leistungsabfall und auch körperliche Beschwerden wie Kopf- und Rückenschmerzen sowie Stoffwechselerkrankungen folgen können. Ein beunruhigender Trend zeigt sich in der Zunahme psychischer Erkrankungen, wie der »Psychreport« der DAK aus dem Jahr 2023 verdeutlicht. Die Zahl der krankheitsbedingten Ausfälle aufgrund psychischer Erkrankungen ist von 2012 bis 2022 um alarmierende 48 % gestiegen. Das stellt nicht nur für die Betroffenen eine immense Belastung dar, sondern wird zunehmend zu einer Herausforderung für Unternehmen und die Gesellschaft als Ganzes.

In einer immer digitaleren Arbeitswelt ist digitaler Stress einer, wenn nicht sogar der entscheidende Treiber, für die zuvor genannten negativen Auswirkungen. Deshalb ist es von entscheidender Bedeutung, dem Phänomen des digitalen Stresses Beachtung zu schenken. Digitale Stressoren sind vielfältig und lauern an unterschiedlichsten Stellen und Momenten im beruflichen – wie auch im privaten Alltag. Deshalb sollte jedes Individuum einen gesunden Umgang mit digitalen Technologien erlernen. Dafür ist ein Bewusstsein, wie digitaler Stress entsteht, ein erster grundlegender Schritt.

Eine ausgewogene Balance zwischen der digitalen Welt und unserem Wohlbefinden zu erlangen, erfordert einen respektvollen und bewussten Umgang mit digitalen Technologien sowie regelmäßige digitale Auszeiten. Dies dient nicht nur dem individuellen Wohl, sondern auch dem Erfolg von Unternehmen, denn wenn die digitale Transformation und die Künstliche Intelligenz unsere Arbeitsprozesse enorm verändern, wird der menschlichen Arbeitsleistung eine neue und viel wichtigere Rolle zu teil, als sie es heute innehat. In einer digitalen Welt wird außerdem analogen Aspekten eine ganz neue Bedeutung zuteilwerden.

Unternehmen müssen dringend intervenieren und ihren Mitarbeitenden ein Arbeitsumfeld schaffen, in dem ein resilienter Umgang mit Technologien möglich ist. Weiterhin sollten Maßnahmen ergriffen werden, um bei ersten Anzeichen von digitalem Stress niedrigschwellige Unterstützung für das mentale Wohlbefinden zu bieten, um schwerwiegende psychische Erkrankungen präventiv vorzubeugen.

Dr. David Bausch zeigt in diesem Buch bemerkenswert verständlich und naheliegend auf, wie das Zeitalter der digitalen Transformation und die aktuelle Revolution der Künstlichen Intelligenz Einfluss auf Millionen von Arbeitsplätzen nehmen. Mithilfe seines Bewertungssystems (Bewertung 1 und Bewertung 2) visualisiert er, wie digitaler Stress entsteht, und zeigt die dafür relevanten Stressoren und Belastungsfaktoren auf. Vor diesem Hintergrund wird die Aufrechterhaltung des mentalen Wohlbefindens und der mentalen Gesundheit insgesamt eine immer größere Herausforderung, die zudem erfolgsentscheidend für die Arbeits- und Leistungsfähigkeit in der digitalen Arbeitswelt sein wird. Die Bewahrung der mentalen Gesundheit in einer Welt digitaler Technologien ist eine gemeinschaftliche Aufgabe, die es zu bewältigen gilt. Dr. David Bausch liefert dafür mit diesem Buch Informationen und Handlungsempfehlungen, die ich mit Nachdruck empfehle.

Dr. Sebastian Kuss
Facharzt für Innere Medizin, Experte für mentale Gesundheit und LinkedIn Top Voice

Vorwort

Seit ich mich in meiner Forschung mit dem Thema *digitaler Stress* beschäftige, habe ich unzählige Vorträge gehalten und festgestellt, dass das Thema für viele Menschen im Arbeitsleben von großer Bedeutung ist – und habe entsprechend sehr viele Resonanz erhalten. Sie wissen bereits, wenn Sie das Buch in Händen halten, dass digitale Belastungsfaktoren an verschiedensten Stellen in unserem beruflichen Alltag lauern und dass diese Faktoren allerdings auch bis in das Privatleben hineinreichen. Der daraus resultierende »digitale Stress« kann uns nicht nur gesundheitlich beeinträchtigen, er ist für Unternehmen erfolgskritisch. Daher bin ich davon überzeugt, dass unser Umgang mit digitalem Stress in einer zunehmend digitalisierten Arbeitswelt für Unternehmenslenker, Personalabteilungen, Führungskräfte und alle Angestellten zu einer zentralen Herausforderung werden wird.

Das Buch richtet sich an Menschen, die in ihrem beruflichen Umfeld mit digitalen Veränderungen umgehen müssen. Es adressiert somit eine große Zielgruppe, und dabei spielt es keine Rolle, ob Sie selbst betroffen sind, oder ob Sie merken, dass Menschen in ihrem Umfeld unter digitalem Stress leiden. Für mich ist es deshalb von großer Bedeutung, Sie mit diesem Buch dabei zu unterstützen, dass Sie die Hintergründe kennen, die jeweilige Situation einschätzen und damit Wege aus dem digitalen Stress entwickeln können – für sich selbst und für Ihnen nahestehende Menschen.

Das Buch »*Schnelles Denken, langsames Denken*« (Originaltitel: *Thinking, Fast and Slow*) von Wirtschaftsnobelpreisträger Daniel Kahneman hat mich nachhaltig inspiriert. In gewisser Weise ist mein Buch eine Hommage an diesen brillanten Mann, dessen Buch meine Sicht auf die Welt und insbesondere auf menschliche Entscheidungsprozesse nachhaltig verändert hat.

Seine zwei Systeme verdeutlichen, dass unser Gehirn je nach Alltagssituation und Herausforderung zunächst auf das erste System zurückgreift, dass für Routinetätigkeiten oder leichtere Denk- und Entscheidungsprozesse ideal ist. Unser zweites System ist erst dann gefragt, wenn es sich um komplexere Fragestellungen handelt.

Beispiel: Wenn Sie eine Autostrecke regelmäßig fahren, wird Ihnen auffallen, dass Sie diese quasi ohne große Konzentration meistern können. Hier ist Ihr erstes System aktiv und Sie können entspannt dabei Musik oder Radio hören.

Parken Sie hingegen rückwärts ein, drehen Sie vermutlich die Lautstärke deutlich leiser. Dies stellt Ihr Gehirn vor eine deutlich anspruchsvollere Herausforderung und Ihr zweites System benötigt Ihre vollständige Aufmerksamkeit.

Beide Systeme existieren nicht wirklich und ausschließlich theoretisch, aber das Modell von den beiden Systemen hilft zu verstehen, wie unser Gehirn arbeitet. Als ich dieses Buch zu schreiben begann, wurde mir immer deutlicher, dass eine Analogie zu diesen Systemen sich auch für mein Buch als nützlich erweisen würde.

Bei meinen zwei Systemen handelt sich um ein Bewertungssystem. Im Fokus stehen zwei verschiedene Bewertungen von Situationen:
- Handelt es sich um eine Situation, die für Sie überhaupt Stress auslösen kann (Bewertung 1)?
- Welche Strategien der Stressbewältigung, ich nenne diese nachfolgend vereinfacht »Bewältigungsstrategien«, können Sie für sich einsetzen (Bewertung 2), damit eine potenziell stressige Situation für Sie nicht als solche wahrgenommen wird?

Damit Sie diese beiden Bewertungen gut verinnerlichen, führe ich Sie im Verlauf des Buches in die Stressforschung ein und zeige auf, wo dieses Stressbewertungssystem verortet ist und wieso es für den Kontext des digitalen Stresses von großer Relevanz ist. Dieses Buch wird Ihnen damit zeigen, wieso digitaler Stress bei Ihnen vielleicht entsteht, während andere dagegen resistent zu sein scheinen. Das ist mir deshalb von großer Bedeutung, weil Sie mehr über psychologische Zusammenhänge lernen, wenn Sie selbst Überraschendes in Ihrem eigenen Verhalten entdecken, als wenn ich Ihnen nur theoretische Erklärmodelle und statistische Fakten vorstelle. Deshalb versuche ich gezielt, Alltagssituationen vorzustellen, in denen digitale Stressfaktoren lauern, sodass Sie selbst einschätzen können, ob Sie sich in diesen wiederfinden. Ich bin zuversichtlich, dass meine Beispiele für Sie sehr häufig eine praktische Relevanz haben werden.

Dieses Buch nimmt Sie mit auf eine Reise mit dem Ziel, dass Sie besser mit den digitalen Veränderungen an Ihrem Arbeitsplatz umgehen können als zuvor. Ich bin Ihr Reiseführer, aber zugleich auch ein Reisegefährte, denn auch ich bin regelmäßig von digitalem Stress betroffen. Wir alle sind es unterschiedlich stark. Vom Sachbearbeiter bis zum Geschäftsführer oder CEO – der Unterschied ist, dass Sie mit der Entscheidung, dieses Buch zu lesen, einen ersten Schritt zur Reduzierung Ihres individuellen digitalen Stresslevels gehen. Ich wünsche Ihnen damit viel Freude.

Ihr *Dr. David Bausch*

PS: In diesem Buch verwende ich der besseren Lesbarkeit wegen das generische Maskulinum.

Was Ihnen dieses Buch bietet

Dieses Buch ist in drei Teile unterteilt und umfasst 15 Kapitel.

Im *ersten Teil* nehme ich Sie mit in die Industrie und Arbeitswelt 4.0 und gebe Ihnen ein paar Beispiele dafür, wo uns die digitale Transformation hinführen wird. Das ist wichtig, damit Sie den Nährboden für digitalen Stress verstehen. Ich mache Sie mit dem von mir entwickelten System der zwei Bewertungen vertraut, damit Sie im weiteren Verlauf die digitalen Stressfaktoren nicht nur besser nachvollziehen, sondern diese auch in Ihren persönlichen Alltag überführen können. Im Anschluss zeige ich Ihnen, dass digitaler Stress bereits seit fast 40 Jahren untersucht wird und welche individuellen sowie persönlichen Aspekte diesen beeinflussen.

Der *zweite Teil* bildet das Zentrum des Buches mit dem Spannungsfeld aus Entstehung (Bewertung 1) von digitalem Stress und Ihren Bewältigungsstrategien (Bewertung 2). Hier fokussiere ich mich auf alle wesentlichen Belastungsfaktoren, die auf die digitale Stressentstehung einen Einfluss nehmen können. Ich konzentriere mich dabei auf die Überladung von Technologien, die Entgrenzung von Beruf- und Privatleben, die Komplexität von Technologien und die oftmals damit verbundene Ungewissheit, wie damit umgegangen werden kann, sowie auf die Rolle der Funktionalitätsstörungen, also auf die Unzuverlässigkeit von Technologien. Ergänzend stelle ich Ihnen auch Aspekte vor, die auf Situationen der Jobunsicherheit zurückzuführen sind.

Im *dritten Teil* stelle ich Ihnen Handlungsempfehlungen und Bewältigungsstrategien vor und gehe darauf ein, welche Auswirkungen digitaler Stress für Sie persönlich sowie auch für Unternehmen haben kann und wie dieser den Transformationsprozess von Organisationen bremsen oder gar behindern kann. Vielleicht haben Sie schon einmal gehört, dass rund zwei Drittel aller innovativen Veränderungsprojekte in Organisationen (Unternehmen) scheitern. Zwar sind die Gründe dafür vielfältig, doch meiner Meinung stellt digitaler Stress einen bedeutenden Faktor dieses Scheiterns dar. Das zeigen nicht nur meine eigenen Studien. In der Forschung gibt es erste weitere Studien, die meine zuvor genannte These unterstützen. Letztlich bewirkt die digitale Transformation, dass die Anzahl digitaler oder technologischer Veränderungsprojekte in der neuen Arbeitswelt kontinuierlich steigt.

Doch für Sie ist natürlich besonders von Bedeutung, wie Sie digitalen Stress reduzieren können. Aus dem Spannungsfeld der beiden Bewertungen, die ich Ihnen im ersten Teil vorstelle und im zweiten aktiv anwende, werden Sie bereits für sich viele Bewältigungsstrategien ableiten können, dennoch widme ich diesem wesentlichen Bestandteil noch vier eigene Kapitel. Hier zeige ich Ihnen, wie Sie Ihre persönlichen Bewältigungsstrategien verbessern und damit digitalen Stress reduzieren können, und ich beschreibe was Führungskräfte und Organisationen für Möglichkeiten bei der Stressreduzierung haben. Die von mir genutzte Unterteilung soll Ihnen die Möglichkeit bieten, die zentralen Aspekte in der digitalen Stressentstehung immer wieder ganzheitlich zu betrachten – damit Sie verstehen, wie all diese Bestandteile in der neuen Arbeitswelt zusammenhängen.

Damit komme ich zum Ausgangspunkt der Einleitung und zum Titel dieses Buches zurück: »*Digitaler Stress: Schattenseite der neuen Arbeitswelt – Entstehung, Herausforderungen und Bewältigung*«. Ich hoffe, mein Buch lichtet diesen Schatten und begünstigt, dass Sie damit die vielfältigen Vorteile der digitalen Arbeitswelt für sich nutzen können, statt von den negativen Aspekten belastet und ausgebremst zu werden.

Einleitung

Gesundheit ist nicht alles, doch ohne Gesundheit ist alles nichts, lautet eine Ihnen altbekannte Maxime, die auf den Philosophen Arthur Schopenhauer zurückgeht. Gegenwärtig ist diese Maxime wahrscheinlich passender denn je, doch möchte ich sie für den Kontext dieses Buches spezifizieren: Mentale Gesundheit ist nicht alles, doch ohne mentale Gesundheit ist in einer digitalisierten neuen Arbeitswelt alles nichts. Die vielen Vorteile, die uns die digitale Transformation bieten, gehen allerdings Hand in Hand mit der Betroffenheit von digitalem Stress, der eine zentrale, wenn nicht sogar die entscheidende Beeinflussung Ihrer mentalen Gesundheit darstellt. Dieses Buch beleuchtet die Schattenseite einer digitalen Welt, die für viele bereits spürbar, aber den wenigsten bekannt ist. Obwohl die Digitalisierung längst substantieller Bestandteil vieler Arbeitsprozesse ist, habe ich mich für ein »*neu*« im Titel entschieden, da für viele Menschen während der Covid-19-Pandemie eine neue Arbeitswelt entstanden ist. Nicht umsonst ist der Begriff *NewNormal* aktuell in aller Munde, der die veränderte und häufig mit Homeoffice-Tätigkeiten verbundene Arbeitsweise, zum Ausdruck bringt. Im Verlauf dieses Buches werden Sie lernen, dass digitaler Stress bereits seit fast 40 Jahren in der Forschung untersucht wird, doch erst durch die Pandemie und dem damit einhergehenden Digitalisierungsschub zu einem *NewNormal* Phänomen geworden ist. Denn es gab natürlich schon vor der Covid-19-Pandemie vielfältige Studienergebnisse zu den Auswirkungen der Digitalisierung auf menschliches Empfinden, die oftmals beunruhigend bis erschreckend waren.

Die erste Studie zur Digitalisierung am Arbeitsplatz, die einen nachhaltigen Eindruck in Politik und Wirtschaft hinterlassen hat, wurde von Carl Benedikt Frey und Michael A. Osborne, zwei Professoren der Oxford Universität im Jahr 2013 veröffentlicht und trägt den Titel *The Future of Employment*. Sie prognostizieren, dass 47 % der Amerikaner derzeit einen Beruf ausüben, der im Zuge der digitalen Transformation in den kommenden 20 Jahren bis zu 70 % automatisiert werden könnte.

Die Studienergebnisse schlugen hohe politische Wellen, sodass sich die damalige *Ministerin für Arbeit und Soziales*, Andrea Nahles, dazu entschied, ein Gutachten von renommierten Wissenschaftlern des *Zentrums für Europäische Wirtschaftsforschung* in Auftrag zu geben, das die Übertragbarkeit der Prognosen auf Deutschland prüfen sollte. Nie zuvor hatte eine thematisch vergleichbare Studie eine solche Resonanz in Politik und Gesellschaft erzeugt. Natürlich stellt sich die Frage, ob die Studienergebnisse für Deutschland von Relevanz sind. Wahrscheinlich wünschen Sie sich eine einfache Antwort im Sinne eines »*Ja*« oder »*Nein*«. Das wäre wohl auch der Wunsch der Politik, doch in der Wissenschaft sind solche Antworten äußerst selten. Viel häufiger ist dagegen ein »*das kommt drauf an*«. Genauso ist es auch bei der Oxford-Studie. Deren Studiendesign kann nicht an den deutschen Arbeitsmarkt angepasst werden, was eine einfache Übertragung auf die deutsche Wirtschaft verunmöglicht. Mich verwundert es daher nicht, dass die Ergebnisse des Gutachtens anders ausfallen als die der Oxford-Studie. In dem Gutachten wird prognostiziert, dass rund jeder achte Arbeitsplatz von einem sehr starken Digitalisierungs- und Automatisierungsfortschritt betroffen sein wird. Zudem zeigt das Gutachten auf, vor welchen Veränderungen die Arbeitswelt steht und welche enormen Anpassungsprozesse bei bestimmten Berufsbildern und Beschäftigungsverhältnissen bereits begonnen haben. Hier heißt es z. B. »*Automatisierungstechnologien müssen somit nicht notwendigerweise Arbeitsplätze verdrängen. Solange Beschäftigte in der Lage sind, ihre Fähigkeiten entsprechend der veränderten Anforderungen in Betrieben anzupassen und neue Technologien als Arbeitsmittel einzusetzen, sind ihre Arbeitsplätze nicht zwangsläufig bedroht.*« (Bonin, H. et al., 2015, S. 20) Das Buch wird verdeutlichen, dass die Umsetzung, was zunächst vermeintlich einfach klingen mag, durchaus für viele Menschen der arbeitenden Gesellschaft eine enorme Herausforderung – und zugleich ein großer digitaler Stressbelastungsfaktor sein wird.

In den darauffolgenden Jahren sind regelmäßig weitere Studien für den Kontext der Digitalisierung der Arbeitswelt erschienen. Eine berühmte Studie der führenden Strategieberatung *McKinsey & Company* fand 2017 heraus, dass weltweit rund 375 Millionen Arbeitsplätze (das wäre fast jeder sechste Arbeitsplatz) im Zuge der fortschreitenden Automatisierung bedroht sind.

Da verwundert es nicht, dass der *Zukunftsmonitor 2017* des *Bundesministeriums für Bildung und Forschung* ausmachte, dass die schnellen Veränderungszyklen der Digitalisierung zu existentiellen Sorgen von Arbeitnehmern führen.

Im Jahr 2018 habe ich gemeinsam mit Prof. Dr. Alexander Cisik, und Studierenden eine Studie veröffentlicht, die zu ähnlichen Ergebnissen gekommen war. Wir konnten zeigen, dass fast jeder zweite Studienteilnehmer Veränderungen in der Arbeitswelt als nicht positiv einstuft, was besonders auf die Verschmelzung von Beruf- und Privatleben zurückzuführen ist. Wie ich Ihnen im weiteren Verlauf dieses Buches verdeutliche, ist das ein zentraler Aspekt, der digitalen Stress auslöst.

Dies sind nur einige wenige Studienergebnisse, doch sie weisen alle in eine ähnliche Richtung. Die digitalen Veränderungen der Arbeitswelt, insbesondere, wie sich der individuelle Arbeitsplatz entwickelt, finden sehr häufig unter dem Fachbegriff *Arbeitswelt 4.0* Betrachtung, auf die ich im kommenden Kapitel genauer eingehe, denn die digitale Transformation ist nicht weniger als die vierte industrielle Revolution.

Doch lassen Sie uns noch einmal kurz zum Gutachten zur eingangs angeführten Oxford-Studie beziehungsweise dem Gutachten zur Übertragbarkeit auf die deutsche Wirtschaft und Industrie zurückkommen. Als dieses im Sommer 2015 veröffentlicht worden ist, schien die beschriebene neue Arbeitswelt noch sehr weit in der Zukunft zu liegen. Fühlten Sie sich zu diesem Zeitpunkt besonders digital? Ich persönlich hatte damals nicht einmal einen Zugang zum Onlinebanking. Digitalisierung war damals für mich das, was ich 2023 von einer Seminarteilnehmerin in einer gemeinsamen Weiterbildung zu Digitalisierung in Schulen hörte: »*Digitalisierung im Bildungssystem bedeutet leider, wir statten die Kinder mit Tablets aus und machen einen Haken an die Sache*«. Das mag zwar etwas zynisch klingen, aber dass der Satz von einer Medienpädagogin ausgesprochen wurde, die seit 15 Jahren im Bildungsbereich arbeitet, gibt dem Satz Relevanz. Doch tatsächlich wäre meine Definition der Begrifflichkeit Digitalisierung im Jahr 2015 nicht wirklich viel anders gewesen, denn ich konnte nicht annähernd erfassen, was dort bereits ins Rollen gekommen war und wie es unsere Arbeitswelt verändern wird.

Rund 5 Jahre später sollte alles ganz anders sein. Die Covid-19-Pandemie führte zu einem so enormen Digitalisierungsschub, dass Barbara Engels, Ökonomin für nachhaltige Digitalisierung am *Institut der deutschen Wirtschaft*, äußerte: »*Die Pandemie ist ein Stresstest für die Digitalisierung in Deutschland.*« (Engels, 2020, S. 1) Auch wenn ihr Fokus vor allem auf der digitalen Infrastruktur lag, dachte ich schon damals gleich an digitalen Stress. Es beschäftigte mich, dass der Stresstest der digitalen Infrastruktur auch einen digitalen Stresstest für jeden einzelnen Menschen darstellen sollte, der an seinem Arbeitsplatz digitale Veränderungen erlebt. Berücksichtigt man die Anzahl der Beschäftigten im Homeoffice, erhält man ein beeindruckendes Ergebnis: Während der Hochphasen der Pandemie, also besonders in den kälteren Jahreszeiten, zeigen verschiedene Studien eine Homeoffice-Quote zwischen 25 % bis 27 %. Im Jahresdurchschnitt für 2021 waren es 24,8 %, wie das *Statistische Bundesamt* mitteilte. Bei 46.372.000 Erwerbstätigen liegt die Zahl der Menschen, die regelmäßig oder sogar über Monate hinweg aus dem Homeoffice gearbeitet haben, bei mehr als 1,5 Millionen, die, wenn auch unterschiedlich stark, digitalen Stress erfahren haben.

Diesen Einfluss verdeutlichen auch zwei äußerst interessante Studien zu digitalem Stress des *Fraunhofer Instituts* für Angewandte Informationstechnik. Das dortige Forschungsteam um Henner Gimpel, damaliger Professor der Universität Augsburg, führte 2018 die erste deutschlandweite Studie zu Betroffenheit von digitalem Stress durch. Bereits vor der Covid-19-Pandemie konnten unterschiedliche digitale Stressfaktoren, wie z.B. die Entgrenzung von Beruf- und Privatleben, die Komplexität von Technologien oder die Ungewissheit, wie diese zu handhaben sind, identifiziert werden. Rund zwei Jahre später veröffentlichte ein Forschungsteam, erneut unter der wissenschaftlichen Leitung von Henner Gimpel, eine neue Studie mit dem Schwerpunkt digitale Arbeit in Deutschland.

Natürlich ist es von großem Interesse, ob sich das digitale Stresslevel grundsätzlich mit Beginn der Pandemie erhöht hat. Wahrscheinlich glauben Sie, die Antwort bereits zu kennen. Doch wie Sie zuvor erfahren haben, ist die Standardantwort der Wissenschaft, »*das kommt darauf an*«. Die Studie ist nicht direkt mit den Ergebnissen früherer Untersuchungen vergleichbar, was dadurch zu erklären ist, dass ein anderes Studiendesign verwendet worden ist. Wenn Sie 2018 ein neues Auto Probe gefahren haben und rund zweieinhalb

Jahre später das Nachfolgemodell Probe fahren, dann kann es natürlich sein, dass Ihnen dieses besser gefällt, aber 100 % vergleichbar wird es trotzdem nicht sein. In der Wissenschaft ist diese Vergleichbarkeit allerdings von essenzieller Bedeutung.

Dennoch liefert die neue Studie sehr interessante Ergebnisse, wenn die Betrachtung der einzelnen digitalen Stressoren differenzierter erfolgt. Die Studie zeigt, dass einige digitale Stressfaktoren durch die vermehrte Arbeit aus dem Homeoffice tatsächlich eine deutlich intensivere Belastung als vor Beginn der Pandemie darstellen. Das führt einerseits zu gestiegenen emotionalen Anforderungen, da sich der Zeitraum, in dem gearbeitet wird, stark verändert hat. In der Folge führt das zu einer Verschmelzung von Beruf- und Privatleben und zieht Konflikte mit Familie und Freunden nach sich. Zum anderen war zu Beginn der Covid-19-Pandemie und somit im Zeitraum der Studie die Befürchtung vieler, durch eine Technologie den eigenen Arbeitsplatz zu verlieren, geringer, als die damaligen Umstände erwarten ließen.

Doch die Geschwindigkeit, mit der sich unsere digitale Arbeitswelt seitdem verändert, hat nicht abgenommen – im Gegenteil. Sie steigt stetig an und lässt sich gut durch ein weiteres Auto-Beispiel visualisieren. Angenommen, Sie sind Fahranfänger, sitzen in Ihrem Auto, fahren aus einem ruhigen Dorf auf eine Landstraße raus und beschleunigen Ihr Fahrzeug. Die erhöhte und für Sie noch ungewohnte Geschwindigkeit wird für Sie noch nicht selbstverständlich sein und zu einer gewissen Anspannung führen. Je nach Situation kann sie sogar stressend für Sie werden.

Vergleichbar sind die aktuellen digitalen Veränderungen der Arbeitswelt, deren schnelle Veränderungszyklen mit großer Wahrscheinlichkeit zu einer gewissen Anspannung führen und die Betroffenheit von digitalem Stress zu einem immer relevanteren Faktor werden lässt. Eines scheint für mich sicher zu sein: Früher oder später wird die digitale Transformation dazu führen, dass Sie mit Ihrem Fahrzeug auf den »*Beschleunigungsstreifen*« der digitalen Autobahn mit dem Ziel *Industrie und Arbeitswelt 4.0* fahren.

Anders als viele Menschen glauben, verläuft die digitale Entwicklung nicht linear, sondern exponentiell. Grundsätzlich ist diese Aussage auch jetzt noch richtig, aber vor einiger Zeit erläuterte Richard David Precht, der als Autor durchaus große Expertise mit Blick auf das digitale Zeitalter gewonnen hat, dass die Kurve eigentlich nicht klassisch exponentiell verläuft, sondern dass es immer wieder gewisse Kipppunkte gibt. Er argumentiert, dass bestimmte Entwicklungen den Sprung von der Forschung zur Marktreife schaffen, und dies in kürzester Zeit dazu führt, dass eine Vielzahl weiterer digitaler Innovationen dadurch in ihrer Entwicklung so stark begünstigt werden, dass plötzlich die digitale Transformation den von mir beschrieben Beschleunigungsstreifen befährt und im dritten Gang Vollgas gibt. Ich glaube, wir sind aktuell kurz vor einem solchen Beginn und fahren im Sinne meiner genutzten Analogie aktuell auf die Autobahnzufahrt zu.

Diese Mutmaßung stützt sich auf die aktuellen Entwicklungen rund um den Chatbot ChatGPT, der Ende 2022 veröffentlicht wurde, und auf die Entwicklungsfortschritte rund um Künstliche Intelligenz insgesamt. Es gab in den ersten Monaten des Jahres 2023 kaum ein anderes dermaßen stark diskutiertes Thema im Themenfeld der Digitalisierung. Die Gründe dafür liegen auf der Hand. Chat GPT mit seiner fortschrittlichen Künstlichen Intelligenz ist etwas, das uns staunen, aber auch fürchten lässt. Der Fortschritt der Künstlichen Intelligenz wird dazu führen, dass weitere digitale Innovationen noch schneller und umfangreicher zur Marktreife gelangen. Denn es ist genau die Art von digitaler Innovation, die einen Einfluss auf viele weitere Entwicklungsbereiche nehmen wird. Ich vergleiche die Entwicklungen im Feld der Künstlichen Intelligenz mit nicht weniger als der Entwicklung der Dampfkraft und der Mechanisierung im Zuge der ersten industriellen Revolution. Die Entwicklungen damals hatten Einfluss auf viele Teile der Industrie und veränderten die Arbeitswelt der Menschen vollständig. Mit Künstlicher Intelligenz wird es ähnlich sein, wenn nicht sogar noch extremer.

In einer digitalen Welt wird diese Entwicklung unsere Arbeitswelt grundlegend verändern, wie Ihnen das nächste Kapitel zeigen wird. Das bringt sicher unglaubliche Möglichkeiten und Vorteile mit sich, aber es könnte auch gewisse Parallelen zu einem berühmten Satz von Robert J. Oppenheimer, dem Vater der Atombombe gezogen werden. Im Sommer 2023 brachte Starregisseur Christopher Nolan seinen nach dem Physiker benannten Film auf die Leinwand, der rund eine Milliarde Dollar einspielte. In der letzten Einstellung spricht Robert Oppenheimer nachdenklich in die Kamera »Now I Am Become Death, the Destroyer of Worlds« (Jetzt bin ich zum Tod geworden, der Zerstörer der Welt). Dem Satz, der ein Zitat des echten Oppenheimers darstellt, geht die Entwicklung der Atombombe voraus, die der Menschheit eine Waffe gegeben hat, mit der sie sich selbst vernichten könnte.

Erschreckenderweise braucht es nicht viel Phantasie – und Blockbuster aus Hollywood helfen dabei –, um sich vorzustellen, dass eine Künstliche Intelligenz so intelligent sein könnte, dass sie den Menschen überlegen ist. Das würde sie zu einem vergleichbaren Weltenzerstörer wie die Atombombe werden lassen. Das ist zum Glück bisher nur ein theoretisches Szenario, aber nicht umsonst gibt es seit Ende März 2023 eine Technologie-Bewegung des Future of Life Instituts, der sich über 1000 Experten angeschlossen haben, die eine Künstliche-Intelligenz-Forschungspause fordern, und dies damit begründen, dass die Entwicklung außer Kontrolle geraten sei. In einem offenen Artikel warnen die Unterzeichner, dass die Folgeschäden der aktuellen Entwicklung klar abgewogen werden müssen. Namhafte Vertreter wie bspw. Tesla-Chef Elon Musk und Apple-Mitbegründer Steve Wozniak sind unter den Unterzeichnenden zu finden. Die Gefahren der aktuellen Entwicklungen im Feld der Künstlichen Intelligenz reichen von Fake-News über Propaganda bis hin zu drohender Arbeitslosigkeit. Es wird die zuvor beschriebene Sorge deutlich, dass Künstliche Intelligenz schon zeitnah in direkte Konkurrenz zum Menschen stehen könnte. Doch das Interessante der Forderung ist für mich, dass sie sich auf eine Entwicklungspause für eine nächste Generation Künstlicher Intelligenz bezieht, also eine, die voraussichtlich weitaus leistungsfähiger sein wird, als das, was ich und Sie z. B. durch Chat GPT bereits kennen. Sollte diese Entwicklungspause nicht erzielt werden können, fordern die Unterzeichner den Eingriff der Regierungen und die Nutzung eines Moratoriums, bis die Risiken klar kontrollierbar sind.

Wie Sie im Verlauf dieses Buches erfahren werden, sind es bereits wesentlich geringfügigere Aspekte, die digitalen Stress bei vielen Menschen auslösen. Doch wir stehen hier gerade erst am Anfang und der Fortschritt im Feld der Künstlichen Intelligenz und die Art und Weise, wie sich dies auf die bisherige digitale Stressentstehung auswirkt, muss sehr genau beobachtet werden. Es wird deutlich: Auch wenn der Digitalisierungsschub während der Covid-19-Pandemie bis heute einmalig war, werden wir vermutlich noch weitaus größere digitale Entwicklungen erleben. Damit stellen sich folgende Fragen: Werden diese großen digitalen Veränderungen im Zuge einer ersten digitalen Stressbewertung für Sie zu digitalen Stressfaktoren? Und, verfügen Sie – im Sinne der zweiten Bewertung – über gute Bewältigungsstrategien, sodass daraus kein digitaler Stress entsteht? Wenn Ihnen mein Bewertungssystem aktuell noch etwas unzugänglich erscheint, kann ich Sie beruhigen. Sie werden es im Verlauf dieses Buches noch deutlich besser kennen und verstehen lernen.

Teil 1 Digitale Transformation und digitaler Stress eine untrennbare Verbindung

Dieses Buch legt den Schwerpunkt auf digitalen Stress in der neuen Arbeitswelt. Wie ich bereits in der Einleitung erwähnt habe, ist diese nach dem Digitalisierungsschub im Verlauf der Covid-19-Pandemie eine andere als jemals zuvor. Wahrscheinlich haben sich auch Ihr Arbeitsplatz und die Art der Zusammenarbeit stark digital verändert. Sehr häufig rückt damit die Betroffenheit von digitalem Stress in den Fokus. Damit Sie verstehen, dass dieser Fokus auf Dauer nicht nur bestehen bleibt, sondern sich sogar noch deutlich ausweiten wird, führe ich Sie zu Beginn dieses Teils in Entwicklungen zur sogenannten Industrie und Arbeitswelt 4.0 ein. Nur wenn Sie eine Vorstellung davon erhalten, welche digitalen Transformationen noch auf uns zukommen, verstehen Sie, dass digitaler Stress ein Thema ist, dessen Bedeutung stetig weiter steigen wird. Immerhin meint »4.0« nichts Geringeres, als die vierte industrielle Revolution.

Bereits die vorherigen drei industriellen Revolutionen veränderten die Arbeitswelt existentiell. Der Unterschied bei der Vierten ist jedoch, dass die Veränderungsgeschwindigkeit und die Disruption in dieser Art und Weise noch nie da gewesen sind. Dazu zeige ich Ihnen an unterschiedlichen Beispielen auf, wie der digitale Einfluss (insb. durch Künstliche Intelligenz) Berufe verändert, und aufgrund des Einflusses auch ein erhöhtes Risiko bestehen kann, den eigenen Job zu verlieren.

Nachdem Sie die grundsätzlichen Einflussfaktoren der neuen Arbeitswelt kennengelernt haben, mache ich Sie mit der Entstehung von Stress vertraut. Das transaktionale Stressmodell ist eines der einflussreichsten, wenn nicht sogar das einflussreichste Stressmodell in der allgemeinen Stressforschung. Zugleich bildet es die Grundlage für das Verständnis von digitalem Stress und bildet die Basis für das Stessbewertungssystem (mit Bewertung 1 und 2), das sich wie ein roter Faden durch das gesamte Buch zieht. Nach diesem Kapitel verstehen Sie, dass Bewertung 1 dafür entscheidend ist, ob ein Stressor Sie überhaupt stresst und falls das zutrifft, wie Sie ihn bewerten, und dass Bewertung 2 dafür entscheidend ist, was Sie einem potenziellen Stressor entgegensetzen können. Sie sehen, es ist immer ein Spannungsfeld und dieses verdeutliche ich Ihnen mit vielfältigen Beispielen. Dadurch werden Sie verstehen, dass Stress individuell ist damit auch digitaler Stress.

Im weiteren Verlauf des ersten Teils zeige ich Ihnen, dass auch wenn digitaler Stress erst langsam eine größere Bedeutung zukommt, er bereits sehr lange erforscht wird. Hier nehme ich Sie mit auf eine Reise zu den Anfängen und verdeutliche Ihnen, wie ein solches Forschungsthema für ein großes Publikum relevant geworden ist.

Ich gebe Ihnen damit bereits in diesem ersten Teil einen kompakten Einblick in das große Feld des digitalen Stresses. Mit diesem Wissen zeige ich Ihnen zugleich auf, welche individuellen Einflüsse und unsere Persönlichkeit auf die Betroffenheit von digitalem Stress haben. Wenn Sie diese Grundlagen zu digitalem Stress verinnerlicht haben, sind Sie bereit, das Thema im zweiten Teil des Buches tiefer und differenzierter zu durchdringen.

1 Digitale Transformation zur Industrie- und Arbeitswelt 4.0

1.1 Wie war das noch mit den industriellen Revolutionen?

»*Technische Innovationen und Prozessinnovationen bedürfen immer sozialer Innovationen und sozialer Transformation*« (Rump, J. & Eilers, S., 2017, S. 79), so beschreiben Jutta Rump, Professorin sowie Direktorin des *Instituts für Beschäftigung und Employability* und ihre Kollegin Silke Eilers die Herausforderung der digitalen Transformation in ihrem Buch *Auf dem Weg zur Arbeitswelt 4.0 – Innovationen in HR*. Der Aussage kann ich nur zustimmen, denn nicht alles, was digitale Innovationen ermöglichen, können Menschen auch angemessen für sich nutzen. Für mich charakterisiert der Satz zwei Dimensionen, die technische und die soziale, die stets Hand in Hand gehen sollten, damit es zu einem möglichst großen Nutzen für die Gesellschaft kommt. Doch die Anzeichen dafür, dass die Dimension technischer Innovationen und Prozessinnovationen der sozialen Transformation davoneilt und ein Tempo vorlegt, dem Menschen irgendwann nicht mehr nachkommen können, verdichten sich. Denn die digitale Transformation entwickelt sich zu nichts Geringerem als zu der vierten industriellen Revolution. Auch wenn die Gesellschaft bereits drei dieser großen Veränderungsphasen durchlebt hat, ist eines bedeutend anders: die Geschwindigkeit, mit der wir auf die Industrie und Arbeitswelt 4.0 zurasen. Man könnte es mit der anatomischen Leistungsfähigkeit eines Menschen vergleichen, die allerdings mental zu verstehen ist, denn der technische und digitale Fortschritt bringt immer weniger körperliche Arbeitsanstrengungen mit sich.

Während Mensch und technischer Fortschritt sehr lange Hand in Hand voranschreiten konnten, so veränderte die erste industrielle Revolution, deren Beginn auf 1784 datiert wird, vor allem die Produktivität. Durch die Nutzung der Dampfkraft und der Mechanisierung konnte die Arbeitsleistung eines Spinnrades zur Produktion von Fäden um das Achtfache gesteigert werden. »Wer nicht mit der Zeit geht, geht mit der Zeit.« Das ist ein für das Thema treffender Satz, der erst deutlich später Anwendung gefunden hat, wäre bereits damals äußerst passend gewesen. Aber die erste industrielle Revolution war Neuland für eine komplette Gesellschaft und erforderte eine neue *Gangart*.

Die zweite industrielle Revolution hingegen, deren Beginn im Jahr 1870 angesetzt wird, ist besonders durch die Entdeckung der Elektrizität und der Fließbandfertigung gekennzeichnet, die erstmals Massenproduktion zur Folge hatte. Henry Ford, der Begründer des gleichnamigen Automobilherstellers, überführte die neuen technischen Möglichkeiten auf die Automobilproduktion, das wohl bekannteste Beispiel für die zweite industrielle Revolution. Die menschliche Seite war ins *Walken* gekommen: Die Veränderungsgeschwindigkeit hatte sich bereits deutlich erhöht.

Mit der dritten industriellen Revolution sollte sich die Geschwindigkeit der Veränderung noch einmal steigern. Deren Beginn wird auf das Jahr 1969 datiert. Er ist durch die Teilautomatisierung bestimmter Arbeitsvorgänge mithilfe von Computerleistungen charakterisiert. Damit die technische und die menschliche Dimension weiterhin Hand in Hand einen gemeinsamen Weg beschreiten konnten, war es für den Menschen erforderlich, in den *Joggingmodus* zu wechseln.

Die steigende Geschwindigkeit technologischer Entwicklungen führte dazu, dass sich auch unsere mentale Leistung immer weiter steigern musste. Glücklicherweise ist dies nicht auf den Einsatz physischer Arbeitskraft bezogen, denn mit jeder industriellen Entwicklung wurde diese geringer, vielmehr ist damit gemeint, dass die Anforderung, mit der steigenden Veränderungsgeschwindigkeit Schritt halten zu können, Menschen stetig mehr abverlangt.

Jetzt, wo wir uns im Wandel der vierten industriellen Revolution befinden und Aspekte wie Künstliche Intelligenz und maschinelles Lernen die Produktivität und Entwicklung auf ein weiteres neues Level befördern, müssen wir bereits in den *Sprintmodus* umschalten, um mit diesem Fortschritt mithalten zu können. Doch wie lange können Sie den Vollsprint durchhalten? Sicherlich nicht so lange wie im *Jogging-* oder gar im *Walkingmodus*. Irgendwann wird Ihnen vermutlich die Puste ausgehen und Sie brauchen eine Pause. Doch was bedeutet diese Pause im übertragenen Sinne? Es gibt viele Studien, einige davon habe ich Ihnen bereits in der Einleitung vorgestellt, die nahelegen lassen, eine solche Pause könnte mit dem Risiko des Jobverlustes gleichzusetzen sein. Im weiteren Verlauf dieses Buchs gehe ich umfangreich auf dieses Risiko ein und erläutere Ihnen, was notwendig ist, damit es möglichst kontrollierbar bleibt. Hier spielen frühzeitige berufliche Weichenstellung und die Kompetenzentwicklung eine entscheidende Rolle. Das führt dazu, dass das Risiko nicht für alle Menschen gleichermaßen besteht.

Um auf mein anatomisches Beispiel zurückzukommen, könnte ich auch argumentieren, dass Menschen mit einer ungesunden Lebensweise bei einem Vollsprint deutlich früher eine Pause benötigen als solche, die gesundheitlich keine Beeinträchtigung haben. Jetzt wäre es naheliegend, dass Sie darunter vor allem Aspekte wie starkes Zigarettenrauchen oder eine schlechte Ernährung und hohen Alkoholkonsum verstehen. Das sind zwar Beispiele für eine ungesunde Lebensweise, aber ich denke eher an eine mentale bzw. psychische ungesunde Lebensweise. Ich habe bereits darauf hingewiesen, dass Sie das anatomische Beispiel eher im übertragenen Sinne verstehen sollen. Das Schritthalten, egal ob im Geh-, Walking-, Jogging-, oder Sprintmodus, bezieht sich darauf, wie schnell sie in der Lage sind, mental auf die Veränderungen zu reagieren und sich neuen Gegebenheiten anzupassen. Dieses Buch wird verdeutlichen, dass mentale Gesundheit essenziell dafür ist, dass es Ihnen leichter fällt, wieder in den Vollsprint einzusteigen, und nicht auf der Strecke bleiben werden. Sicherlich ist auch die körperliche Leistungsfähigkeit nicht zu vernachlässigen, aber sie hat in einer digitalen Welt eine andere Bedeutung als noch vor 30–50 Jahren, da uns der technische und digitale Fortschritt zur Industrie 4.0 viele schwere Tätigkeiten abnimmt.

Interessant ist der Ausdruck »*Industrie 4.0*« *made in Germany*. Er wurde erstmals auf der Hannover-Messe, einer seit 1947 bestehenden und führenden Industriemesse, im Jahr 2011 verwendet. Damals zielte er noch darauf ab, eine strategische Initiative bis zum Jahre 2013 zum Ausdruck zu bringen, aber wie Sie nachfolgend erfahren werden, steckt hinter dem Begriff seitdem sehr viel mehr. Abbildung 1 fasst Ihnen die vier industriellen Revolutionen zusammen.

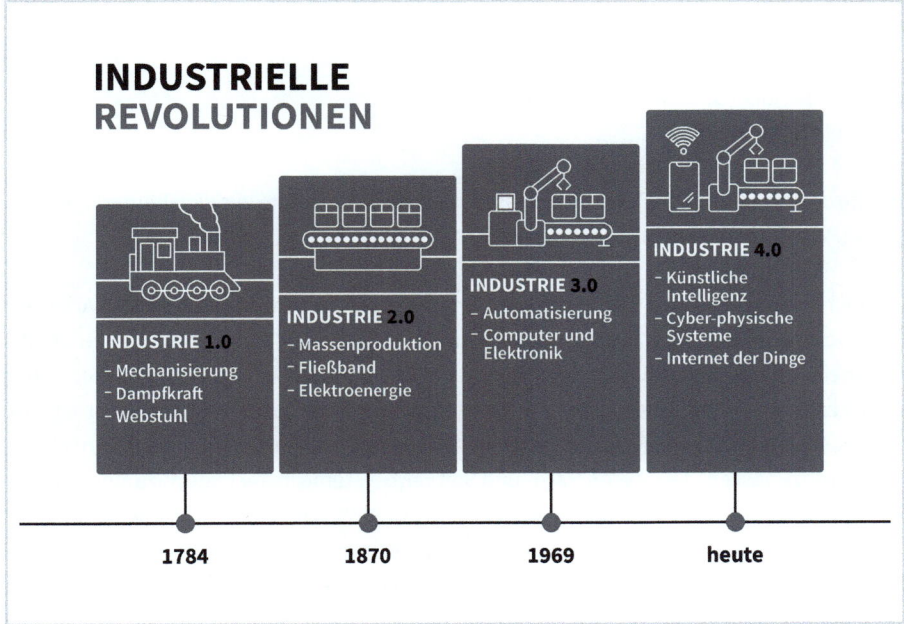

Abbildung 1: Industrielle Revolutionen

Um Ihnen einen besseren Eindruck der Industrie 4.0 zu vermitteln, führe ich nachfolgend einen oft zitierten Forschungsartikel eines brasilianisch-französischen Forscherteams ein, der in der renommierten Zeitschrift *International Journal of Production Economics (Internationale Zeitung für Produktion und Wirtschaft)* veröffentlicht wurde. Das Autorenteam um Alejandro Germán Frank beschreibt darin zwei Kategorien, die substanziell für die digitale Transformation zur Industrie 4.0 sind: einzelne Basistechnologien und übergeordnete Technologiekonzepte.

Ersteres können als jene technologischen Innovationen verstanden werden, auf denen die Technologiekonzepte aufbauen. Hierzu zählen Künstliche Intelligenz und maschinelles Lernen – also Systeme, die in der Lage sind, sich selbst weiterzuentwickeln – aber auch Big-Data-Analytics. Mit deren Hilfe ist es möglich, Massendaten auszuwerten und Muster zu erkennen, die ohne technologische Unterstützung nicht hätten erkannt werden können. Nicht umsonst wird in der Industrie 4.0 immer wieder betont, dass Daten der Rohstoff der Zukunft sind. Ein weiteres Beispiel wäre das *Internet der Dinge*, das es vielleicht bereits mit Spachassistenten wie Alexa in Ihr Zuhause geschafft hat. Diese Beispiele und viele weitere, die ich aufgrund ihrer Komplexität hier nicht mehr genauer ausführe (bspw. die Blockchain-Technologie oder auch cyberphysische Systeme), bilden das technologische Fundament für die Kategorie der ganzheitlichen Technologiekonzepte.

Hier sind besonders vier von zentraler Bedeutung, auf die ich nachfolgend eingehe. Zu diesen zählen

- intelligente Fabriken,
- intelligente Lieferketten,
- intelligente Produkte und nicht zuletzt die
- intelligente Arbeit.

Ja, wie die Bezeichnungen vermuten lassen, sind diese Konzepte wirklich bemerkenswert schlau. Was könnte eine intelligente Fabrik meinen?

Vielleicht haben Sie dazu Vorstellungen parat, wie z. B. besonderes effizientes Arbeiten oder weniger Angestellte. Beides wären richtige Annahmen – aber die Konzepte, die direkt ineinandergreifen, können noch viel mehr. Eine intelligente Fabrik ist geprägt durch ein vollständig rekonfigurierbares Fertigungssystem, dass durch Künstliche Intelligenz und maschinelles Lernen (Basistechnologien) dazu in der Lage ist, die Produktionsplätze stets so anzupassen, dass deren Hard- und Softwaresysteme in der Lage dazu sind, sich an veränderte Marktanforderungen anzupassen. Das heißt, dass diese Systeme vollständig autonom arbeiten, womit es nicht nur geringfügiger menschlicher Beschäftigung bedarf, sondern fast überhaupt keiner mehr. Die Basistechnologie *Big-Data-Analytics* versorgt die intelligente Fabrik mit allen relevanten Daten und Informationen, sodass Entscheidungen datenbasiert und damit vollkommen autonom getroffen werden können. Das bedeutet, dass Millionen von Daten in Echtzeit erfasst, gespeichert und analysiert werden, was wiederum die Ableitung jener Muster ermöglicht, die Erkenntnisse über Marktanforderungen bieten.

Praktisch sieht dies wie folgt aus: Eine intelligente Fabrik produziert für Unternehmen 1 und für Unternehmen 2. Vereinfacht gesagt, liegt die Auslastung, also das Fertigungsvolumen, das die intelligente Fabrik maximal produzieren könnte für Unternehmen 1 bei 40 % und für Unternehmen 2 bei 60 %. Es kommt zu einer neuen Marketingkampagne von Unternehmen 1, was einen Anstieg der Daten über das Such- und Kaufverhalten zu Produkten aus Unternehmen 1 bedingt. Die intelligente Fabrik leitet daraus ab, welche Produktionskapazität optimal wäre, um die entstehende Nachfrage nach Produkten bedienen zu können. Die algorithmusbasierten Entscheidungen führen dazu, dass die Fabrik in kürzester Zeit deren rekonfigurierbare Fertigungssysteme anpasst, was ermöglicht, dass Unternehmen 1 nun z. B. 80 % der Auslastung nutzen kann, wohingegen die Produkte von Unternehmen 2 nun weniger Produktionskapazität (20 %) erhalten.

Was technisch klingt, ist heute in der Praxis noch ein enorm zeitintensiver Prozess. Erinnern Sie sich an Berichterstattungen, in denen bestehende Produktionsstätten nun für die Herstellung und Abfüllung von Corona-Impfstoffe genutzt werden sollten. Diese Umstellung dauerte Wochen bis Monate und erforderte enorm viel menschliches Zutun. Rekonfigurierbare Fertigungssysteme werden eine solche Prozessumstellung mittels logistischer Robotik deutlich schneller und effizienter gewährleisten können. Doch natürlich kommen auch intelligente Fabriken an gewisse Grenzen und brauchen einen vergleichbaren technischen Rahmen innerhalb von Produktionsstätten. Einen Produktionswechsel von bspw. Flugzeugteilen auf Corona-Impfstoff könnte auch von einer intelligenten Fabrik nicht ohne Weiteres geleistet werden, aber mein Beispiel soll verdeutlichen, wie umfangreich die technischen Möglichkeiten einer intelligenten Fabrik sind.

Ergänzen Sie die intelligente Fabrik nun um die intelligente Lieferkette. Eine intelligente Lieferkette schafft eine interaktive Vernetzung mit globalen Märkten und damit optimale transparente Bedingungen, damit die Beschaffung von Rohstoffen und Vorprodukten so effizient und damit kostengünstig wie möglich erfolgen kann. Das wiederum ist enorm wichtig, damit die intelligente Fabrik so produktiv arbeiten kann, wie ich es Ihnen zuvor beschrieben habe. Ohne die ständige Rückkopplung an die Lieferkette und die notwenigen Produktionsbestandteile kann keine effiziente Produktionsstätte funktionieren.

Nun möchte ich an dieser Stelle noch intelligente Produkte ergänzen, da diese den Wirtschaftskreislauf schließen. Diese stellen in der Industrie 4.0 den Output einer intelligenten Fabrik dar. Wenn Sie an intelligente Produkte denken, dann kommen Ihnen sicherlich Bilder eines iPhones, einer Alexa oder eines Saugroboters in den Kopf. Doch glauben Sie nicht, dass intelligente Produkte stets technologisch sein müssen. Viel stärker kommt es auf die datengetriebene Vermarktung an, also inwieweit deren Kauf mit Daten verknüpft ist. Was hochgestochen klingt, ist an sich nichts Neues. Die seit vielen Jahren genutzte Payback-Methode ist ein Beispiel dafür. Indem Sie Payback-Punkte sammeln, weiß Payback sehr genau, was sich in Ihrem Einkaufswagen befand. Diese Daten sind die Grundlage für Marktforschung und Verkaufsstrategien. Sie stellen die Bedingung dafür da, dass intelligente Lieferketten optimal funktionieren und überwacht werden können. Mittels der Daten kann hervorragend prognostiziert werden, was aktuell gefragt ist und was nicht. Gleichzeitig können diese Analysen aber auch Nachfrage erzeugen, indem künstlich eine Verknappung kreiert wird, die die Preise auf den Märkten ansteigen lässt. Solche Mechanismen kennen Sie bereits von Tankstellen und den dortigen Benzin- und Dieselpreisen, wenn die OPEC (Organisation Erdöl exportierender Länder) die Ölfördermenge reduziert. Die weltweite Verknappung führt nach Gesetzen der Marktwirtschaft zu höheren Preisen. Der Unterschied zu diesem Beispiel ist, dass die Komplexität der künstlichen Verknappung lange nicht an die intelligenter Produkte heranreicht. Die Möglichkeiten, die

Big-Data-Analysen hier bieten, übersteigen das menschliche Vorstellungsvermögen. Zwar wird diese Entwicklung noch etwas Zeit benötigen, aber die Transformation zur Industrie 4.0 schreitet stetig voran.

Begriffe wie »Industrie 4.0« oder »digitalen Transformation« sind häufig Buzzwörter, deren Hintergrund oder genaue Bedeutung viele gar nicht erklären können. Sie verstehen nun, dass die digitale Transformation eine Vielzahl von Veränderungen umfasst, die uns zum Zielzustand der Industrie 4.0 führt. In diesem Zielzustand ist ein Großteil unseres Wirtschaftskreislaufes vollständig digitalisiert. Intelligente Produkte ermöglichen die Nachfragesteuerung, die es wiederum ermöglicht, dass intelligente Lieferketten die besten Rohstoffe und Bedingungen erhalten, damit eine intelligente Fabrik wiederum intelligente Produkte herstellen kann.

Was diesen Kreislauf umschließt, ist die intelligente Arbeit, die im deutschsprachigen Raum gerne auch als Arbeitswelt 4.0 bezeichnet wird und die bereits heute einen großen Einfluss auf unsere Arbeitswelt nimmt. Dazu mehr im nächsten Abschnitt.

1.2 Digi2place – Der Weg zur Arbeitswelt 4.0

Als ich während meiner Promotion tiefer in das Thema des digitalen Stresses in der Arbeitswelt 4.0 eintauchte und dazu Studien durchführte, stieß ich damit auf großes Interesse bei meinen Studienteilnehmern. Menschen berichteten mir, dass sie von digitalem Stress aufgrund der digitalen Transformation unserer Arbeitswelt betroffen seien.

In dieser Zeit reifte der Gedanke in mir, dieses Thema noch viel stärker in meinem beruflichen Leben zu verankern. Dazu gründete ich meine eigene Unternehmensberatung Digi2place. Der Name setzt sich aus drei Teilen zusammen *Digitalisation, 2 (to)* und *place*. Der Name bezeichnet die Aufgabe, Digitalisierung zu vermitteln: mit Fokus auf das Feld der Arbeitswelt 4.0 und dem damit verbunden digitalen Stress. Im Jahr 2021 startete ich dazu einen Podcast mit dem Ziel, über alle wichtigen Themen zu informieren, die im Verlauf der digitalen Transformation unsere Arbeitswelt verändern. Meine Recherchen und Ausführungen in dieser Zeit halfen mir, viele interessante Beispiele für diese neue digitale Arbeitswelt zu erkennen, von denen ich in diesem Buch im weiteren Verlauf berichte.

Für Sie ist wichtig zu verstehen, wie diese neue digitale Arbeitswelt aussieht, damit Sie im weiteren Verlauf dieses Buches meine Ausführungen zu digitalem Stress besser nachvollziehen können und vor allem wissen, was uns noch alles bevorsteht. Erfahrungsgemäß helfen visualisierbare Beispiele besser als rein theoretische Erklärungen, weshalb ich Beispiele anführen werde. Sie werden erkennen, dass viele meiner Beispiele auf Ausführungen der Basistechnologien zurückzuführen sind. Dabei fokussiere ich mich zunächst auf die wesentlichen Einflussfaktoren, die direkt am Arbeitsplatz erlebbar werden.

Von besonderer Bedeutung dafür sind die Entwicklungen rund um Künstliche Intelligenz, maschinelles Lernen und Roboter, die immer mehr unserer Aufgaben übernehmen. Am 3. Mai 2023 veröffentlichte der YouTube-Kanal *ZDFheute Nachrichten* einen rund 30-minütigen Ausschnitt der letzten Sendung *Markus Lanz*. Der reißerische Titel des Videos: »*Wer am Schreibtisch arbeitet, sollte dieses Video gesehen haben.*« Hier erläutert der Autor Sascha Lobo, der Ihnen wohl mindestens durch seinen auffallenden bunten Irokesen-Haarschnitt aus der deutschen Medienlandschaft bekannt sein dürfte, wie rasant sich Künstliche Intelligenz aktuell entwickelt. Er führt in dem Video aus, welch enormen Entwicklungssprünge hier gemacht worden sind und beschreibt, dass sich die vierte Generation der Künstlichen Intelligenz rund 120 Sprachen durch das Analysieren von Millionen von Dokumenten angeeignet hat. Welche genau das allerdings sind, scheinen jedoch nicht einmal die Entwickler zu wissen, so Sascha Lobo – und leitet damit über zu der Entwicklungspause, die von Elon Musk und vielen weitere Experten gefordert wurde. Sascha Lobo beschreibt schließlich zahlreiche bedrohliche Szenarien für die Arbeitswelt, thematisiert aber kaum, dass es auch positive Aspekte gibt.

Die Entwicklungen im Feld der Künstlichen Intelligenz bringen gewiss den Vorteil, dass besonders standardisierte Tätigkeiten (z. B. Datenverarbeitung und Prozessabwicklung), die für die meisten Menschen ohnehin eher etwas lästig erscheinen durch Maschinen ersetzt werden können, sodass mehr Arbeitszeit für andere strategische oder kreative Themen bleibt. Doch gibt es zweifelsohne Berufe, die von dieser standardisierten Arbeit leben (z. B. die Schadensregulierung in der Versicherungsbranche oder die Kreditprozessverarbeitung in der Finanzindustrie und viele mehr) und wo ein Wegfall kaum Raum für andere Themen schafft. Hier ist für viele Unternehmen eine Frage der Wirtschaftlichkeit, zu entscheiden, ob es sich lohnt, Künstliche Intelligenz in bestimmte Arbeitsprozesse zu integrieren oder ob menschliche Arbeitsleistung wirtschaftlicher ist. Neben vielen, u.a. ethischen Bedenken, spielt der finanzielle Aspekt eine entscheidende Rolle: Wie viele Mitarbeiter kann das Unternehmen einsparen, wenn es ein solches Investment tätigt, vorausgesetzt, die Qualität der Arbeitsleistung ist vergleichbar? Abhängig vom Tätigkeitsprofil ist allerdings bereits heute in vielen Bereichen nicht nur ein vergleichbares Qualitätsniveau, sondern sogar ein besseres gegeben.

Daniel Kahneman, dessen Namen Sie im Verlauf dieses Buches noch öfter lesen werden, schrieb dazu mit Oliver Sibony und Cass R. Sunstein das bemerkenswerte Buch »*Noise: Was unsere Entscheidungen verzerrt – und wie wir sie verbessern können*«, dass ein Besteller geworden ist. In diesem Buch zeigen die Autoren detailliert auf, dass menschliche Entscheidungen nicht nur verzerrt sind, sondern auch wie oft diese streuen: Das bedeutet, Menschen treffen bei einem sehr vergleichbaren Sachverhalt oftmals komplett unterschiedliche Urteile und Entscheidungen. Sie können sich eine solche Streuung vorstellen, wenn Sie sich das Trefferbild verschiedener Bogenschützen visualisieren. Die Rahmenbedingungen sind stets ähnlich, und doch landet der Pfeil selten mehrmals auf der gleichen Stelle. Das ist sehr gut auf menschliche Entscheidungen und Urteile übertragbar, wofür das Buch sehr viele einprägsame, teils tragische Beispiele liefert und verblüffend aufzeigt, wie bereits einfache Algorithmen in bestimmten Kontexten bessere Entscheidungen als Menschen treffen. Eine Erkenntnis, die für viele Unternehmen von großem Wert sein kann, geht es z. B. um Schadensregulierung in Versicherungsfällen, aber auch bei medizinischen Diagnoseverfahren. Frei nach dem Motto: *Der Besuch von 3 Ärzten führt zu vier Diagnosen.* Denn wie Sie sehen werden, ist der technologische Fortschritt und dessen Einfluss auf die Tätigkeit auch bei solch anspruchsvollen Berufen enorm.

Wenn Algorithmen und effizientere Künstliche Intelligenz standardisierbare Tätigkeiten übernehmen können, stellt sich zwangsläufig die Frage, wie stark der eigene Beruf davon betroffen ist. Das Stichwort an dieser Stelle ist Substituierbarkeitspotenzial. Es sagt aus, welche Berufe wie stark von digitalem Fortschritt gefährdet sind. Dazu bietet das *Institut für Arbeitsmarkt- und Berufsforschung* einen Service (https://job-futuromat.iab.de), mit dem Sie das Substituierbarkeitspotenzial vieler Tätigkeiten ermitteln können. Als Faustformel können Sie davon ausgehen, dass ein Beruf, der zu 70 % oder mehr automatisierbar ist, als gefährdet bezeichnet werden kann. Doch auch wenn das bisher nur wenige Berufe betrifft, wird die digitale Transformation die Anzahl der in bestimmten Berufsfeldern Tätigen drastisch verringern. Ein Unternehmen, das 50 % einer beruflichen Tätigkeit durch eine entsprechende Künstliche Intelligenz oder einen Algorithmus ersetzen kann, wird, vereinfacht gesagt, auch nur noch die Hälfte der Stellen besetzen müssen. So verschwinden bestimmte Berufsprofile vielleicht nicht vollständig vom Arbeitsmarkt, werden jedoch stark reduziert. Gleichzeitig ist die einheitliche Studienmeinung, dass neben der Reduzierung und dem Wegfall vieler Berufe auch neue Berufe entstehen werden, die wir uns heute oftmals noch nicht vorstellen können.

Ein Beispiel, das ich in meinem Podcast zum Thema mache, ist der Emoji-Designer, der mit kreativer Arbeitskraft kommunikationsunterstützende Elemente erschafft. Das ist ein Beruf, dessen Anforderungen weit über die des ersten von Scott Fahlman im Jahr 1982 entwickelten Smilies hinausgeht, den er aus drei einfachen Satzzeichen bildete und Sie nicht nur kennen, sondern die Sie sicherlich bereits genutzt haben ☺.

Glücklicherweise gehen Experten davon aus, dass nicht alles, was digitalisiert werden kann, auch digitalisiert werden wird. Denn technische Möglichkeiten sind nur eine Seite der Medaille. Es kommt zudem immer auf die Wirtschaftlichkeit an: Ist diese mit menschlicher Arbeitsleistung rentabler oder qualitativ besser, besteht für das Unternehmen schlichtweg keine Notwendigkeit, bestimmte Arbeitsprozesse zu digitalisieren. Richard David Precht erläuterte dazu in seinem Podcast *Lanz & Precht*, den er gemeinsam mit ZDF-Moderator Markus Lanz wöchentlich veröffentlicht, ein für mich noch immer einprägsames Beispiel aus der Landwirtschaft.

Deutsche Ingenieure haben es geschafft, einen digital gesteuerten Spargelerntehelfer zu entwickeln, durch den lästiges Bücken beim Ernten auf dem Feld der Vergangenheit angehören könnte. Diese technische Möglichkeit wird jedoch bisher kaum genutzt, da sie für viele Spargelbauern nicht wirtschaftlich ist, denn das Investment rechnet sich erst nach sehr vielen Jahren. Ein hohes Investitionsvolumen, das weit in den sechsstelligen Bereich hineinragt, steht den bis heute recht günstigen Lohnkosten für Erntehelfer gegenüber – und damit dem digitalen Fortschritt in der Spargelernte im Weg.

Aus diesem Beispiel können Sie ableiten, dass viele Technologien daran scheitern könnten, dass sie sich wirtschaftlich nicht lohnen. Zugleich ist es sehr schwer zu prognostizieren, welche das sein werden.

Ein weiteres Beispiel dafür habe ich erst vor Kurzem erlebt, als ich einen guten Freund im Kreis Heinsberg besucht habe. Noch vor der Covid-19-Pandemie hätten Sie sicherlich noch keine Vorstellung gehabt, auf welcher Ecke der Landkarte Heinsberg zu verorten ist, mittlerweile werden Sie vermutlich wissen, dass der Landkreis in Nordrhein-Westfalen liegt. Mein Freund leitet gemeinsam mit seinem Vater ein mittelständisches Spielzeugunternehmen, das sich auf die Entwicklung von Kugelbahnen spezialisiert hat. Als er mir eine Führung durch das Unternehmen und die Lagerhalle gab, fragte ich ihn bei einem der Prozessschritte, ob dieser nicht sehr einfach zu digitalisieren sei. Es handelte sich um einen Sortierprozessschritt für bestimmte Bestandteile der Kugelbahn. Er sagte mir, dass dies natürlich möglich wäre, aber die Investitionskosten bei knapp einer halben Millionen Euro lägen; innerhalb von 14 Tagen hätte die Maschine alle Teile im gesamten Lager sortiert. Er fragte, was die Maschine die verbleibenden 351 Tage sortieren sollte und was passieren würde, wenn die Auftragslage zurückginge und noch weniger Arbeitsvolumen von der Maschine übernommen werden könnte. Rhetorische Fragen, auf die ich keine befriedigende Antwort hatte. Er wies mich darauf hin, dass Mitarbeiter wenigstens andere Tätigkeiten mitübernehmen könnten oder wie, während der Pandemie in Kurzarbeit geschickt werden können. Die Wirtschaftlichkeit verhindert die Digitalisierung dieses Prozessabschnitts. Langfristig, so mein Urteil, lässt sich die digitale Transformation nicht aufhalten und ebenso wenig die Entwicklung zur intelligenten Fabrik. Dieses aktuelle Beispiel zeigt jedoch, dass diese theoretische Idealvorstellung noch viele Jahre entfernt ist.

1.3   Lang lebe lebenslanges Lernen

Doch in anderen Bereichen der Arbeitswelt ist der Einfluss des Digitalen bereits umfangreicher, wenn auch kleinteiliger. Während der Covid-19-Pandemie hat sich besonders unsere organisationale Zusammenarbeit stark digitalisiert. Videokonferenzsysteme sowie ortsunabhängiges und cloudbasiertes Arbeiten bilden für viele Menschen bereits heute einen festen Bestandteil des beruflichen Alltags. Dies und besonders der uns bevorstehende Umgang und die Interaktion mit Künstlicher Intelligenz am Arbeitsplatz erfordern neue digitale Kompetenzen.

Doch was versteckt sich hinter diesem viel zitierten Buzzword, für das es vielfältige und unterschiedlich umfangreiche Definition gibt? Mir persönlich war stets folgende Einteilung sehr eingängig, wonach digitale Kompetenzen auf drei Ebenen basieren:

- Verständnis,
- Anwendung und
- strategisches Denken.

Zunächst bedarf es eines Verständnisses der digitalen Transformation zur Industrie- und Arbeitswelt 4.0. Neudeutsch könnte ich auch sagen, dass Sie ein digitales Mindset benötigen. Auf dieser ersten Ebene betreffen beide Formulierungen dasselbe: das Wissen darüber, welche Technologien und digitale Veränderungen unsere aktuelle Arbeitsweise verändern und warum eine veraltete technologische Arbeitsweise auf lange Sicht zum wirtschaftlichen Scheitern führt. Das bedeutet nicht, dass Sie der größte Digitalisierungsexperte und Digitalisierungsbefürworter sein müssen, Sie sollten das Bewusstsein und die Offenheit haben, mit den veränderten digitalen Rahmenbedingungen umgehen zu können.

Auf der zweiten Ebene bezieht sich auf das Anwenden von neuen digitalen Tools und Arbeitsweisen. Die zweite Ebene baut auf der Ebene des Verstehens auf – ohne etwas zu verstehen, können Sie es nicht erfolgreich anwenden. Es braucht also in gewisser Weise ein Händchen fürs Digitale, damit der Umgang gelingt. Frei nach dem Motto, dass Verstehen nicht Können ist, müssen Sie den Umgang mit digitalen Anwendungen üben und verfeinern.

Auf der dritten Ebene kommt es darauf an, strategische digitale Entwicklungen zu erkennen und, das ist die Königsdisziplin, diese Strategie selbst zu entwickeln und umzusetzen. Die dritte Ebene baut damit auf den beiden zuvor auf. Etwas zu verstehen und es in der Folge anzuwenden, ist oftmals auf einen operativen oder mittelfristigen Horizont beschränkt. Doch wenn Sie fundierte digitale Kompetenzen aufgebaut haben, sind Sie in der Lage, Technologiekonzepte auf Ihr eigenes Unternehmen zu übertragen. Sie können die gesamten Vorteile der digitalen Transformation unter Abwägung potenzieller Risiken nutzen. Was zunächst durchaus nachvollziehbar klingen mag, ist in der Praxis und in der Entwicklung Ihrer persönlichen digitalen Kompetenzen durchaus herausfordernd. Die Geschwindigkeit der digitalen Transformation führt dazu, dass die in der Arbeitswelt 4.0 immer kürzer werdenden Entwicklungszyklen weniger Zeit dafür lassen, ein echtes Verständnis für digitale Veränderungen zu entwickeln. Dies liegt besonders daran, dass die Entwicklungen oftmals sehr komplex sind und damit nicht angemessen durchdrungen werden können. Das steht in direkter Verbindung mit fehlendem Gespür für den richtigen Umgang mit digitalen Anwendungen. Es muss nicht gleich eine Künstliche Intelligenz sein, deren Komplexität und Ungewissheit im Umgang die Entwicklung digitaler Kompetenzen erschwert: Oftmals sind es bereits weniger innovative digitale Entwicklungen, die viele Menschen – und da nehme ich mich bewusst nicht aus – belasten.

Gleichzeitig führen die zuvor thematisierten schnelleren Entwicklungszyklen dazu, dass ein Gefühl der Überladung entsteht. Die Begrifflichkeit ist aus dem Englischen übersetzt (Overload) und lässt sich damit visualisieren, dass Ihre persönliche Ladekapazität überschritten wird. Die bloße Zunahme digitaler und technologischer Anwendungen führt dazu, dass Ihnen Zeit fehlt, Ihre Ladekapazitäten auszubauen.

Beispiele dafür haben Sie vielleicht während der Pandemie kennengelernt, wo es durch den Digitalisierungsschub und die Implementierung einer Vielzahl von Technologien zu einem Gefühl der Überladung gekommen ist. Auch diese Betroffenheit ist nicht an hochtrabende innovative Entwicklungen gekoppelt, aber sie werden uns vermutlich im Verlauf der nächsten Jahre noch stärker herausfordern.

In einigen Fällen spielen auch Instinkte wie Flucht und Kampf eine Rolle: Wenn Sie das Gefühl haben, digitale Transformationen könnten Ihre Existenz bedrohen, können Sie entweder wegschauen, die Risiken ausblenden und hoffen, dass es so weit und so schlimm schon nicht kommen werde, oder Sie kämpfen, was in diesem Kontext so zu verstehen ist, dass Sie bereit sind, lebenslang zu lernen und Ihre digitalen Kompetenzen möglichst umfangreich zu entwickeln.

Ein bewusst überspitztes Beispiel dazu: Sie lernen schwimmen, um nicht zu ertrinken. Je besser und ausdauernder Sie es erlernen, desto länger und leichter können Sie sich über Wasser halten. Im übertragenen Sinn: Die digitalen Transformationen der Arbeitswelt 4.0 stellen das Wasser dar, indem Sie sich besser oder schlechter bewegen können. Der Wasserstand ist seit der Covid-19-Pandemie stark angestiegen, was die Notwendigkeit digitaler Kompetenzen verdeutlicht und sie zum entscheidenden Schlüssel zur Leistungsfähigkeit in einer digitalisierten Arbeitswelt werden lässt.

Sie werden viele meiner Ausführungen rund um Komplexität, Ungewissheit, Überladung und Jobunsicherheit im späteren Verlauf dieses Buches als digitale Stressoren kennenlernen, denen mit diesen Kompetenzen begegnet werden kann.

1.4   Bildung schützt vor dem Arbeitsplatzverlust … nicht (immer)

Auf dem Weg zur Arbeitswelt 4.0 gibt es schon heute einige faszinierende und teilweise tragische Beispiele dafür, dass auch sehr gut ausgebildete Menschen ihren Arbeitsplatz verlieren könnten, weil eine Künstliche Intelligenz, ein Algorithmus oder ein Roboter diesen kostengünstiger und/oder qualitativ besser ausüben können. Viele Menschen halten noch immer an dem Glaubenssatz fest, dass nur jene mit niedrigerem Qualifikationsniveau von einen potenziellen Jobverlust bedroht sind. Das mag grob derzeit noch die Mehrheit zutreffend sein, gilt jedoch keineswegs immer. Ich werde aufzeigen, dass Bildung nicht immer vor dem Jobverlust in der Arbeitswelt 4.0 schützt. Es wird deutlich werden, dass auch ein langes und forderndes Studium und sogar eine Promotion das Risiko, seine Tätigkeit nicht weiter selbstständig auszuüben, nicht vollständig eliminieren kann.

Doch lassen Sie uns den Blick zunächst auf jene Berufsfelder richten, bei denen ein Ersatz der menschlichen Arbeitskraft durch Technologie naheliegend ist. Wenn Sie auf die intelligenten Fabriken und Lieferketten schauen, wird Ihnen wahrscheinlich sehr schnell deutlich, dass Mitarbeiter in der Produktion und der Logistik, also Paketzusteller sowie Fahrdienstleister sehr stark von der digitalen Entwicklung betroffen sein werden. Vollautomatisierte Fabriken werden zwar nie ganz ohne menschliche Kontrolle und Wartung auskommen, aber deren Anteil verringert sich stetig. Schon heute sind Roboter in vielen modernen Fabriken ein normaler Bestandteil des Alltags. Das hat die körperliche Arbeitsleistung in den letzten Jahrzehnten auf ein niedriges Level reduziert und die Produktivität enorm gesteigert. Doch wenn das Konzept der intelligenten Fabrik immer mehr zur Realität wird, führt das dazu, dass viele Arbeitsplätze nicht mehr benötigt sein werden.

Bereits ein kurzer Blick in ein Amazon-Lager lässt Ähnliches erwarten. Dort finden bereits heute moderne Logistikverfahren mit hocheffizienten Beförderungsbändern Anwendung. Hier stellen Roboter und Künstliche Intelligenz in der Verteilung von Produkten und Gütern bereits eine große Unterstützung dar. Eine so ausgestattete Lagerhalle bietet für deren autonome Bewegung der Produkte optimale Bedingungen. Die Möglichkeiten werden nicht nur effektiv eingesetzt, sondern sind zudem zumeist viel effizienter als Menschen. Das ist ein Grund dafür, dass die Logistik von Amazon so schnell sein kann: bis hin zur taggleichen Zustellung.

Selbst die Grundreinigung der Lagerhallen wird angesichts der guten Flächenbedingungen oft vollständig mithilfe von Reinigungsrobotern umgesetzt. Ein Trend, der sich, wie Sie wahrscheinlich mitbekommen haben, auch immer stärker auf den privaten Haushalt überträgt, aber noch dadurch gebremst wird, dass die Flächenbedingungen hier häufig nicht optimal sind. Zugestellte Wohnungsflächen bieten weniger gute Einsatzmöglichkeiten als große Lagerhallen. Da spreche ich aus persönlicher frustrierter Erfahrung. Natürlich sind bei Weitem nicht alle Warenlager bereits auf einem solch automatisierten Level, aber die Entwicklungen zur intelligenten Fabrik und Lieferkette werden auf lange Sicht auch jene Warenlager sehr stark verändern, die heute noch mit viel körperlicher Arbeitskraft gesteuert werden.

Und auch die Zustellung von Sendungen, das Zustellverfahren, wie wir es heute kennen, verändert sich immer stärker. Das hängt maßgeblich mit den Entwicklungen der Mobilitätsforschung zusammen: Autonomes Fahren, Flugtaxis und Drohnen sind nur einige Beispiele dafür, wie sich Mobilität im Warenverkehr verändern wird. Den Entwicklungen stehen allerdings deutlich Hindernisse im Weg: Hindernisse sind hier recht wörtlich zu nehmen, denn unsere Infrastruktur bietet nicht die perfekten Bedingungen einer Lagerhalle. Zwar wird die Sensorik dieser Fahrzeuge bzw. Flugkörper immer besser, dennoch stellt sich oftmals die Frage, wie die letzten Meter der Zustellung erfolgen sollen: Ein autonomes Fahrzeug wird, wenn diese einmal flächendeckend zum Einsatz kommen sollten, eine Lieferung an eine bestimmte Zieladresse befördern können, wie aber kommt diese vom Fahrzeug in die Wohnung?

Was für Speditionen bereits den schwierigsten (und oftmals kostspieligsten) Teil einer Zustellung darstellt: die Distanz von Bordsteinkante bis in die Wohnung, der sogenannte »letzte Meter«. Gerade dieser Teil ist für eine personenlose Zustellung bisher nur bedingt vorstellbar. Ich gehe dennoch davon aus, dass die innovativen Ideen der Logistik- und Zustellbranche hier Lösungen schaffen werden, die für viele Menschen in dieser Branche eine große Veränderung Ihrer beruflichen Tätigkeit bedeuten wird.

Weniger innovative Ansätze braucht es dazu bei Rohstoff- und Güterlogistik, denn hier sind die Rahmenbedingungen bereits deutlich entwickelter. Ein ausgebautes Schienennetz und autonomes Fahren auf der Autobahn wirken zunächst leichter umzusetzen als Stadt- und Nahverkehr, da die Koordination und Sensorik der Fahrzeuge es dort einfacher haben.

Was alle Felder betrifft, ist die bisher fehlende gesetzliche Regelung der autonomen Mobilität. Das führt dazu, dass vieles von dem, was technisch aktuell bereits möglich wäre, nicht zum Einsatz kommt. So forschte die Stanford University bereits 1960 zu autonomen Fahrzeugen. Seit 10 Jahren gibt es wohl kaum einen Autobauer oder Technologiekonzern, der nicht bereits in diese Richtung forscht oder das plant. Wie auch immer: wenn wir in einem Jahrzehnt flächendeckend vollautonome Fahrzeuge vorfinden, dann hätte das, gesetzliche Aspekte einmal ausgeklammert, einen enormen Einfluss auf die Arbeitswelt 4.0. LKWs, Transporter, PKWs, Busse und alles, was auf Rädern unterwegs ist und wirtschaftlichen Interessen dient, würde sich damit enorm verändern, und hätte große Auswirkungen auf das Berufsleben vieler Menschen.

Wie ich zuvor bereits erwähnt habe, gibt es jedoch viele Berufe, die seit jeher ein hohes Maß an Qualifikation und Erfahrung voraussetzen, damit ein optimales Arbeitsergebnis erzielt werden kann. Auch diese Berufsfelder verändern sich durch den digitalen Fortschritt erheblich.

Nehmen Sie zum Beispiel den Beruf des Anwalts. Salopp gesagt: Viele Jahre aufopferungsvolles Jurastudium inkl. zweier Staatsexamen und meist noch einer Weiterbildung zum Fachanwalt und in nicht seltenen Fällen eine Promotion. Da kommen gut und gerne 10 Jahre Ausbildung zusammen, bis ein Anwalt so richtig in das Berufsleben startet. Anwälte investieren i. d. R. viel Zeit in das Lesen von Dokumenten und das Verstehen eines bestimmten Sachverhalts, um Inhalte auf eine juristische Ebene zu überführen, damit sie einen Abgleich und eine Bewertung hinsichtlich der gesetzlichen Lage vollziehen können.

Darüber hinaus nimmt auch die Mandantenkommunikation einiges an Zeit in Anspruch. Wenngleich Anwälte Schriftsätze oder E-Mails häufig auf ein Diktiergerät sprechen und ein juristischer Fachangestellter es im Nachgang in Reinform transkribiert, kostet es dennoch Zeit. Bei all dem hilft einem Anwalt zwar seine Erfahrung, aber er muss auch ständig neue und wegweisende Gerichtsurteile verfolgen, damit er diese in die Bewertung eines Sachverhalts einfließen lassen kann.

Schon heute gibt es dafür ergänzende Softwaresysteme, die den Arbeitsalltag von Anwälten gut unterstützen. Doch welche Auswirkungen haben Künstliche Intelligenz und Big-Data-Analytics auf diesen Beruf? Viele Start-ups haben sich genau auf das Feld LegalTech spezialisiert, das eines von vielen technologiegetrieben Start-up-Feldern ist. Vielleicht kennen Sie weitere Beispiele, so aus der Bankenwelt die sogenannte FinTechs oder aus der unmittelbaren Umgebung der Versicherungsbranche die InsurTechs. In allen diesen Feldern wird versucht, die Arbeit mithilfe von superintelligenten Basistechnologien zu unterstützen.

Ein Beispiel dafür, wie sich diese Entwicklung auswirkt, ist das schrumpfende Filialnetz deutscher Banken. Niederlassungen vor Ort spielen für die Bankenwirtschaft durch Online- und Mobile-Banking eine immer geringere Rolle. Heute ist es für sehr viele Kundenbedürfnisse nicht mehr notwendig, in eine Bankfiliale zu gehen. Mittels Banking-Apps können z.B. Überweisungen direkt vom eigenen Smartphone aus erledigt werden. Die Aufgabe der Bargeldversorgung ist mittlerweile in fast jedem Supermarkt möglich, zum Teil schon ab einem Einkaufswert von 5 Euro. Ich selbst hebe Bargeld in den allerseltensten Fällen nur an einem Geldautomaten ab, sondern lasse mir die bestimmte Summe beim Einkauf im Supermarkt auszahlen. Wenn ich einmal Beratung über ein klassisches Bankprodukt benötige, kann ich diese online per Videokonferenz erhalten. Sie sehen: Die Finanzindustrie befindet sich in einem tiefgreifenden Wandel, getrieben von FinTechs, die immer innovativere digitale und technologische Lösungen entwickeln. Vergleichbare Beispiele gibt es für alle Branchen, in denen solche Tech-Start-ups aktiv sind.

Doch lassen Sie uns nochmals auf die Entwicklungen rund um LegalTech schauen. Im Jahr 2023 verblüffte die Entwicklungen im Feld der Künstlichen Intelligenz eine ganze Gesellschaft. Die Menschen ließen die Künstliche Intelligenz Texte schreiben, Bilder von Prominenten fälschen, das Medizinexamen erfolgreich bestehen. Die Künstliche Intelligenz »schrieb« zwar auch das bayrische Abitur, konnte allerdings nur in einigen Fächern bestehen.

Dennoch ist es bemerkenswert, was bereits heute mithilfe einer solchen Künstlichen Intelligenz möglich ist. Interessanterweise konnte ChatGPT besonders im Fach Geschichte die besten Ergebnisse erzielen. Ein Bereich, der mit viel textlichen Daten und Hintergründen einhergeht und damit beste Lernbedingungen für eine maschinelle lernbasierte Künstliche Intelligenz bietet.

Ein ähnliches Umfeld stellt die deutsche Gesetzgebung dar, so würde es mich nicht wundern, wenn in einigen Jahren, der Beruf eines Anwalts sehr stark von einer Künstlichen Intelligenz unterstützt werden könnte.

Die Entwicklungen rund um ChatGPT scheinen daher nur der Anfang zu sein. Auch wenn ich es für unrealistisch halte, dass der Beruf vollständig ersetzt wird, denke ich, dass die digitale Entwicklung vermutlich dazu führt, dass es bei einer umfangreichen Unterstützung durch Künstliche Intelligenz insgesamt weniger Anwälte bedarf. Meine These stützt, dass die Möglichkeiten von forensischen Auswertungen mittels Big-Data-Analytics es schaffen, große Daten sehr effektiv auszuwerten und somit Präzedenzfälle oder generell hilfreiche juristische Rechtsprechungen damit sehr viel leichter zugänglich zu machen. Zwar wird vermutlich fast jeder Anwalt zu Recht behaupten, dass jeder Fall einzigartig ist, doch wird die digitale Transformation hier weitreichende Folgen haben.

Ein erster Eindruck dazu ließ sich Anfang 2023 gewinnen, als erstmals eine Künstliche Intelligenz einen Anwalt vor Gericht vertreten sollte. Dazu entwickelte die Firma DoNotPay mithilfe einer Künstlichen Intelligenz, einen virtuellen Anwalt, den sie »Robert Lawyer« tauften. Dieser sollte den Verhandlungsprozess durch bloßes Zuhören und daraus entwickelte Argumentationsstrategien lenken. Das Unternehmen bot Anwälten 1.000.000 Dollar, damit sich diese mit AirPods (Kopfhörer der Marke Apple) in einen Gerichtssaal setzen und die zuvor genannte Vorgehensweise praktizieren. Was technologisch möglich schien, wurde durch eine Sammelklage gegenüber DoNotPay ins Stocken gebracht. Die Vorwürfe: DoNotPay sei weder eine zugelassene Anwaltskanzlei noch hätte »Robert Layer« einen juristischen Abschluss vorzuweisen. Ich schließe daraus, dass die Klägerseite den Fortschritt im juristischen Bereich ausbremsen zu versucht, als Selbstschutz vor einer Entwicklung, die direkten Einfluss auf ihre eigene Tätigkeit hätte. Der Ausgang zum Zeitpunkt, während ich dieses Buches schreibe, ist offen, aber vermittelt einen Eindruck, welche Entwicklungen der juristischen Welt bevorstehen und auch, wie die eigene Gesetzgebung gefordert wird, aktuell ist das Tragen von Kopfhörern in der Mehrheit der Gerichtssäle in den Vereinigten Staaten nicht legal. Dazu ergänzt sich die Fragestellung der Haftung bei fehlerhafter juristischer Beratung. Doch ähnlich wie im Kontext des autonomen Fahrens wird sich die Gesetzgebung auf kurz oder lang den Herausforderungen der digitalen Transformation stellen müssen.

Ein weiteres spannendes Beispiel, das bereits aus dem Jahr 2018 stammt, liefert die Firma LawGeex, die eine Künstliche Intelligenz gegen 20 erfahrene Anwälte antreten ließ. Ziel war die Prüfung von fünf verschiedenen Geheimhaltungsvereinbarungen auf rechtliche Risiken, die innerhalb von 4 Stunden erfolgen sollte. Die erfahrenen Anwälte schafften es, die Aufgabenstellung in 90 Minuten zu lösen. Die Künstliche Intelligenz der Firma LawGeex benötigte dafür 26 Sekunden. Neben dieser enormen Geschwindigkeit war auch die Qualität der Arbeitsleistung, die von einer unabhängigen Expertengruppe geprüft worden ist, besser (94 %) als die der besten Anwälte (85 %).

Das zuvor genannte Beispiel, so eindrucksvoll es auch sein mag, muss dennoch mit Zurückhaltung betrachtet werden, denn es handelte sich bei der Aufgabe um eine verhältnismäßig einfache juristische Frage aus dem Vertragsrecht. Mit steigendem Komplexitätsgrad wird vermutlich Künstliche Intelligenz (zumindest aktuell noch) an ihre Grenzen kommen.

Die Entwicklungsgeschwindigkeit innovativer LegalTech-Start-ups ist jedoch enorm und wird in den kommenden Jahren sicherlich noch weitere innovative Veränderungen anstoßen. Ein erstes Beispiel dafür, das aus Deutschland stammt, lieferte das Land Niedersachsen im Sommer 2023, als es ankündigte, dass eine Künstliche Intelligenz zur Unterstützung von Richtern pilotiert werden soll. Die niedersächsische Justizministerin, Kathrin Wahlmann, betonte, dass dieses Pilotprojekt einen großen Fortschritt einleite.

All das zeigt, wie stark sich Tätigkeitsfelder im juristischen Bereich verändern werden und dass der Beruf eines Anwalts oder Richters mit enorm fundierter und aufopferungsvoller Ausbildung in der Arbeitswelt 4.0 wohl ein anderer sein wird, als er es heute ist.

Ein vergleichbares Beispiel findet sich in der Medizin, genauer gesagt in der Diagnose von Röntgenbildern. Vielleicht erinnern Sie sich an Ihren letzten Besuch in einer Radiologie, falls sie schon einmal eine solche diagnostische Untersuchung erhalten haben.

Ich möchte Ihnen kurz von meinem ersten Erlebnis erzählen. Im Alter von 24 erlitt ich einen Bandscheibenvorfall in der linken Lendenwirbelsäule. Oftmals, wie auch in meinem damaligen Fall wurde dieser letztlich mittels einer Magnetresonanztomographie (MRT) diagnostiziert. Mich faszinierte bereits damals, wie Radiologen diese Bilder interpretierten. Eine ähnliche Faszination empfand ich bei meinen weiteren Besuchen, wann immer ein Röntgenbild gemacht worden ist. Die Faszination wurde jedoch stark getrübt, als ich Anfang 2021 erstmals in einem Artikel der *Universität Bern* gelesen habe, dass eine Künstliche Intelligenz eine deutlich bessere Analyse von Röntgenbildern bei der Identifizierung von Covid-19-Lungenerkrankung liefern könne. Im Durchschnitt lag das Ergebnis bei drei Kategorien zu 94 % richtig, während echte Röntgenärzte auf nur 61 % kamen. Besonders drastisch war ein Einzelergebnis aus einer der Kategorien, in der es um die bloße Bestimmung der Covid-19-Erkrankung ging. Das Ergebnis der Künstlichen Intelligenz lag bei 97 %, das auf menschlicher Erfahrung basierende Ergebnis der Ärzte bei nur 53 %. Somit konnte nur jeder zweite eine korrekte Diagnose aus den Röntgenbildern ableiten.

Solche Ergebnisse sind faszinierend und beunruhigend zugleich, denn sie lassen mich an der Kompetenz einiger Ärzte zweifeln, die mich bisher behandelt haben. Viele weitere solcher Beispiele liefert das Buch »*Noise: Was unsere Entscheidungen verzerrt – und wie wir sie verbessern können*«. Bei diesen sehr guten Ergebnissen während der Covid-19-Pandemie verwundert es nicht, dass die Entwicklung der Künstlichen Intelligenz in diesem Feld weiter vorangeschritten ist. Rund eineinhalb Jahre später erschien im *t3n digital pioneers*, einer angesehenen Medienmarke in der Digitalwirtschaft ein Artikel mit dem Titel »*KI analysiert erstmals Röntgenbild ohne Radiologen*«. Was zunächst nach dem beruflichen Ende von Röntgenärzten klang, entpuppte sich als Fehlschluss, aber dennoch als enorme Sensation. Das Unternehmen *Oxipit* entwickelte mithilfe einer Künstlichen Intelligenz das Analysetool *ChestLink*, dessen Röntgenaufnahmen so präzise sind, dass es unauffällige Patientenberichte automatisch an diese versendet. Nur die Röntgenbilder, die problematisch erscheinen, werden zu einer Überprüfung an einen Radiologen versendet. Diese Entwicklung halte ich für bemerkenswert und offensichtlich auch die *Europäische Union*, die *ChestLink* die behördliche Genehmigung erteilte.

Neben Beispielen aus der juristischen und medizinischen Welt gibt es ein sehr berühmtes aus der Pharmaforschung, das große Resonanz erzielen konnte. Das Beispiel griff Sascha Lobo in seinem Buch *Realitätsschock* auf und ist mir seit dem erstmaligen Lesen im Jahr 2019 im Gedächtnis geblieben, weil ihm eine gewisse Tragik anhaftet: Es erzählt die Geschichte des promovierten Genetikers und Systembiologen Mohammed AlQuraishi. Dieser widmete seine Forschung seit 10 Jahren der Proteinfaltungsvorhersage-Modellierung, einer für die Pharmaforschung sehr wertvollen Methodik, mit deren Hilfe medizinische Wirkstoffe hergestellt werden.

Die nostalgische Vorstellung einer Chemiestunde im Abitur und das Bild Forschender, die in einem Labor Chemikalien in einem Reagenzglas schütteln und Beobachtungen ableiten, ist heute nur noch sehr selten der Fall. Viel häufiger modellieren Hochleistungscomputer und entsprechende Softwaresysteme unter Durchführung des Forschenden das entsprechende Experiment. Auf regelmäßigen Konferenzen der internationalen Wissenschaftscommunity findet in zu diesem Forschungsfeld ein Wettbewerb statt, der neue wissenschaftliche Erkenntnisse liefern soll.

Im Jahr 2018 war Mohammed AlQuraishi einer der Teilnehmer, der für seine Arbeit große Wertschätzung und Anerkennung unter seinen Kollegen genoss. Ein weiterer Teilnehmer der etwas anderen Art war *AlphaFold*, eine Künstliche Intelligenz eines Tochterunternehmens von Google. Sie ahnen sicherlich schon, dass Mohammed AlQuraishi den Wettbewerb nicht als Sieger verließ. Im Gegenteil, noch nie wurde dieser mit einem solch großen Vorsprung gewonnen, wie von *AlphaFord*. Bekannt wurde dieses Beispiel durch einen emotionalen Blogartikel, den Mohammed AlQuraishi persönlich schrieb. In diesem erkannte er an, dass eine Künstliche Intelligenz sein Lebenswerk übertroffen hatte. Authentisch führt er aus, dass er dies nicht für möglich gehalten hätte und beklagt, wie viele Menschen noch immer von dem Fehlschluss überzeugt sind, dass intellektuelle Berufe die letzten sind, die im Zuge des digitalen Fortschritts obsolet werden.

Was die drei Berufsfelder Rechtsprechung, Medizin und Versicherungen eint, ist, dass hier Berufe betroffen sind, auf die ein bestimmter Bildungsweg hinführt. Ein Medizinstudium ist in der Regel mit dem Wunsch verbunden, Arzt zu werden. Ein Jurastudium bietet primär die Möglichkeiten als Richter, Staatsanwalt oder Anwalt zu arbeiten, wobei die meisten Studierenden Anwalt werden. Und der Bildungsweg von Mohammed AlQuraishi als promoviertem Genetiker führte ihn direkt in die Forschung. Wenn die Arbeitsplätze dieser Personen durch die digitale Transformation in die Arbeitswelt 4.0 sich so stark verändern, dass ihre bisherige berufliche Tätigkeit mit der zukünftigen nicht mehr vergleichbar ist, dann ist ein Jobwechsel oder eine Umschulung nicht so einfach vorstellbar wie für einen Absolventen eines generalistischen betriebswirtschaftlichen Studiengangs. Natürlich ist das Digitalisierungspotenzial in Unternehmen riesig, wie Ihnen mittlerweile vermutlich klar geworden ist. Doch eine möglichst breite Ausbildung schafft ein gutes Fundament, und ermöglicht, dass auch andere berufliche Wege erschlossen werden können. Etwas, das mit zunehmender Spezialisierung auch zu einem Risiko werden kann. Auch wenn die Annahme, dass eine Spezialisierung eine bessere Abgrenzung gegenüber anderen Bewerbern noch heute besteht, zeigt das Beispiel von Mohammed AlQuraishi, in welche Situation diese führen kann.

Betrachten Sie jedoch zwei Beispiele, die einen typischen betriebswirtschaftlichen Studienhintergrund haben. Sie zeigen, dass selbst dann, wenn das Tätigkeitsfeld sich durch die digitale Entwicklung verändert und die Betroffenen gefordert sind, sich beruflich neu zu orientieren, dies ihnen vielen leichter fällt als in den zuvor genannten sehr spezifischen Beispielen. Betrachten Sie dazu zunächst das Feld des Controllings. Nach meinen bisherigen Ausführungen zu Künstlicher Intelligenz und Big-Data-Analytics wird es Sie nicht verwundern, dass dieses Berufsfeld enormes Digitalisierungs- und Automatisierungspotenzial besitzt. Der Service des *Instituts für Arbeitsmarkt- und Berufsforschung*, den ich Ihnen bereits vorgestellt habe, prognostiziert das Substituierbarkeitspotenzial eines Controllers auf 75 % und bringt zum Ausdruck, dass dieses Berufsfeld wohl Verlierer der Digitalisierung sein wird. Viele Tätigkeiten, wie das Erstellen von Prognosen und die Überwachung von wichtigen unternehmerischen Kennzahlen, sind geradezu prädestiniert für die Durchführung durch eine Künstliche Intelligenz.

Ähnliche Entwicklungen sind z. B. in den Berufsfeldern Recruiting und Personalvermittlung erkennbar. Wenngleich das Substituierbarkeitspotenzial nur bei 56 % und somit deutlich niedriger liegt, so sind die digitalen Veränderungen in diesem Arbeitsgebiet nicht weniger wegweisend. Künstliche Intelligenz kann oftmals nicht nur Stellenanzeigen optimieren, Chatbots können auch für die initiale Kontaktaufnahme mit potenziellen Bewerbern sehr hilfreich sein. Der wohl größte digitale Vorteil liegt jedoch im Scannen des Lebenslaufs und im folgenden Matchingprozess. Hier kann Künstliche Intelligenz Daten aus Onlinesystemen und Karriereportalen zusammentragen und den bestmöglichen formellen Kandidaten ermitteln. Doch die Entwicklung geht noch weiter. In Telefon- und Videogesprächen kann die Stimme analysiert werden und darüber hinaus sind auch Ableitungen aus der Gestik und Mimik möglich, die Einfluss auf eine Empfehlung für oder gegen einen Bewerber nehmen können.

Das Potenzial, das technologisch möglich ist, sollte meiner Meinung nach jedoch nur mit Vorsicht eingesetzt werden, denn wie bei allen intelligenten Algorithmen und Künstlichen Intelligenzen ist immer entscheidend, mit welchen Datensätzen diese trainiert worden sind. Serhat Karakayali, ein Professor der *Leuphana Universität* in Lüneburg berichtet dazu im Forschungslabor »*Machine Learning, Rassismus und Diskriminierung*«, wie ein Training mit einem schlecht vorbereiteten Datensatz zu ernsten rassistischen oder diskriminierenden Folgen führen kann. Das zeigt, dass bei allen Möglichkeiten, die Künstliche Intelligenz bereits heute bietet, diese immer auch kritisch hinterfragt werden sollten.

Doch kehren wir noch einmal kurz zum Anfang des Kapitels zurück. Sie haben gesehen, dass es ein Irrglaube ist, dass die digitale Entwicklung zur Arbeitswelt 4.0 nur Menschen mit niedrigerer Qualifikation betrifft. Gleichzeitig könnte es Menschen mit einem breiten Ausbildungsfundament vermutlich leichter fallen, in einen anderen Job zu wechseln, da deren Qualifikationsniveau dies begünstigt. Eine zu starke Spezialisierung kann daher Segen und Fluch zugleich sein, wie das Beispiel um Mohammed AlQuraishi zeigt. Doch daraus möchte ich keineswegs eine Positionierung gegen eine bestimmte Spezialisierung ableiten. Ich möchte vielmehr aufzeigen, dass der Prozess, eine neue berufliche Richtung einzuschlagen, schwieriger wird, je spezialisierter eine Tätigkeit ist.

Die von mir genannten Beispiele mit betriebswirtschaftlichem Hintergrund verdeutlichen, dass sowohl das Jobprofil eines Controllers wie auch das eines Recruiters in Zukunft sehr stark durch die digitale Transformation verändert werden. Betroffenen Menschen sollte eine neue berufliche Ausrichtung jedoch leichter fallen als Mohammed AlQuraishi ein Ausstieg aus der Forschung, auf die seine gesamte akademische Laufbahn ausgelegt war.

Doch unabhängig vom Spezialisierungsgrad kommt dem Thema des lebenslangen Lernens eine zentrale Aufgabe zu, auf die ich im Verlauf dieses Buchs noch mehrfach eingehen werde. Durch meine Ausführungen wird auch deutlich, dass der Mitarbeiterqualifizierung und Weiterbildung (Reskilling und Upskilling) in Unternehmen eine ganz neue Bedeutung zukommt, damit die Employability, also die Beschäftigungsfähigkeit, im digitalen Zeitalter erhalten bleibt. Wenngleich es also in diesem Kapitel sehr stark um Jobunsicherheit in der Industrie- und Arbeitswelt 4.0 gegangen ist, dürfen Sie nicht vernachlässigen, dass auch die wahrgenommene Überladung durch neue Technologien sowie Softwaredienstleistungen und die Komplexität und die Ungewissheit, wie diese zu handhaben sind, große Herausforderungen für Arbeitnehmer darstellen.

2 Ein kurzer Blick in die Stressforschung

2.1 Wie (analoger) Stress entsteht

Als ich begonnen habe mich mit Stress aus wissenschaftlicher Perspektive auseinander-zusetzen, ist mir klar geworden, dass unsere Vorstellung von Stress eigentlich irreführend ist. Sicherlich sind Sie bereits in Ihrem Alltag mit folgendem Satz konfrontiert worden »*Du hast aber aktuell wirklich viel Stress*«. Dieser impliziert, dass Stress für Sie das Ergebnis einer aktuell sehr fordernden Lebensphase ist. Man könnte auch sagen, es ist dessen Konsequenz. Umgangssprachlich versteht jeder, was damit gemeint ist, doch in der Geschichte der Stressforschung gibt es hier ein semantisches Problem. Oftmals bleibt unklar, ob Stress die Konsequenz einer bestimmten Tätigkeit oder einer Ursache ist oder ob Stress den aktuellen Entstehungsprozess dieser Konsequenz beschreibt. In der deutschen Sprache können wir uns hier zumindest helfen und eine Differenzierung schaffen, dass aktuell etwas stressig ist. Damit wird für unser Gegenüber meistens deutlich, dass es sich um eine Phase handelt. Gleichzeitig würde die Aussage, dass Sie sich gestresst fühlen, implizieren, dass dies die Konsequenz einer bestimmten Phase ist, wie es der eingangs genutzten Bei-spielsatzes verdeutlichte.

Die Fragestellung, ob es sich um eine Konsequenz oder einen Entstehungsprozess han-delt, beschäftigt die Stressforschung seit mehr als 100 Jahren. Die erstmalige Verwen-dung des Begriffes Stress in der psychologischen Fachliteratur wird auf 1914 datiert. Es handelt sich dabei um eine Untersuchung über blitzartige Anpassung an eine Gefahren-situation. Was somit eher für eine Konsequenz spricht.

Die Anpassung wird in der Stressforschung oft in zwei potenzielle Szenarien gegliedert: Kampf oder Flucht. Zwei instinktive Szenarien, die auch im 21. Jahrhundert nichts von ihrer Aktualität verloren haben, sicherlich haben Sie beide Szenarien selbst einmal durch-lebt.

Sprechen Sie gerne vor einer größeren Menschengruppe? Für die Meisten wird die Ant-wort vermutlich nicht positiv ausfallen. Doch was passiert eigentlich, wenn es genau zu dieser Situation kommt? Beispiel: Ihr Vorgesetzter spricht Sie in einem Abteilungsmeeting vor rund 20 Menschen (oder mehr) spontan an und stellt Ihnen eine komplexe Frage, auf die Sie nicht vorbereitet sind. Sie merken schnell, dass sich Ihr Pulsschlag erhöht und von Ihnen eine Reaktion erwartet wird. Weichen Sie der Frage aus, um die Situation möglichst schnell zu umgehen (Flucht) oder versuchen Sie die Frage vor den Sie beäugenden Kolle-gen zu beantworten, auch wenn das für Sie im wörtlichen Sinne ein »Kampf« ist?

Ein noch präziseres Beispiel kann ich Ihnen aus meiner eigenen Erfahrung schildern. Am Anfang meines Studiums belegte ich ein Seminar über interkulturelle Kompetenzen, das auf Englisch unterrichtet wurde. Meine damalige Dozentin besprach mit uns gerade ein

Kapitel aus einem Buch von Geert Hofstede, einem bedeutenden Sozialpsychologen, der zu kultureller Zusammenarbeit forschte. Die Dozentin merkte, dass (natürlich) kaum einer von uns das Kapitel in Vorbereitung gelesen hatte. Daraufhin schlug sie vor, dass reihum jeder zwei Seiten vorliest, damit wir alle einen einheitlichen Stand haben. Didaktisch war das eine gute Idee, doch je weniger Personen noch vor mir lesen mussten, desto größer wurde mein Stresslevel. Ich hasste es, vor Gruppen zu lesen, besonders, wenn es auf Englisch sein musste. Meine damalige Aussprache erschien mit nicht gut genug, auch wenn andere das als nicht so schlimm empfanden. Rückblickend weiß ich, dass Stress in dieser Situation für mich ganz klar durch seinen Entstehungsprozess charakterisiert war. Als die vorletzte Person vor mir mit dem Lesen dran war, entschied ich mich für einen – natürlich ungeplanten – langen Toilettengang. Ich zog Flucht vor und entschied mich gegen den Kampf, den das Lesen für mich bedeutet hätte.

Es zeigt sich, dass Überlegungen, die sich die Forschung zu menschlichem Stressverhalten vor über 100 Jahren gemacht hatte, nichts von ihrer Aktualität verloren hat. Kampf oder Flucht bestimmten noch immer den Umgang mit Stress. Diese Erkenntnis soll Sie im weiteren Verlauf dieses Buches begleiten, denn die beiden Szenarien lassen sich auch für den digitalen Stresskontext sehr gut nutzen. Übrigens, mein Fluchtversuch war wenig erfolgreich, denn als ich zurück in den Vorlesungssaal kam, sagte meine Dozentin »*Oh David, we have missed you. We are on page 96, would you please continue reading next*« (Oh, David, wir haben dich vermisst. Wir sind auf Seite 96, würdest Du bitte als nächstes weiterlesen).

Im Zuge der letzten beiden Jahrhunderte hat die Stressforschung viele wertvolle Erkenntnisse gewinnen können, die für verschiedene Stresstheorien bis heute wegweisend sind. Alle Theorien betrachten dabei primär den Entstehungsprozess von Stress und somit weniger das, was wir oftmals umgangssprachlich darunter verstehen. Hinsichtlich des Entstehungsprozesses nehmen Stressoren eine zentrale Stellung ein. Diese beschreiben individuelle Auslöser, die psychologisch als Umweltereignisse bezeichnet werden. Der Fokus liegt hier auf der hohen Individualität des Stressors, denn ob ein Umweltereignis für jemanden einen Stressor darstellt, hängt stets vom Individuum ab.

Betrachten Sie dazu noch einmal mein zuvor genutztes persönliches Beispiel. Für mich stellte das Lesen eines englischsprachigen Textes vor einer Gruppe einen sehr starken Stressor dar. Für meine damalige Kommilitonin Katharina, die bilingual aufgewachsen ist und Englisch im Abiturleistungskurs hatte, löste das Vorlesen vor einer Gruppe zumindest nicht mehr Stress aus, als wenn sie einen deutschen Text hätte vorlesen müssen. Das Umweltereignis, einen englischen Text vorlesen zu müssen, war für sie also zwar ein Stressor, aber hatte andere Hintergründe. Für meinen Kommilitonen Alexander war das Vorlesen eines deutschen Textes vor einer Gruppe eine große Unterhaltungsshow und ich würde so weit gehen, dass er solche Momente sogar stets genoss. Sein Stresslevel im Verlauf des Vorlesens deutscher Texte sollte daher gegen null gehen. Heute weiß ich, dass englische Texte auch für Alex einen Stressor darstellten. Auch wenn sein Stresslevel wohl immer noch unter meinem lag, wusste ich, dass die sprachliche Herausforderung die Situation zu einem Stressor machte. Hier zeigt sich, wie individuell die Wahrnehmung eines Stressors ist und darüber hinaus, dass Aspekte wie die persönliche Kompetenz auch eine Rolle dabei spielen, ob ein Auslöser oder Umweltereignis für jemanden zum Stressor wird. Dieser Befund ist für dieses Buch wegweisend.

Eine sehr geläufige Definition zur Entstehung von Stress stammt von David G. Myers, einem emeritierten Professor des *Hope College* in Michigan. Sein Verständnis greift mein Beispiel auf. Er definiert Stress als »*Prozess, durch den wir bestimmte Ereignisse (Stressoren) wahrnehmen und darauf reagieren. Stressoren können als Bedrohung oder als Herausforderung bewertet werden.*« (Myers, D. G., 2014, S. 525). Spannend ist die Überlegung, dass ein Stressor auch als Herausforderung betrachtet werden kann: etwas, das sehr lange in der Stressforschung unberücksichtigt geblieben ist, da Stress mit etwas grundsätzlich Negativem in Verbindung gebracht wurde.

Ziehen wir dazu ein Beispiel aus dem Fußball heran. Ein Fußballspieler steht im Finale der UEFA-Champions League und soll in der letzten Minute der Nachspielzeit beim Spielstand von 1:1 einen Elfmeter schließen, den das Team aufgrund eines Handspiels eines gegnerischen Spielers erhalten hat. Die Situation erzeugt für den elfmeterschießenden Spieler ein hohes Maß an Druck. Neurobiologisch gesehen, schüttet der Körper in diesen und vergleichbaren Momenten das Stresshormon Cortisol aus, das hilft, mit dem Stress umzugehen. Doch fühlt sich jeder am Elfmeterpunkt stehende Spieler gleich gestresst, wenn 70.000 Menschen auf ihn schauen? Oder spornt ihn dies im Sinne einer Herausforderung an, den entscheidenden Treffer zum Titelgewinn für sein Team zu erzielen? Eine Frage, die sich nicht einfach verallgemeinert beantworten lässt.

Ob Stress entsteht, ist eine Frage von der Qualität eines Ungleichgewichtes, also ob wir ein Umweltereignis als Stressor oder als positive Herausforderung bewerten. Für Richard Lazarus, einen mittlerweile verstorbenen amerikanischen Professor, war bereits 1966 klar, dass Stress nur aus einem bedrohlich wahrgenommenen Ungleichgewicht resultieren kann. Im Fokus seiner Überlegungen stehen dabei besonders negative Empfindungen wie Wut, Ärger, Verzweiflung oder Angst. Er zählt bis heute zu den wegweisendsten Stressforschern, dessen Erkenntnisse für dieses Buch eine bedeutsame Rolle spielen und die Grundlage der zwei Bewertungen bilden, die ich Ihnen nachfolgend näherbringen möchte.

2.2   Das transaktionale Stressmodell als Grundlage

Die Forschungsarbeiten von Richard Lazarus stellen noch immer die Basis für viele Untersuchungen innerhalb der Stressforschung dar. Aus seinen Überlegungen entwickelte er gemeinsam mit Susan Folkmann, die ebenfalls Psychologieprofessorin war, das *Transaktionale Stressmodell*. Dieses ist bis heute eines der einflussreichsten und prominentesten Erklärmodelle zur Entstehung von menschlichem Stress. Es stellt zugleich die Grundlage dar, auf der Untersuchungen zu digitalem Stress entwickelt worden sind.

Es ist wichtig, dass Sie die Grundzüge des Modells kennen, damit Sie verstehen, wie digitaler Stress durch Technologien ausgelöst wird.

Das *Transaktionale Stressmodell* basiert auf zwei grundsätzlichen individuellen Bewertungen. Ich verspreche Ihnen, wenn Sie dieses Buch gelesen haben, werden Sie diese nicht mehr vergessen. Im Kern wird zwischen einer primären und einer sekundären Bewertung entschieden. Ich vereinfache die Begrifflichkeiten für den Kontext dieses Buches und nenne sie Bewertung 1 und Bewertung 2.

Die entscheidende Frage der Bewertung 1 ist, ob diese eine Schädigung, eine Bedrohung oder eine Herausforderung darstellt. Eine Schädigung könnte beispielsweise sein, dass einem geliebten Menschen etwas zugestoßen ist. Charakteristisch für diese untergliederte Bewertung ist, dass der Stressor bereits in der Vergangenheit liegt (z. B. der Autounfall der eigenen Mutter) und nicht mehr verändert werden kann.

Erinnern Sie sich dazu an Situationen in Ihrem Leben, wo Sie eine Information zu einer irreparablen Situation erhalten haben. Das muss nicht zwangsläufig die Tragweite einer bei einem Autounfall verunglückenden Person haben, aber dennoch etwas, das zum damaligen Zeitpunkt eine körperliche und emotionale Reaktion hervorgerufen hat. Mir ging es so, als ich erfuhr, dass meine Mutter tatsächlich einen Autounfall hatte. Schlagartig stieg mein Puls an und ich habe alles andere um mich herum plötzlich nicht mehr wahrnehmen können, weil ich so fokussiert auf die Nachricht war.

Eine solche Schädigung ist allerdings im Kontext des digitalen Stresses eher seltener der Fall und kaum in einem vergleichbar schädlichen Ausmaß. Aber Sie kennen dennoch sicherlich das Gefühl, wenn sich Ihr Laptop, Computer oder Smartphone plötzlich nicht mehr anschalten lässt oder nicht auffindbar ist. In solchen Momenten vermuten Sie vielleicht, dass das Gerät kaputt sei. Ihr Pulsschlag erhöht sich und Ihnen schießen Gedanken in den Kopf, wie Sie Ihre Fotos und Dateien retten können oder woher Sie ein neues Gerät bekommen, dessen Anschaffung wohlmöglich mit großen Kosten verbunden ist.

Doch wenn Sie die Situation als Bedrohung oder Herausforderung einschätzen, ist das in Kapitel 2.1 geschilderte Beispiel vom Finale der UEFA-Champions League recht passend. Der Elfmeterschütze kann die Situation als Herausforderung empfinden, da er den Siegtreffer erzielen kann, aber natürlich auch als Bedrohung, wenn er den Strafstoß vergibt. In der Stressforschung wird hierzu zwischen positivem Stress (Eustress), und negativem Stress (Distress) unterschieden.

Eustress ist in der menschlichen Wahrnehmung allerdings häufig nur für einen kurzen Zeitraum vorhanden. Wie im Falle des erfolgreichen Siegtreffers, zieht dies viele weitere neurobiologischen Reaktionen nach sich, wie den Ausschuss entsprechender Glückshormone, z. B. Dopamin. Die biologische Perspektive und deren Einfluss im Kontext der digitalen Stressforschung ist allerdings bisher nur sehr wenig untersucht. Ein Grund dafür ist, dass, bis auf wenige Ausnahmen, die Forschung zu digitalem Stress einen Distress-Bezug herstellt.

Der Distress, also die negative Stressbelastung, ist für mich von ausschließlicher Relevanz. Positive digitale Stressauswirkungen scheinen für mich kaum vorstellbar. Denn es handelt sich stets um bedrohliche Situationen, die den mit großem Abstand häufigsten Auslöser für Stress darstellen. Das ist im Kontext der digitalen Stressentstehung nicht anders, weshalb sich dieses Buch ausschließlich auf einen negativen Stresskontext im Zuge der Bewertung 1 fokussiert.

Neben dieser Bewertung 1 nimmt die Bewertung 2 eine Schlüsselrolle für dieses Buch, aber auch für den generellen Umgang mit Stress, ein. In dieser Bewertung stehen die individuellen Bewältigungsstrategien, ihre erworbenen Kompetenzen und Fertigkeiten, im Fokus. Im Zuge der Bewertung 2 gleicht unser Gehirn den Stressor (den Auslöser) aus der Bewertung 1, mit den vorhandenen Fertigkeiten, also den einsetzbaren Bewältigungsstrategien, ab. Dieser Abgleich bildet den Schlüssel, mithilfe dessen die Intensität von Stress nachvollzogen werden kann.

Während die Bewertung 1 nur schwer zu steuern ist, kann auf die Bewertung 2 jedoch gezielt Einfluss genommen werden. Das Ziel ist dabei immer, die Bewältigungsstrategien (Bewertung 2) einer Person zu verbessern, damit die Intensität eines Stressors (Bewertung 1) gelindert wird.

Ein Beispiel aus einem Kenia Urlaub verdeutlicht das Ziel die Bewältigungsstrategien (Bewertung 2) möglichst zu verbessern. Ich persönlich bin jemand, der im Sommer – gefühlt – jeden Mückenstich abbekommt und oft entzünden sich die Stiche, schwellen an, beginnen stark zu jucken und es ist auch ein unangenehmes Pochen in der Haut zu spüren. Nun ist das in Deutschland erst einmal ohne große Folgen, aber vor meinem Kenia-Urlaub machte ich mir wegen der Übertragbarkeit verschiedenster Krankheiten wirkliche Gedanken. Je näher der Urlaub rückte, desto mehr stresste mich die mögliche Gefahrensituation. Meine Bewertung 1 lief förmlich heiß, weshalb ich alles Erdenkliche unternahm, um meine Bewältigungsstrategien (Bewertung 2) zu stärken. Beginnend mit verschiedensten Impfungen und Malaria-Prophylaxe, über das Imprägnieren der Kleidung mit einem speziellen Mückenschutzmittel, dem Kauf von äußerst starken Mückenschutzspray für die Haut, bis hin zu einem mobilen Moskitonetz rüstete ich mich bestens aus. Und wenn es doch zu einem Stich kommen sollte, waren eine hydrocortisonhaltige Creme und ein elektronischer »bite away«-Stick immer zur Hand. Sie merken, ich habe alles aufgefahren, was auch nur vorstellbar ist. Meine Bewertung 2 wurde so stark, dass ich im gesamten Urlaub keinerlei Stressempfinden wegen eventueller Stiche hatte.

Im Verlauf dieses Buches (und insb. im dritten Teil) werde ich auf digitale Bewältigungs-strategien, und wie Sie sie verbessern können, eingehen und zeigen, dass die verbesser-ten Bewältigungsstrategien der entscheidende Erfolgsfaktor sind, damit digitalem Stress präventiv vorgebeugt werden kann.

Daniel Kahneman, Nobelpreisträger für Wirtschaft, schafft es in seinem Meisterwerk »Thin-king, fast and slow «, dass der Leser sich zwei Systeme in seinem Gehirn vorstellt, die natür-lich in dieser Form nicht existieren, aber die Arbeitsweise unseres Gehirns sehr hilfreich veranschaulichen. Er führt diese Systeme direkt zu Beginn des Buches ein und bezieht sich dann in seinem über 500 Seiten langen Werk regelmäßig auf sie. Ich hoffe, die nachfolgen-den Ausführungen und die Gestaltung des gesamten Buchs führt dazu, dass auch Ihnen die beiden Bewertungen des transaktionalen Stressmodells in bedeutender Erinnerung blei-ben und damit helfen, die Entstehung und Prävention von digitalem Stress zu verstehen.

Auch wenn die Bewertungen 1 und 2 eine gewisse Rangfolge nahelegen, finden beide Be-wertungen in Bruchteilen von Sekunden statt, sodass hier im praktischen Sinne kaum von einer Reihenfolge gesprochen werden kann. Von einer Reihenfolge bzw. einer Gegenüber-stellung zu sprechen ist aber für das Verständnis von Stress allgemein und damit auch von digitalem Stress von großem Wert. Sie sollten daher dieses Spannungsfeld der beiden Bewertungen stets im Hinterkopf behalten – und ich werde sie dabei unterstützten, ver-sprochen.

Wichtig ist für Sie auch, dass eine Rückkopplung zwischen der Bewertung 2 und der Be-wertung 1 besteht. Unter Rückkopplung verstehe ich, dass Sie einen potenziellen Stressor weniger stark als solchen wahrnehmen, wenn Ihre Bewältigungsstrategien (Bewertung 2) sich mit der Zeit verbessern. Das begünstigt auch Ihre Bewertung 1, auch wenn es uns Menschen kaum möglich ist, diese bewusst zu beeinflussen.

Ein Beispiel für diese Rückkopplung ist die Expositionstherapie, ein therapeutischer An-satz, der beispielsweise bei einer Spinnenphobie zum Einsatz kommen kann. Hier steht die Konfrontation mit dem angstauslösenden Objekt im Zentrum. Ein solcher therapeuti-scher Ansatz kann sehr gut mit den beiden Bewertungen erklärt werden.
- Bewertung 1, die Wahrnehmung der Spinne, ist ein Stressor, der eine mit Angst behaf-tete Situation für die betroffene Person erzeugt.
- Die Expositionstherapie versucht nun gezielt, die Bewältigungsstrategien, also die Be-wertung 2, zu verbessern, indem sie Interventionen mit dem Stressor schafft.

Die Therapie ist dann erfolgreich, wenn die Person stetig weniger Stress- und Angstemp-finden ausweist, was für eben jene verbesserten Bewältigungsstrategien (Bewertung 2) spricht. Gleichzeitig wird die therapierte Person, wenn Sie in einer bestimmten Situation eine Spinne wahrnimmt, diese wahrscheinlich als geringeren Stressor (Bewertung 1) empfinden als noch vor Beginn der Therapie.

Ich überführe ein vergleichbares Beispiel nachfolgend noch einmal auf einen thematisch naheliegenden Kontext. Abbildung 2 stellt Ihnen zuvor das Spannungsfeld der beiden Bewertungen visuell dar.

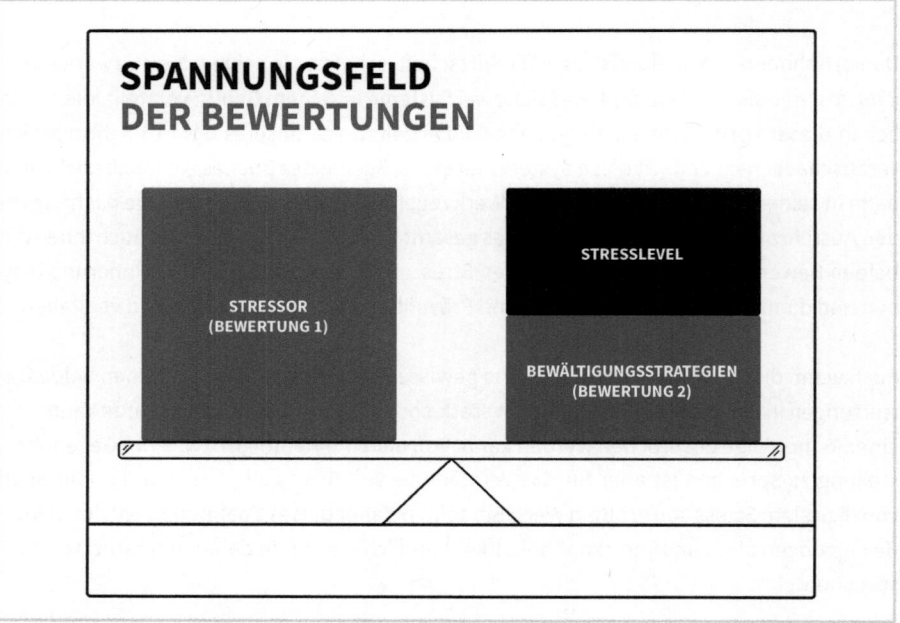

SPANNUNGSFELD DER BEWERTUNGEN

STRESSOR (BEWERTUNG 1)

STRESSLEVEL

BEWÄLTIGUNGSSTRATEGIEN (BEWERTUNG 2)

Abbildung 2: Spannungsfeld der beiden Bewertungen

Für eine praxisnahe Betrachtungsweise der zweiten Bewertung erinnern Sie sich kurz an das angeführte Beispiel zum Vorlesen eines englischsprachigen Textes in einer größeren Gruppe von Studierenden. Für mich war das damals eine sehr stressintensive Situation, denn der Stressor (Bewertung 1), also das Vorlesen in einer Fremdsprache vor einer großen Gruppe, war ungleich größer als meine Bewältigungsstrategien (Bewertung 2). Diese lassen sich durch drei Kompetenzen charakterisieren:

- Fremdsprachenkompetenz
- allgemeine Lesekompetenz
- Sprechen vor Gruppen

In meinem Fall waren alle drei Kompetenzen nicht sonderlich stark ausgeprägt.

Nehmen Sie jetzt das Beispiel meiner Kommilitonin Katharina hinzu. Sie ist bilingual aufgewachsen und hatte Englisch im Abitur-Leistungskurs. Ihre Kompetenzen im Lesen und Sprechen vor Gruppen sind vergleichbar mit meinen, aber durch ihre sprachliche Kompetenz ist ihr Stresslevel bei der identischen Ausgangslage bzw. dem Stressor viel geringer als bei mir.

Und schauen wir uns noch die Situation für Alexander an. Seine allgemeine Lesekompetenz ist vergleichbar mit meiner und der von Katharina. Er hat bessere fremdsprachliche

Kompetenzen als ich, aber bei Weitem nicht solch fundierte wie Katharina. Seine Stärke bzw. seine Kompetenz liegt in dem Sprechen vor Gruppen. Hierin ist er besser als wir beide.

Durch mein Toiletten-Gate war der Vorfall danach natürlich in aller Munde und wir sprachen ganz offen darüber. Katharina schilderte mir, dass für Sie die Situation keine große Stressbelastung darstelle und Alex sagte, dass es ihm ähnlich ginge, er sich aber trotzdem angespannt und etwas gestresst fühle.

In einem Fazit würde die Stressbelastung für Katharina, Alexander und mich wie folgt einordnen: Das Stresslevel von Alex war nicht so hoch wie meins, aber noch etwas größer als das von Katharina, weil sich die sprachliche Kompetenz in diesem Umweltereignis am stärksten auswirkt.

Hätte ich ein Auslandssemester in Irland absolviert, das meine englischen Sprachkompetenzen enorm verbessert hätte, hätte das vermutlich dazu geführt, dass meine Bewältigungsstrategien (Bewertung 2) in einer vergleichbaren Situation ausgeprägter gewesen und vermutlich zu einem geringeren Stresslevel geführt hätte.

Im Sinne der Rückkopplung von zweiter zu erster Bewertung hätte das aber auch dazu geführt, dass ich den Stressor, etwas auf Englisch vor einer Gruppe vorlesen zu müssen, deutlich weniger intensiv wahrgenommen hätte, weil ich mir meiner Bewältigungsstrategien (Bewertung 2) bewusst wäre. Sie können sich vorstellen, dass mein Drang nach einem Toilettengang dann in vergleichbarer Situation wohl nicht so groß gewesen wäre.

Abbildung 3 fasst die drei Beispiele visuell zusammen und vermittelt Ihnen damit ein vereinfachtes, aber sehr veranschaulichendes Bild. Sie erkennen also, dass unser Gehirn in kürzester Zeit eine Bewertung 1 über den Stressoren und eine Bewertung 2 über die vorhandenen Bewältigungsstrategien trifft.

Ist beides in Balance, empfinden wir keinen Stress – allerdings ist das in der Realität nur sehr selten der Fall. Ein gewisses Maß an Stress ist zudem normal und auch notwendig bzw. kann sehr nützlich sein. Wenn unser Körper in einen Stresszustand gerät, dann ist er fokussiert und aufmerksam. Das ist besonders auf das erhöhte Cortisolspiegel zurückzuführen, das dazu führt, dass körpereigene Prozesse auf das Nötigste reduziert werden und der Glukosespiegel ansteigt, was dem Körper kurzzeitig Energiereserven freigibt, damit er fokussierter und effektiver mit der Stressbelastung umgehen kann.

Diese Reaktion ist evolutionär bedingt, da unsere Vorfahren in der Wildnis oftmals damit rechnen mussten, dass eine Gefahrensituation, wie z.B. der Angriff eines wilden Tiers, bevorsteht. Doch dieser überlebensnotwendige Mechanismus gründet darauf, dass der Stresszustand nicht dauerhaft vorhanden ist, da es andernfalls zu vielen Beeinträchtigungen und Schädigungen führen kann.

Die Herausforderung im digitalen Kontext, die Tatsache, dass Technologien uns in fast jeder Lebenslage umschließen werden und Stresssituationen potentiell dauerhaft gegeben sind, habe ich Ihnen im Kapitel über die digitale Transformation zu Industrie 4.0 und Arbeitswelt 4.0 erläutert. Deshalb widme ich mich nachfolgend der Frage, wie Stress digital transformiert wird.

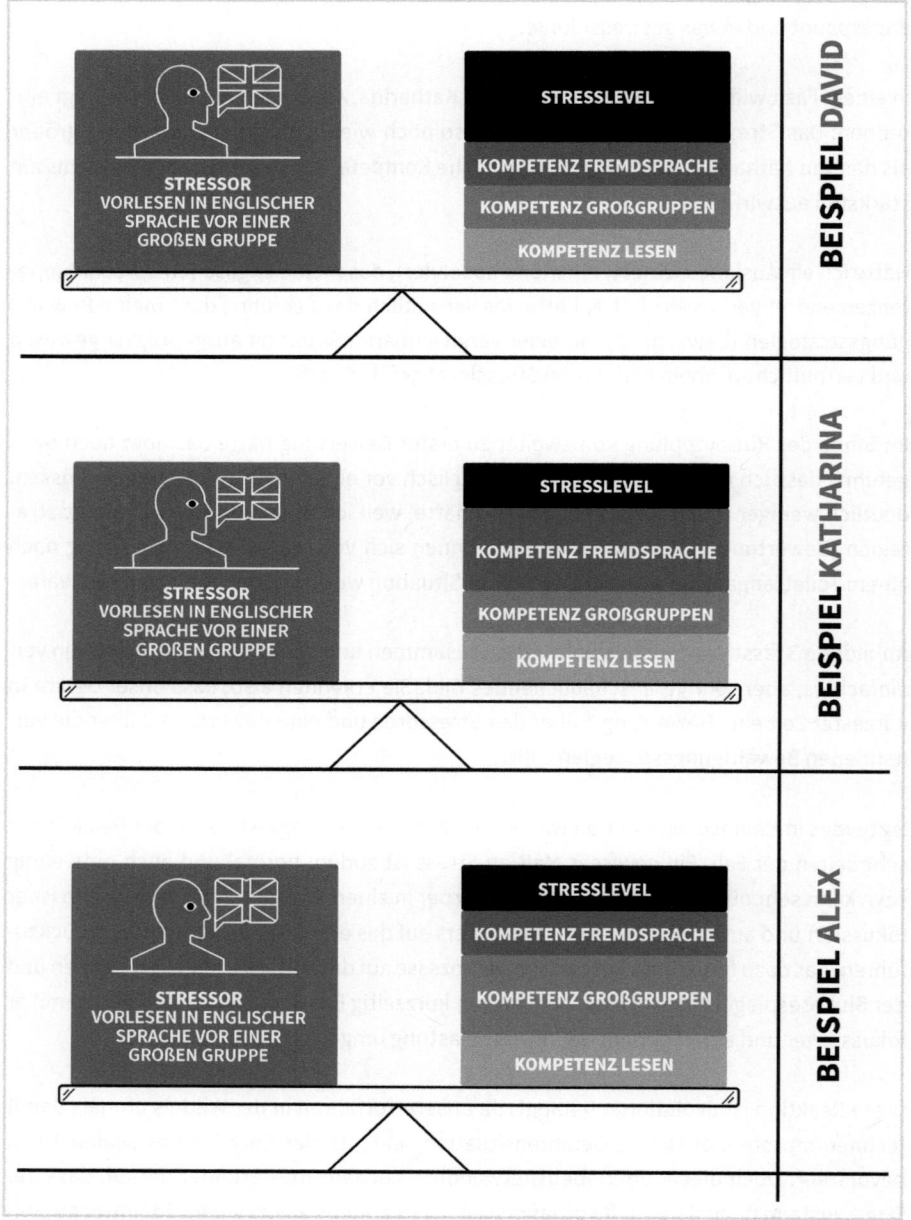

Abbildung 3: Individualität von Stress

2.3   Wie sich auch Stress digital transformiert

Dass digitaler Stress in den meisten Fällen aus einer in Bewertung 1 als bedrohlich ein-gestuften Situation und einer wenig wirksamen Bewältigungsstrategie (Bewertung 2) ent-steht, lassen bereits vor der Covid-19-Pandemie veröffentliche Studien vermuten. Im Jahr 2017 zeigte der *Zukunfts-Monitor* des *Bundesministeriums für Bildung und Forschung*, dass die rasanten Veränderungszyklen der Digitalisierung existentielle Sorgen begünstigen. Und auch in der 2018 erschienen Studie die *Zukunft der Arbeitswelt* erläuterte fast jeder zweite Studienteilnehmer, dass er die Entwicklungen zur zukünftigen Arbeitswelt als be-drohlich empfände. Und dann veränderte die Covid-19-Pandemie mit dem bereits viel-fach thematisierten Digitalisierungsschub unsere Arbeitswelt vollständig und vor allem nachhaltig.

Versetzen Sie sich in die Situation eines Mitarbeiters, der verpflichtet ist, »vereinfacht« digital zu arbeiten. Unter einer vereinfachten digitalen Arbeitsweise verstehe ich, dass Mitarbeiter Meetings zu großen Teilen über Videokonferenzsysteme durchführen, hier-bei Werkzeuge der digitalen Zusammenarbeit (zum Beispiel Microsoft OneNote) nutzen, Arbeitsdateien mithilfe von Cloud-Systemen speichern, den Großteil der Kommunikation nicht nur über E-Mails, sondern weitere Kommunikationskanäle (zum Beispiel Chatsys-teme oder Massage-Dienste) abwickeln, Arbeitsschritte digital dokumentieren (zum Bei-spiel auf einem Kanban Board) und diverse individuelle Software-Dienstleistungen als elementare Bestandteile anwenden. Sie erkennen, dass dieses Szenario von dem Zielzu-stand der Industrie- und Arbeitswelt 4.0 (einem Digitalisierungsfortschritt der von Künst-licher Intelligenz, maschinellem Lernen, Robotik und Big-Data-Analytics dominiert ist) noch weit entfernt ist. Und doch zeigen meine eigenen und vergleichbaren Studienergeb-nisse im deutschsprachigen Raum, dass bereits dieser Digitalisierungsfortschritt für viele Mitarbeiter eine große digitale Belastung darstellt. Wie hoch das Level des digitalen Stres-ses in diesem Szenario jedoch ist, hängt davon ab, wie der Abgleich zwischen Stressor (also den digitalen Veränderungen am Arbeitsplatz) und Bewältigungsstrategie (also den digitalen oder vergleichbar wertvollen Kompetenzen) ausfällt.

Nachfolgend stelle ich Ihnen drei Personen aus einem mittelständischen Unternehmen vor und zeige anhand der Bewertungssysteme auf, wie und ob diese von digitalem Stress betroffen sind. Die Ausgangslage bilden vereinfachte digitale Veränderungen eines mittel-ständischen Unternehmens, wie ich sie zuvor erläutert habe.

Ich fokussiere mich auf die Bewertung des digitalen Stressors (Bewertung 1) und die Be-wältigungsstrategien, also die Bewertung 2, und darin ausschließlich auf zwei Bestand-teile: die digitale Kompetenz und die individuelle Lernbereitschaft.

Die Beispiele sind bewusst vereinfacht dargestellt. Natürlich nehmen in der Praxis weitere Bestandteile Einfluss auf die Stärke der Bewältigungsstrategien. Um die fiktiven Charaktere menschlicher wirken zu lassen, gebe ich ihnen Persönlichkeitsprägungen, denn wie Sie im späteren Verlauf dieses Buches erfahren werden, nimmt auch die Persönlichkeit Einfluss auf die Bewertung des digitalen Stresslevels.

Zunächst stelle ich Ihnen Jens vor. Er ist 56 Jahre alt und Einkäufer in einem mittelständischen Unternehmen, das während der Covid-19-Pandemie stark in seine digitale Transformation investiert hat. Jens ist ein sehr gewissenhafter Mensch, dessen Persönlichkeit aber auch teils neurotische Züge annimmt. Das bedeutet, er ist in seiner Arbeitsweise sehr verlässlich und gründlich, gleichzeitig scheut er jedoch die digitalen Veränderungen und empfindet diese als belastend. Sein Glaubenssatz ist: Ohne Digitalisierung war vieles deutlich einfacher. Er sieht in der Digitalisierung keinen großen Mehrwert. Aber der vereinfachten digitalen Arbeitsweise (siehe oben) im beruflichen Kontext kann er sich nicht entziehen. Das belastet Jens stark, denn er hat nur ein sehr geringes Unterstützungsangebot seitens seines Arbeitgebers erhalten, um besser mit den digitalen Veränderungen umgehen zu können. In der Folge empfindet Jens die für ihn noch immer sehr neue Arbeitsweise als einen starken digitalen Stressor (Bewertung 1). Seine digitalen Kompetenzen sind durch das unzureichende Schulungs- und Qualifizierungsangebot sehr gering ausgeprägt. Außerdem hat es die lange und erfolgreiche Ausübung seiner Tätigkeit als Einkäufer nie erfordert, sich neue und große digitale Arbeitsprozesse anzueignen. Seine Lernbereitschaft ist daher auf einem etwas eingerosteten Level. Seine Bewältigungsstrategien (Bewertung 2) befinden sich dementsprechend auf einem niedrigeren Niveau. Das führt dazu, dass sein digitales Stresslevel sehr hoch ist, da das Ungleichgewicht zwischen seiner Wahrnehmung der digitalen Veränderungen am Arbeitsplatz (Bewertung 1) und seinen limitierten Bewältigungsstrategien (Bewertung 2) groß ist.

Nun stelle ich Ihnen Marcel vor, einen 31-jährigen Mitarbeiter, der vor 5 Jahren im selben Unternehmen wie Jens als Trainee im Marketing begonnen hat und dessen Arbeitsplatz daher vergleichbar stark digitalisiert ist. Marcel empfindet die digitalen Veränderungen der letzten Jahre zwar teilweise ebenfalls als stressend, aber seine Bewertung 1 führt zu einer geringeren Intensität des Stressors als bei Jens, denn digitale Anwendungen sind für ihn schon lange und auch im privaten Bereich ein fester Bestandteil seines Alltags. (Sie merken schon, dass bereits bei der Bewertung 1 Marcel und Jens eine unterschiedliche Wahrnehmung haben.) Marcel hat einen Bachelor in Digital Management und im Zuge dessen sehr gute digitale Kompetenzen erworben. Zudem ist eine starke Lernbereitschaft gegeben. Er absolviert aktuell einen berufsbegleitenden Master und hatte bisher kaum eine Lebensphase, in der er nicht gelernt hat. Lebenslanges Lernen ist für ihn bisher keine Herausforderung, sondern er sieht es als Notwendigkeit an. Seine Persönlichkeit ist geprägt von Offenheit für Erfahrungen und einer gewissenhaften Arbeitsweise. Die ausgeprägten Bewältigungsstrategien (Bewertung 2) sind größer als der Stressor (Bewertung 1), weshalb Marcel wenig digitalen Stress verspürt.

Betrachten wir zuletzt Sandra, eine 42-jährige Steuerfachangestellte in der Buchhaltung des mittelständischen Unternehmens und damit auch eine Kollegin von Jens und Marcel. Ihre Bewertung 1 ist geringer als die von Jens und ungefähr vergleichbar mit der von Marcel, was auf Sandras Offenheit für neue Erfahrungen zurückzuführen ist. Privat ist sie sehr an Digitalisierungsthemen interessiert, was sich vor allem in ihrer Lebensweise widerspiegelt. Sie nutzt Alexa und eine App zur Steuerung ihrer smarten Technologien (Heizung, Licht, Kaffeemaschine etc.). Allerdings sind ihre digitalen Kenntnisse zu großen Teilen auf den privaten Lebensbereich beschränkt. Im Unternehmen selbst sieht sie zwar einige Vorteile ihres digitalisierten Arbeitsplatzes, aber besonders weniger selbsterklärende Technologien und die Nutzung des Kanban Boards stellen für sie trotzdem Belastungsfaktoren dar. Ihre digitalen Kompetenzen sind zwar deutlich besser ausgeprägt als die von Jens, was durch ihre Technologieoffenheit im privaten Bereich erklärt werden kann, doch im Vergleich zu Marcel sind diese nicht vergleichbar fundiert. Sandras Lernbereitschaft ist auf einem durchschnittlichen Niveau, aber nicht so eingerostet wie im Fall von Jens. Die Ihr zur Verfügung stehenden Bewältigungsstrategien (Bewertung 2) sind daher insgesamt zwar größer als die von Jens, aber deutlich geringer als die von Marcel, weshalb sie ebenfalls von digitalem Stress betroffen ist, zwar weniger stark als Jens, aber dennoch genug, um den Stress zu verspüren.

Abbildung 4 visualisiert diese Beispiele. Die Darstellung ist, wie ich es zuvor mithilfe der Ausführungen über Daniel Kahnemans Buch erläutert habe, eine ausschließlich didaktischen Zwecken dienliche Darstellung. Sie soll ermöglichen, den Abgleich, den unser Gehirn im Sinne des transaktionalen Stressmodells durchführt, besser nachvollziehen zu können. Doch berücksichtigen Sie, dass unser Gehirn verständlicherweise keine Türme nebeneinanderstellt und daraufhin das Stresslevel bemisst. Zudem führe ich aus Gründen der besseren Verständlichkeit Aspekte der drei Beispielfiguren in diesen Darstellungen nicht aus. Im weiteren Verlauf dieses Buches werden Sie erfahren, welche Persönlichkeitsprägungen einen besonders starken Einfluss auf die digitale Stressbelastung nehmen können und für welche es keine vergleichbaren Erkenntnisse vorliegen. Die Beispiele haben Ihnen gezeigt, welche vermeintlich einfache digitalen Veränderungen am Arbeitsplatz zu digitalem Stress führen können, was bekräftigen soll, dass auch die über 100 Jahre alte Stressforschung gewissermaßen von der digitalen Transformation beeinflusst wird.

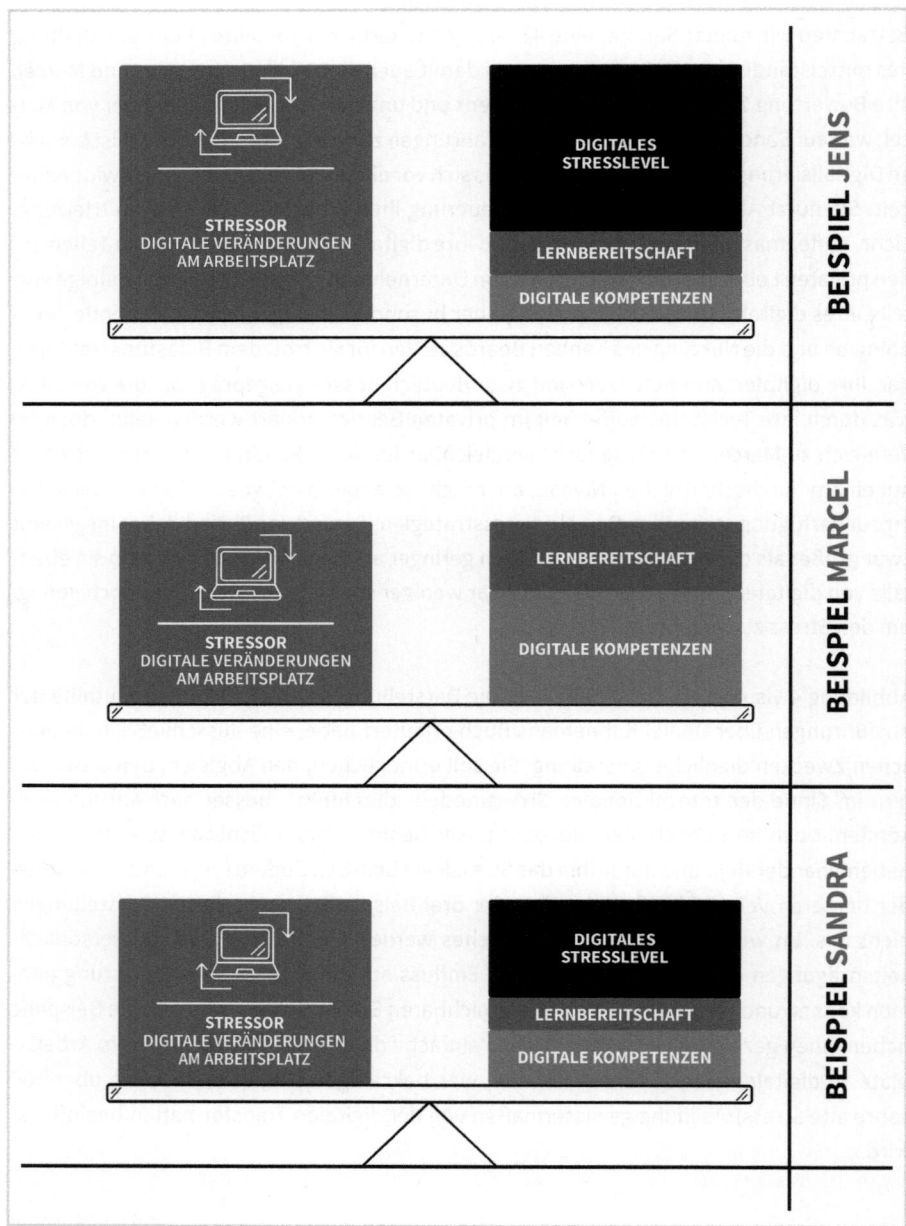

Abbildung 4: Digitales Stresslevel am Arbeitsplatz

3 Digitaler Stress: keine moderne Krankheit

3.1 Lernen Sie den Ursprung von digitalem Stress kennen

Digitaler Stress klingt als Ausdruck so zeitgemäß, dass man fast annehmen könnte, es handle sich um Erkenntnisse, die im Verlauf der Covid-19-Pandemie gewonnen wurden. Dass der Begriff sich steigender medialer Beliebtheit erfreut, mag eine Konsequenz der Covid-19-Pandemie sein, doch seinen Ursprung bildet sie nicht. Das Zeitalter der Pandemie beschleunigte zwar die digitale Transformation zur Arbeitswelt 4.0, doch ich werde Ihnen zeigen, dass digitaler Stress bereits seit fast 40 Jahren untersucht wird, wenn auch die Begrifflichkeit über lange Zeit eine andere war oder es sogar noch ist. Ich werde Ihnen auch zeigen, wieso das besonders im deutschsprachigen Raum zu Beginn zu einem uneinheitlichen Verständnis führte.

Gewissermaßen begann die Geschichte des digitalen Stresses in Deutschland im Jahr 2016. Das klingt natürlich nach einer recht kurzen Zeit Historie und beschreibt auch nur die erstmalige Verwendung des Begriffes in der deutschen Forschung. Genauer gesagt handelt es sich um die Kapitelüberschrift 16: »*Smartphone: Digitaler Stress oder Selbstbestimmung*« im Bericht *Jugend, Information, (Multi-)Media Basisstudie zum Medienumgang 12- bis 19-Jähriger in Deutschland*, einer Forschungsarbeit des medienpädagogischen Forschungsverbundes Südwest. Wenngleich die Autoren den Begriff im deutschsprachigen Raum eingeführt haben, hat die damalige thematische Verknüpfung nur sehr wenig mit dem zu tun, was wir heute unter digitalem Stress verstehen.

Das Jahr 2016 mag damit zwar die Geburtsstunde des Begriffes darstellen, doch müssen wir für das eigentliche Geburtsjahr in das Jahr 1984 zurückreisen. Zu dieser Zeit klangen Begriffe wie Digitalisierung oder die digitale Transformation noch nicht so prunkvoll, als hätte eine renommierte Marketingagentur sie ausgearbeitet. Auch wenn der Begriff noch nicht erfunden war, waren die Inhalte bereits 1984 ein zentrales Thema: Technischer und technologischer Fortschritt war schon immer Treiber für gesellschaftliche und wirtschaftliche Veränderungen, wie Ihnen meine Ausführungen zu den unterschiedlichen industriellen Revolutionen zeigten. So war es Craig Brod, der mit seinem Buch *Technostress: The Human Cost oft the Computer Revolution* das Fundament bildete, auf dem bis heute die Forschung aufbaut.

Der Titel *Technostress* klingt zwar ähnlich wie der Titel des Films *Terminator* von James Cameron, der im Jahr 1984 in die Kinos kam. Der Film war allerdings schnell erfolgreich, der Erfolg des Forschungsfelds digitaler Stress bzw. Technostress, wie es ursprünglich hieß, sollte erst nach über zwei Jahrzehnten beginnen.

In diesem Kapitel nehme ich Sie als Reiseführer mit in meine Zeitmaschine und reise mit Ihnen durch fast 40 Jahre Forschung. Ich zeige Ihnen auf, wie digitaler Stress zunächst das Licht der Forschungswelt erblickte und sich vor allem seit der Covid-19-Pandemie wachsender Bekanntheit erfreut.

Wie zuvor erläutert, ist der Begriff »*Digitaler Stress*« seit 2016 in der deutschen Forschungsliteratur bekannt. Im internationalen Forschungsumfeld ist auch heute noch der Begriff »*Technostress*« führend, auch wenn sich mittlerweile einige Studien unter dem Begriff »*Digitaler Stress*« finden lassen. Thematisch ist das Forschungsfeld in der Wirtschaftsinformatik angesiedelt. Mittlerweile werden jedoch auch viele interdisziplinär arbeitende Studien publiziert. Besonders in der deutschsprachigen Praxis hat sich der Begriff des digitalen Stresses verfestigt, worauf ich im späteren Verlauf dieses Kapitels noch einmal eingehe.

Technostress ist ein englisches Kunstwort, das sich aus *Technologie* und *Stress* zusammensetzt. Craig Brod verstand darunter bereits in den 80er-Jahren eine moderne Krankheit, die durch den unangemessenen Umgang mit Technologien entsteht: ein Verständnis, das fast 40 Jahre später treffender denn je erscheint. Wenngleich ich die Begriffsfindung nicht vollkommen teile, sind seine damaligen Ausführungen doch bemerkenswert und sorgten bereits mit der Veröffentlichung für Aufsehen. So beschreibt er im Vorwort seines Buches »*(...) Technostress kann unser Überleben als Spezies bedrohen*« (Brod, C., 1984, Vorwort) und führt dazu aus, wie psychische und körperliche Beeinträchtigungen Konsequenzen steigender Technologienutzung sein können. Ob sich das auf Beobachtungen stützt oder eine Prognose darstellt, bleibt offen, aber Forschungsergebnisse, die diese Thesen stützen, wurden in den folgenden Jahrzehnten vielfach veröffentlicht und sind für das gesamte Forschungsfeld äußerst bedeutsam.

In Kapitel 11 gehe ich auf viele dieser Studien ein und zeige, wie die Gesundheit von digitalem Stress beeinträchtigt wird. Dieses Buch wird zeigen, dass er recht behalten sollte, auch wenn seine These auf technologischen Entwicklungen basierte, die nicht im Entferntesten die Komplexität, die Möglichkeiten und Allgegenwärtigkeit der digitalen Transformation erahnen ließen, die wir aktuell erleben und die sich gewiss noch intensiveren wird. Berücksichtigt man dies, ist es zweifellos bedrückend und zugleich bemerkenswert, welche Gedanken sich Craig Brod bereits 1984 zu diesem Thema gemacht hat und über welche Weitsicht er verfügte.

Wenn ich das Thema in meinen Vorträgen einführe, sorgen die rund 40 Jahre Forschung immer für Erstaunen, weil sich die wenigsten vorstellen können, dass ein so brandaktuelles Thema bereits vor so langer Zeit relevant war. Da mir in meinen Vorträgen deutlich mehr visuelle und mediale Unterstützung zur Verfügung stehen, als in diesem Buch, beginne ich diese meist mit einem kurzen Ausschnitt der mit 57 Emmys ausgezeichneten Erfolgsserie *Game of Thrones*. Ich zeige eine aus der Serie fast schon unspektakuläre Szene aus der zehnten Folge der sechsten Staffel. In dieser schreitet Samwell Tarley zum ersten Mal in die Bibliothek der Zitadelle und ist wahrlich überwältigt. Diese Bibliothek können Sie sich als Mischung zwischen der British Library, der größten Bibliothek der Welt, und dem Katharinenkloster im Sinai, dem wohl ältesten christlichen Kloster, vorstellen. Die Szene, die vollkommen ohne sprachliche Interaktion auskommt, zeigt einen Samwell Tarly voller Erstaunen, als er die größte Bibliothek in der Fantasywelt von Westeros betritt. Sein Blick schweift über Tausende von Büchern. Es wird schnell klar, dass seine Figurenentwicklung am Höhepunkt angekommen ist. Was bereits in der ersten Staffel angedeutet wird, zeigt sich jetzt klar: Er ist alles, nur kein Krieger. Schwert und Schild kann er nicht einmal richtig halten und an Kampfeslust mangelt es ihm vollständig. Doch er ist gebildet und kann lesen, was für die damalige Zeit eine Seltenheit war. Dort findet er seine Leidenschaft, sie wird im Verlauf der Serie zu seiner ausgeprägtesten Kompetenz.

Natürlich stellt sich nach dieser rund 45 Sekunden Sequenz stets die Frage, was diese mit digitalem Stress zu tun hat. Meine Frage ist: Haben Sie eine Idee, welchen Beruf Samwell Tarly am ehesten ausüben könnte? Die Antworten schwanken meistens zwischen Professor und Bibliothekar. Letzteres ist es, worauf ich hinweisen möchte, denn das Forschungsfeld Technostress ist entstanden, als erste Technologien wie Ordnungs- und Datenbankensysteme in Bibliotheken eingeführt wurden. Heute würde man vielleicht dazu sagen, dass Bibliotheken die ersten Einrichtungen waren, die digital transformiert wurden. Doch gewiss war diese Bezeichnung in den Achtzigerjahren nicht gängig und die Implikationen waren auch bei Weitem nicht so umfangreich, wie sie es heute sind. Es waren vielmehr kleinere, einzelne technologische Veränderungen, wie beispielsweise die Einführung computergestützter Ausleih- und Verwaltungssysteme, die Digitalisierung bedeuteten.

Und doch stellte es die damaligen Bibliothekare vor enorme Herausforderungen und schaffte ungeahnte Belastungen. Mit heutigem Wissen liegt der Grund für diese Schwierigkeiten auf der Hand. Das Berufsbild eines Bibliothekars war zu diesem Zeitpunkt schlichtweg von anderen Kompetenzen geprägt. Menschen, die in diesen Einrichtungen arbeiteten, waren oftmals literarisch interessiert und ausgebildet. Ich überspitze das gerne und ergänze, dass Menschen, die in einer Bibliothek arbeiten, einem Besucher jede Woche drei neue Bücher empfehlen konnten, von denen sie zwei wahrscheinlich selbst gelesen hatten. In diesem Gebiet waren sie ausbildet, waren kompetent und hatten ihre Leidenschaft. Ein Samwell Tarley war in gewisser Weise dazu ausgebildet, lesen zu können. Das war seine Kompetenz, er war gewiss kein kampfeslustiger Krieger oder Ritter und wann immer er zum Schwert greifen musste, war das wohl in etwa so, wie ein Bibliothekar, der damals einen Computer bedienen sollte. Natürlich ist das Beispiel etwas überspitzt formuliert, aber die Vorstellungskraft wird damit begünstigt. In den meisten Fällen gelingt es mir, bei meinen Zuhörern Assoziationen zu erzeugen oder Erinnerungen rund um die Jahrtausendwende hervorzurufen, wie ein Bibliothekar mit seiner Unwissenheit im Umgang mit einem computergestützten Ausleih- und Verwaltungssystem zu kämpfen hatte.

3.2 Die große Bühne: Digitaler Stress macht Karriere

Einige Jahre später war es dann so weit, dass Forschungen rund um digitalen Stress bedeutende Fortschritte erzielen konnten. Eine der bemerkenswertesten Studien des gesamten Forschungsfelds war jene, die zu dem Fachartikel »*The Impact of Technostress on Role Stress and Productivity*« (Der Einfluss von Technostress auf die Arbeitsbelastung und Produktivität) führte. Dieser erschien im Jahr 2007 im *Journal of Management Information Systems,* einer der renommiertesten Fachzeitschriften im Bereich der Wirtschaftsinformatik überhaupt. Die Studie von Monideepa Tarafdar und ihrem Forschungsteam ist der bis heute am häufigsten zitiere Beitrag im gesamten Forschungsfeld. Hier konnten erstmals fünf Dimensionen identifiziert werden, aus denen digitaler Stress entsteht.

Vergleichbares war bis dahin nicht oder zumindest nur in einem deutlich reduzierten Studienumfang erreicht worden. Seitdem zeichnet sich das Forschungsfeld *Technostress* durch große Wachstumsraten und ein noch größeres Wachstumspotenzial aus. Gewissermaßen hat es das Forschungsfeld vor rund 15 Jahren auf die große Bühne der Forschung geschafft. Seitdem ist es dort nicht mehr wegzudenken.

Die fünf identifizierten Dimensionen, aus denen digitaler Stress entsteht, bieten ein stabiles Gerüst, auf dem nahezu jede neu konzipierte Studie und auch dieses Buch aufbaut.

Die Dimensionen sind:
- Überladung
- Entgrenzung
- Komplexität
- Ungewissheit
- Jobunsicherheit

Es ist mir wichtig, anzumerken, dass insbesondere in den letzten fünf bis sechs Jahren weitere Dimensionen in der Forschung diskutiert wurden, auf die ich im Verlauf dieses Buches ebenfalls eingehen werde. Doch wieso war der Mehrwert dieser fünf Dimensionen so wertvoll? Die Antwort ist einfach und zugleich der Grundsatz eines jeden Mediziners: keine Behandlung ohne Diagnose. Während die Forschung in über zwanzig Jahren zwar viele wertvolle Erkenntnisse gewinnen konnte, war es nicht möglich, die genauen Ursprünge, also die digitalen Stressoren, zu identifizieren, die für die Belastung durch digitalen Stress verantwortlich waren. Doch seit 2007 war es möglich, digitalen Stress detailliert zu betrachten und den Stress auch in den jeweiligen Dimensionen zu messen.

Eine solche Messung würde es meinem zuvor eingeführten fiktiven mittelständischen Unternehmen ermöglichen, Kenntnisse darüber zu erhalten, wo die stärksten digitalen Stressoren im Arbeitsumfeld der Mitarbeiter lauern.

Doch auch für Privatpersonen bieten die Dimensionen einen großen Mehrwert. Ich habe den nachfolgenden Satz schon sehr häufig in meinem Leben vernommen und ich denke, Sie kennen wahrscheinlich ebenfalls folgende Situation (oder aus Kapitel 2.1): Sie sind erschöpft von der Arbeit und/oder Ihrem Privatleben. Sie teilen sich einer anderen Person mit und deren Reaktion lautet: »*Du hast aber aktuell wirklich viel Stress.*« Als aufmerksamer Leser bemerken Sie an dieser Stelle schon die sprachliche Ungenauigkeit, denn Sie haben ja gelernt, dass Stress eigentlich ein Prozess ist, oft aber als Konsequenz bezeichnet wird. Ich persönlich konnte mit einer solchen Aussage nie richtig viel anfangen, selbst wenn sie vielleicht stimmte. Gleichzeitig wäre mein Mehrwert bei einer Aussage wie »*Du hast aber aktuell wirklich viel digitalen Stress*« ebenfalls nicht sonderlich groß. Beide Äußerungen würde mir nicht ermöglichen, das Stresslevel – egal ob analog oder digital – zu verändern, weil sie mir nicht klar machen, wo dessen Ursprung liegt.

Doch mittels der genannten fünf Dimensionen, die in den letzten Jahren vielfach in diversen Studien bestätigt worden sind, könnte ich mit dem – zugegeben sehr sperrigen – Satz »*Du hast aber aktuell wirklich viel digitalen Stress, der (wohl) aus der Dimension der Überladung resultiert*« deutlich besser an meinem digitalen Stresslevel arbeiten, als es mir ohne diesen Zusatz möglich wäre. Das mag an dieser Stelle wohl noch etwas abstrakt klingen, aber in allen meinen Vorträgen komme ich stets an den Punkt, dass meine Zuhörer, egal wie groß die Gruppe im betreffenden Moment auch ist, mehrheitlich genau diese Erfahrung machen. Ich nenne diese Momente gerne *Moments of Truth,* weil sich an diesem Punkt meine inhaltlichen Impulse und Erklärungen mit den Erfahrungen meiner Zuhörer an ihrem Arbeitsplatz überschneiden. Daraus resultiert ein starkes Bewusstsein für digitalen Stress. Sie können der wahrgenommen Belastung nun einen Namen geben und sind in der Lage, eine individuelle Diagnose zu stellen.

Manchmal erinnern mich diese Momente an eine Lebensphase, in der ich über ein Jahr Beschwerden an der rechten Außenseite meiner Hand hatte. Vom Orthopäden bis zum Handchirurgen war keiner in der Lage, eine treffende Diagnose zu stellen, bis mir ein Sportmediziner empfohlen wurde, der die erstaunliche Diagnose einer minimalen Fehlstellung in der Schulter stellte, die auf einen bestimmten Nerv drückte. Mit der richtigen Ergotherapie waren meine Beschwerden nach knapp zwei Wochen erfolgreich behandelt. Ich hoffe, dieses Buch wird ähnliche *Moments of Truth* bei Ihnen erzeugen und Sie selbst befähigen, die für Sie relevanten digitalen Stressoren zu identifizieren und damit Ihre individuelle Diagnose zu stellen, die Sie befähigt, daran zu arbeiten.

Zu Beginn dieses Kapitels habe ich Ihnen gezeigt, dass digitaler Stress in der Forschung eigentlich unter dem Begriff Technostress untersucht wird. Ich möchte Ihnen daher kurz schildern, wieso ich glaube, dass ein Ausdruck, der mittlerweile fast 40 Jahre alt ist, für mich nicht mehr zeitgemäß ist. Im Jahr 1984, als die Forschung begann, fokussierte sie sich darauf, zu untersuchen, welche Auswirkungen einzelne Technologien auf Menschen hatten. Diese 1:1-Beziehung ist im Zeitalter der digitalen Transformation kaum noch an-

wendbar. Wir sind immer von Technologien und intelligenten digitalen Systemen um-
geben. Viele Arbeitsplätze wären ohne diverse Technologien und digitale Systeme nicht
ansatzweise arbeitsfähig. Auf Mitarbeiter wirkt an Arbeitsplätzen eine Vielzahl von Technologien und digitaler Systeme zugleich ein. Das heißt, es braucht eine Weiterentwicklung
des Forschungsfelds. Und genau das ist auch seit vielen Jahren zu erkennen, aber die Wissenschaft tut sich sehr schwer damit, etablierte und definierte Ausdrücke zu verändern.
Auch wenn sich bereits im internationalen Forschungskontext immer häufiger Studien
finden, die den Begriff digitaler Stress nutzen, so ist deren Anteil jedoch noch deutlich
geringer als Studien, die weiterhin auf Technostress zurückgreifen. Glücklicherweise ist
das für die Praxis kein Hindernis, denn hier wird deutlich progressiver mit solchen Bezeichnungen umgegangen. Gewissermaßen greift hier das Motto »Survival of the Fittest«.

Als ich anfing, zu dem Thema Vorträge zu halten, betitelte ich diese selbst noch mit dem
Begriff Technostress, doch die Nachfrage war eher überschaubar. Ein Zuhörer scherzte sogar einmal, dass er es zunächst mit Techno-Musik in Verbindung gebracht hatte. Doch seit
ich meine Vorträge mit dem Begriff des digitalen Stresses vermarkte, erziele ich eine viel
größere Resonanz, da Menschen sich dar durch viel stärker angesprochen fühlen. Ähnliches werden sich vermutlich auch die Autoren der vielen praxisrelevanten Studien im
deutschsprachigen Raum gedacht haben, die besonders seit Beginn der Covid-19-Pande-
mie den Ausdruck des digitalen Stresses nutzen. Es gilt, wie bei jedem literarischen Werk:
Der Titel ist Programm und das Erste, was der potenzielle Leser sieht, deshalb muss er
sitzen. Jetzt frage ich Sie, hätte Sie dieses Buch vergleichbar neugierig gemacht, wenn es
»Technostress: Schattenseite der neuen Arbeitswelt geheißen hätte«? Ich vermute, es gibt
sicherlich einige Leser, die sich hier weniger angesprochen gefühlt hätten.

3.3   New York Broadway

Digitaler Stress ist seit vielen Jahren ein Forschungsfeld, das sich steigender Aufmerksamkeit erfreut und dem der Sprung auf die große Forschungsbühne gelungen ist. Das
ist maßgeblich auf die digitale Transformation zur Industrie- und Arbeitswelt 4.0 zurückzuführen. Die damit verbundenen technologischen Veränderungen und die Betroffenheit
der Mitarbeiter sind zugleich die Motivation und der Nährboden für eine gute Forschung.
Doch gilt dies auch für vergleichsweise viele weitere Forschungsfelder, von denen den
meisten jedoch nie der Sprung in die Populärwissenschaft gelingt. Dieses Buch ist dazu
ein gutes Beispiel. Ich halte es für enorm wichtig, Menschen über die Herausforderungen
von digitalem Stress zu informieren. Nur wer sie kennt, kann sich darauf angemessen vorbereiten und in der Folge die Vorteile der digitalen Arbeitswelt effektiv für sich nutzen.
Dass sich aber überhaupt eine Zielgruppe findet, liegt in der Covid-19-Pandemie begründet. Diese hatte einen enormen Einfluss auf digitalen Stress und dessen Wahrnehmung in
der Gesellschaft. So erläutert Barbara Engels vom *Institut der deutschen Wirtschaft* bereits
im März 2020 zu Beginn der Pandemie: »*Die Pandemie ist ein Stresstest für die Digitalisie-*

rung in Deutschland.« (Engels, 2020, S. 1). Der Digitalisierungsschub war für die deutsche Wirtschaft enorm. Arbeitsplätze, Prozesse und die Art der organisationalen Zusammenarbeit sind in kürzester Zeit digitalisiert worden.

Exemplarisch steht dafür die berufliche Tätigkeit aus dem Homeoffice. Unternehmen mussten rasch in Videokonferenzsysteme, Cloudspeicherung, IT-Sicherheit und viele weitere Formen der Digitalisierung des Arbeitsumfelds investieren. Natürlich war der gesundheitliche Schutz der eigenen Belegschaft ein wichtiger Faktor, aber es war für viele Unternehmen schlichtweg auch alternativlos, denn es musste eine operative Unternehmensstabilität aufrechterhalten werden.

Während vor der Covid-19-Pandemie nur 4 % der Beschäftigen in Deutschland regelmäßig im Homeoffice arbeiteten, stieg diese Zahl während der verschiedenen Lockdowns auf bis zu 26 % an. Und selbst im Jahresdurchschnitt 2021 arbeitete jeder Vierte und damit rund 11,5 Millionen Menschen regelmäßig von Zuhause aus. Zugleich war diese Entwicklung ein enormer Treiber für digitalen Stress, wie die Studie *Digitale Arbeit während der Covid-19-Pandemie* vom *Bundesministerium für Bildung und Forschung* verdeutlicht.

Und dennoch betrifft digitaler Stress nicht nur die Menschen, die im Homeoffice arbeiteten. Jeder Mitarbeiter, dessen Arbeitsplatz von digitalen Veränderungen betroffen ist, kann im Zuge seiner Bewertung 1 die genannten Veränderungen als digitale Stressoren wahrnehmen. Es wäre vermutlich schwieriger, hier jene Berufe zu nennen, auf die das nicht zutrifft, statt alle Branchen und Berufsfelder zu nennen, die ihre eigene digitale Transformation durchleben. Das alles begünstigt, dass ein bis dahin nur in der Forschung diskutiertes Thema eine so enorme praktische Relevanz gewinnen konnte. Dies wäre ohne den pandemischen Digitalisierungsschub erst viel später möglich geworden. Im Zuge dessen wundert es mich kaum noch, wenn mir Menschen anvertrauen, dass sie von digitalem Stress betroffen sind, weil ihnen keine angemessene Qualifizierung und Vorbereitung auf diese digitale Arbeitsweise zuteilgeworden ist.

Diesen Menschen geht es mit den Veränderungen wie meinem fiktiven Beispiel des 56-jährigen Einkäufers Jens. In den letzten Jahren fehlte dafür vielerorts schlichtweg die Zeit, denn der Fokus lag während der Covid-19-Pandemie auf der Aufrechthaltung der unternehmerischen Existenz und dem Schutz der körperlichen Gesundheit. Deshalb ist mein fiktives Beispiel zu Jens in der Praxis wohl kein Einzelfall.

Im Vergleich zu vielen anderen Themenfeldern betrifft digitaler Stress alle Menschen, unabhängig von ihrer beruflichen Stellung oder Position. Für mich ist es immer wieder interessant, die Betroffenheit von digitalem Stress bei Top-Managern oder Menschen in hoher akademischer oder gesellschaftlicher Position zu erleben. Das zeigt mir, dass digitaler Stress die große Bühne bereits verlassen hat und gewissermaßen regelmäßig auf dem

New Yorker Broadway auftritt. Gewissermaßen ist dieses Buch das Begleitprogramm zum entsprechenden Theaterstück.

Zum Abschluss dieses Kapitels möchte ich nichts Geringeres tun, als Craig Brod, als Begründer des Forschungsfeldes zu widersprechen. Wie ich bereits eingangs erwähnte, war seine These, dass digitaler Stress eine moderne Krankheit ist. Ich, hingegen, bin davon überzeugt, dass es eine normale Begleiterscheinung des digitalen Fortschritts ist, für den wir alle erst einmal einen gesunden Umgang mit Technologien und digitalen Systemen erlernen müssen. Doch da die digitalen Entwicklungen rasant verlaufen, wird dies eine große Herausforderung, der wir uns frühzeitig stellen müssen und die wir kontinuierlich weiterverfolgen sollten. Der Erfolgsfaktor dafür basiert auf der Bewertung 2 und den daraus resultierenden Bewältigungsstrategien. Digitale Kompetenzen und viele weitere Aspekte stehen hier besonders im Fokus, auf die ich im Verlauf des Buches näher eingehe.

4 Wie Individualität und Persönlichkeit digitalen Stress beeinflussen

4.1 Welche individuellen Faktoren digitalen Stress beeinflussen

Stress ist etwas höchst Individuelles und auch digitaler Stress ist geprägt von der Individualität der betroffenen Person. So gibt es Merkmale, die gut untersucht sind und Anhaltspunkte dafür liefern, was eine von digitalem Stress betroffene Person charakterisiert. Es sind jene persönlichen Merkmale, die Einfluss nehmen auf die beiden Bewertungen.

- Es gibt persönliche Merkmale, die die Wahrnehmung eines digitalen Stressors (Bewertung 1) verstärken und
- andere persönliche Merkmale, die eher auf die Bewältigungsstrategien (Bewertung 2) Einfluss nehmen.

Bevor Sie weiterlesen, denken Sie einen Moment darüber nach, welche persönlichen Merkmale das sein könnten.

Wahrscheinlich wird Ihnen schnell der Gedanke kommen, dass das Alter eine Rolle spielen müsste. Daniel Kahneman wird allerdings in dem Buch *Noise: Was unsere Entscheidungen verzerrt – und wie wir sie verbessern können*« nicht müde, zu betonen, dass unser Gehirn (er nennt den dafür verantwortlichen Teil »System 1«) in solchen Momenten einen kausalen Zusammenhang herstellt, wo keiner ist, der jedoch sehr naheliegend erscheint.

Sie dachten bei den persönlichen Merkmalen an das Alter der Person, also genauer gesagt an junge Menschen in Ihrer Familie oder generell in Ihrem Umfeld, die Sie ständig mit Ihrem Smartphone oder Tablet vor Augen haben. Oder Sie dachten an junge Kollegen an Ihrem Arbeitsplatz und wie leicht diese mit den digitalen Veränderungen am Arbeitsplatz zurechtzukommen scheinen. Gewiss sind diese Wahrnehmungen auch mir nicht fremd, aber sie decken sich nicht mit der bisherigen Studienlage, auch wenn ich festhalten muss, dass der Einfluss des Alters seltener in den Studien in den Fokus genommen wurde. Die aktuell vorhandenen Studien liefern dahin gehend keine eindeutigen Ergebnisse: Mal kann eine Studie belegen, dass der digitale Stress mit dem Alter steigt, mal wird belegt, dass der digitale Stress mit dem Alter sinkt, und in anderen Studien kann kein der beiden Thesen empirisch bestätigt werden.

Meine persönlichen Forschungsergebnisse reihen sich in die Kategorie ein, die für Sie vermutlich naheliegend war, dass digitaler Stress mit dem Alter zunimmt. Meine persönliche Einschätzung ist aber, dass diese Klarheit in der Forschung auch perspektivisch nur dann erzielt werden kann, wenn der Einfluss des Alters in den jeweiligen Dimensionen hinsichtlich der Entstehung von digitalem Stress im Detail untersucht wird (siehe die Darstellung der fünf Dimensionen in Kapitel 5 bis 9 dieses Buches). Da das bisher jedoch fast gar nicht der Fall ist, erschwert dies meiner Meinung nach eine Verallgemeinerung.

Im nächsten Teil gehe ich detailliert auf die spezifischen digitalen Stressoren in den jeweiligen Dimensionen ein und Sie werden feststellen, dass einige passgenau Ihrer Vorstellung Rechenschaft tragen, dass ältere Menschen stärker von digitalem Stress betroffen sind. Gleichzeitig werden Sie auch erkennen, dass andere digitale Stressoren besonders für eine junge Alterskohorte von Relevanz sind. Für mich ist bereits während meiner Forschungsarbeiten deutlich geworden, dass eine einheitliche Aussage hinsichtlich des Alterseinflusses nur dann getroffen werden kann, wenn das Studiendesign so gestaltet ist, dass alle unterschiedlichen digitalen Stressoren einzeln untersucht werden. Dieses Vorgehen ist gewiss äußerst aufwändig und man bedarf umfangreicher Datensätze – wohl auch Gründe dafür, dass es so selten umgesetzt wird. Ohne diese Mühe allerdings lässt sich kein Konsens finden.

Da also keine generelle Aussage über das Alter getroffen werden kann, drängt sich bei Ihnen vielleicht die Frage auf, ob es eine geschlechtsspezifische Tendenz gibt. Und auch hier ist die Antwort ernüchternd. Nein, die Forschungsergebnisse, die einen Einfluss belegen wollen, kommen auch hierbei zu unterschiedlichen Ergebnissen. Ähnlich wie bei den Ausführungen zum Alter gibt es auch hier drei Richtungen: Es gibt Studien, nach denen Männer zu mehr digitalem Stress neigen, andere wiederum zeigen, dass Frauen stärker betroffen sind – wobei die Autoren betonten, dass Frauen auch häufiger an stärker digitalisierten Arbeitsplätzen arbeiten. Der Großteil der Studien kann jedoch auch hier keinen Einfluss des Geschlechts belegen. Und auch meine Forschungen reihen sich in die Letztgenannten ein, was für mich jedoch naheliegend ist, denn wieso sollte etwas Individuelles wie die digitale Stressentstehung von etwas Generischem wie dem Geschlecht abhängig sein?

Neben dem Alter und dem Geschlecht zählt die Bildung zu den gängigsten individuellen Einflüssen, die in Untersuchungen Betrachtung finden. Hier gibt es kleinere Lichtblicke, was die Erkenntnislage betrifft. Einige mir bekannte Studien zeigen, dass ein höherer Bildungsgradeinen mindernden Einfluss auf digitalen Stress hat. Das bedeutet, je gebildeter ein Mensch ist, desto geringer ist seine Betroffenheit von digitalem Stress. Und auch hier bekräftigen meine eigenen Forschungen dieses Ergebnis.

Ich muss allerdings an dieser Stelle anmerken, dass die Operationalisierung von Bildung in der Wissenschaft eine Schwachstelle hat, die Sie gewiss nachvollziehen können. Operationalisierung meint, wie Bildung erfasst bzw. gemessen wird. In vielen Studien, meine eingeschlossen, wird der Bildungsstand mit der Abfrage eines Bildungsabschlusses nachgewiesen, weshalb es besser wäre, eigentlich von formeller Bildung zu sprechen: vom Hauptschulabschluss, über das Abitur, den Masterabschluss bis hin zur Promotion. Der formelle Bildungsgrad kann hoch sein, aber das Problem ist, dass Einstufungen nicht zwangsläufig etwas über die eigentliche Bildung einer Person aussagen müssen. Sie kennen sicherlich Menschen, die Sie für sehr gebildet halten, die aber keinen hohen Bildungsabschluss nachweisen können oder jene, die Sie für weniger gebildet halten als andere, die einen formell höheren Bildungsabschluss haben.

Dennoch liefern die Erkenntnisse zur formellen Ausbildung interessante Anknüpfungspunkte für das Verständnis von digitalem Stress. Besonders naheliegend ist hierbei, dass es so scheint, dass sich mit höherer Bildung die Bewältigungsstrategien (Bewertung 2) einer Person verbessern.

Sie erinnern sich, dass digitaler Stress aus dem Spannungsfeld zwischen Stressor und den individuellen Bewältigungsstrategien (Bewertung 2) entsteht, sofern die Bewältigungsstrategien weniger wirksam sind als der Stressor. Eine formelle Bildung lässt, wenn auch nicht immer, so doch in der Regel darauf schließen, dass diese Menschen auch tatsächlich gebildet sind und in der Folge auf ein breiteres Spektrum an Wissen, Arbeitsroutinen und Problemlösungskompetenz zurückgreifen können, was in der Folge ihre Bewältigungsstrategien (Bewertung 2) erhöht.

Es könnte aber auch ebenso sein, dass diese Menschen schon allein durch die Überzeugung, gut ausgebildet zu sein, selbstsicherer mit den digitalen Stressoren umgehen bzw. diese bewältigen. In meinen eigenen Forschungen habe ich nachgewiesen, dass formelle Bildung einen deutlich mindernden Einfluss auf den digitalen Stressor Jobunsicherheit hat. Erinnern Sie sich dazu an die Studien, die ich zu Beginn des Buches angeführt habe und die zeigten, dass die digitale Transformation zur Industrie- und Arbeitswelt 4.0 viele Berufe verändern wird und einige Berufsbilder wohl auch vom Arbeitsmarkt verschwinden werden. Sie zeigten auch, dass jene Menschen mit einer hohen formellen Bildung diesen digitalen Stressor weniger stark wahrnehmen. Ich persönlich führe das auf die Überzeugung gut ausgebildeter Personen zurück, dass sie davon ausgehen, auch beim Wegfall des Arbeitsplatzes eine neue Tätigkeit zu finden, die sie zudem inhaltlich erfüllen und wirtschaftlich absichern wird.

4.2   Welche persönlichen Faktoren digitalen Stress beeinflussen

Insgesamt sind die demographischen Einflüsse auf digitalen Stress also eher überschaubar und wissenschaftlich auch nicht umfangreich belegt. Doch gibt es weitere Einflussfaktoren, auf die ich bereits im vorherigen Kapitel kurz eingegangen bin, nämlich der Persönlichkeit eines jeden Menschen. Die Persönlichkeitsforschung ist in der Psychologie ein sehr wichtiges Forschungsfeld und bietet unterschiedlichste Ansätze und Paradigmen, die versuchen, die Persönlichkeit eines Menschen zu erklären bzw. diese in einem Modell abzubilden. Diese Ansätze lassen sich unterscheiden zwischen veralteten, klassischen oder modernen. Meine Forschung setzte bei der klassischen Betrachtungsweise an. Das vielleicht wichtigste Modell ist unter verschiedenen Namen bekannt: Einige bezeichnen es als *OCEAN*-Modell, andere als *Fünf-Faktoren-Modell der Persönlichkeit*. Doch der wohl bekannteste Name, der sich auch im deutschsprachigen Raum findet, ist *Big Five of Personality* oder einfach kurz die *Big Five*. Der Name hat weder etwas mit afrikanischen Tieren noch mit dem Weltbestseller *The Big Five for Life* von John Strelecky zu tun, wenngleich sowohl das Modell als auch das Buch von der berühmten afrikanischen Tierbezeichnung geprägt sind.

Die Big Five unterteilen die Persönlichkeit in fünf Dimensionen:

- Neurotizismus,
- Offenheit für Erfahrungen,
- Gewissenhaftigkeit,
- Extraversion und
- Verträglichkeit.

Wenn Sie von dem Modell nun zum ersten Mal gehört haben, dann wirkt diese Aufteilung der menschlichen Persönlichkeit in fünf Dimensionen vielleicht nicht vollständig. Man könnte meinen, das Modell habe Schwächen. Und ja, gewiss hat jedes Modell Schwächen, also auch das Big-Five-Modell, aber es ist kein Modell im klassischen Sinne. Die Big Five basieren auf der sogenannten lexikalischen Hypothese, die besagt, dass für alle zwischenmenschlichen Unterschiede entsprechende Begrifflichkeiten bestehen müssen. Diesen Gedanken finde ich persönlich nicht nur spannend, sondern auch einleuchtend. Er wurde übrigens vor mehr als 90 Jahren erstmals in der Forschung diskutiert.

Anfänglich sammelten die Forschenden rund 18.000 Begriffe, die individuelle Unterschiede zwischen Menschen zum Ausdruck bringen können. Im Verlauf der Jahrzehnte wurde diese Anzahl mithilfe statistischer Methoden immer weiter reduziert, indem Begrifflichkeiten zusammengelegt wurden. Letztendlich bildeten sich zunächst die Dimensionen *Neurotizismus* und *Extraversion* und im weiteren Verlauf *Offenheit für Erfahrung* aus. Vervollständigt haben das Modell die Forschungsarbeiten von Robert R. McCare und Paul T. Costa in den 80er-Jahren. Mit Hinzunahme der Dimensionen *Verträglichkeit* und *Gewissenhaftigkeit* bildeten sich die Big Five aus, wie wir sie heute kennen. Allerdings gibt es eine Art Hintertürchen, das die einzelnen Dimensionen mit Leben füllt. Jede der fünf Dimensionen hat sechs untergliederte Facetten, gewissermaßen die übrig bleibenden Bestandteile der 18.000 Begriffe. Diese helfen zu verstehen, was eine Dimension charakterisiert und wie sie zu verstehen ist.

Ich gebe Ihnen ein Beispiel für die Dimension Gewissenhaftigkeit: Die sechs Facetten dieser Dimension lauten:

- Kompetenz,
- Ordnungsliebe,
- Pflichtbewusstsein,
- Leistungsstreben,
- Selbstdisziplin und
- Besonnenheit.

In einem Moment der Konzentration werden Sie vermutlich diese Facetten zunächst mit sich selbst abgleichen und dann in einem weiteren Schritt fallen Ihnen Menschen aus

Ihrem Umfeld ein, von denen Sie behaupten können, dass er oder sie gemäß dieser Begriffe ein gewissenhafter Mensch ist. Gleichzeitig fällt Ihnen wahrscheinlich aber auch jemand ein, auf den dies ganz und gar nicht zutrifft.

Methodisch werden die Ausprägungen häufig auf einer 5er- oder 7er-Skala abgefragt, bei denen die Ausprägung auf einer Skala von *trifft voll und ganz zu* bis hin zu *trifft überhaupt nicht zu* liegt. Bei den wenigsten Menschen lassen sich diese Extrempositionen messen, aber die Frage, ob jemand gewissenhaft, verträglich oder offen für Neues ist, helfen, eine Persönlichkeit besser einordnen zu können.

Nachdem Sie die Grundzüge des Modells der Big Five verstanden haben, das, nebenbei bemerkt, das am häufigsten verwendete Modell zur Beschreibung von Persönlichkeit darstellt, kann ich Ihnen nun besser zeigen, welchen Einfluss die jeweilige Persönlichkeitsausprägung auf digitalen Stress hat. Machen Sie sich keine Sorgen, wenn Sie noch nicht genau wissen, was sich hinter Neurotizismus oder Extraversion verbirgt, ich komme später darauf zurück.

Seit einigen Jahren finden die Big Five in Studien, die digitalen Stress untersuchen, häufig Anwendung, denn es ist von großem Interesse, ob das Risiko, in der Folge von digitalem Stress bspw. an Burn-out zu erkranken, von der Persönlichkeit beeinflusst wird, oder ob das Risiko für alle unabhängig von der Persönlichkeit gleich ist.

Eine bemerkenswerte Arbeit französischer Forschender konnte belegen, dass Menschen, die sehr extrovertiert sind, (das bedeutet, sie sind bspw. sehr gesellig, herzlich und aktiv,) ein geringeres Risiko haben, an einer Burn-out-Erkrankung als Folge von digitalem Stress zu erleiden als jene, die weniger extrovertiert sind. Interessanterweise konnte dieselbe Studie nicht bestätigen, dass Menschen mit einer starken neurotischen Ausprägung ein höheres Risiko hierfür haben. Diese Persönlichkeitsausprägung wird mit Verletzlichkeit, Ängstlichkeit und Depressionen in Verbindung gebracht.

Ein deutsches Forscherteam betont jedoch, dass Neurotizismus die einflussreichste Persönlichkeitsdimension ist im Kontext von digitalem Stress. Und auch in meinen eigenen Studien lassen sich besonders aus dieser Dimension die umfangreichsten und auch interessantesten Erkenntnisse ableiten: So zeigten meine Ergebnisse, dass der Einfluss von Neurotizismus auf digitalen Stress stärker als der aller anderen Dimensionen ist.

Noch interessanter kann für Sie jedoch sein, dass Gewissenhaftigkeit, Extraversion und Verträglichkeit allesamt das Risiko, von digitalem Stress betroffen zu sein, minimieren.

Zu einem ähnlichen Ergebnis ist auch die Forschung von Paula H. Jackson gekommen, die im Rahmen ihrer Promotion an der *Nova Southeastern Universität* den Einfluss von Neurotizismus und Gewissenhaftigkeit auf digitalen Stress von Krankenschwestern untersucht hat. Vergleichbar mit meinen Studien stellt sie fest, dass eine starke neurotische

Persönlichkeit die Betroffenheit von digitalem Stress intensiviert, eine gewissenhafte Persönlichkeitsausprägung hingegen diese Empfindung lindern kann.

Die jeweilige Prägung der Persönlichkeit wirkt sich bereits häufig auf die Bewertung 1 aus, also schon dann, wie Sie einen potenziellen digitalen Stressor wahrnehmen. Ich werde Ihnen auch ein Beispiel vorstellen, bei dem besonders die Bewertung 2 beeinflusst zu werden scheint.

Dass eine neurotische Persönlichkeitsausprägung wie ein Brandbeschleuniger für digitalen Stress wirken kann, lässt sich mit gut fundierten Erkenntnissen aus der allgemeinen Stressforschung begründen. Neurotischen Menschen fällt es generell schwerer, mit Veränderungen umzugehen. Da stellen technologische oder digitale Veränderungen keine Ausnahme dar. Veränderungen bedeuten immer das Verlassen der eigenen Komfortzone, das Aufgeben von Sicherheit und Stabilität. Doch neurotische Menschen sind darauf besonders stark angewiesen. Immer stärker digitalisierte Arbeitsplätze, die das Risiko für die Betroffenheit von digitalem Stress erhöhen, bringen auch große Veränderungen im beruflichen Umfeld zum Ausdruck und wirken sich damit negativ auf das Sicherheits- und Stabilitätsbedürfnis dieser Menschen aus.

Die weltberühmt gewordene Oxford-Studie, *The Future of Employment*, die ich bereits in der Einleitung vorgestellt habe, zeigt, dass die Veränderungen am Arbeitsmarkt enorm sind. So verwundert es nicht, dass digitale Veränderungen neurotisch geprägten Menschen stark zusetzen können und existenzielle Sorgen begünstigen. Ich gehe im zweiten Teil dieses Buches näher darauf ein, dass Veränderungen einen enormen digitalen Stressor darstellen können.

In der Forschungsarbeit von Paula H. Jackson, die ich zuvor angeführt habe, kann unter anderem eine gewissenhafte Ausprägung die Betroffenheit oder die Intensität von digitalem Stress reduzieren.

Ein internationales Forscherteam unter der Leitung von Pawel Korzynsk stellte in seiner Studie die Theorie auf, dass das Persönlichkeitsmerkmal Gewissenhaftigkeit die Bewältigungsstrategien von digitalem Stress begünstigen. In diesem Fall spricht auch vieles dafür, dass dieses Persönlichkeitsmerkmal die Bewertung 2 beeinflusst. Für mich ist diese Überlegung nachvollziehbar, da diese Persönlichkeitsdimension auch mit Kompetenz, Besonnenheit oder Leistungsstreben beschrieben wird. Erinnern Sie sich daran, dass digitaler Stress aus dem Spannungsfeld zwischen Stressoren (Bewertung 1) und Bewältigungsstrategien (Bewertung 2) resultiert. Es ist naheliegend, dass jemand mit den zuvor genannten Attributen der Gewissenhaftigkeit vermutlich bessere Bewältigungsstrategien besitzt, die den digitalen Stressoren entgegenwirken.

Ist jedoch die Persönlichkeitsdimension Gewissenhaftigkeit gering ausgeprägt, und werden die Facetten dann durch die Adjektive »inkompetent, unbesonnen oder leistungsfaul«

charakterisiert, so liegt nahe, dass die Persönlichkeit weniger dazu beiträgt, die Bewältigungsstrategien zu verbessern. Vermutlich haben diese Ausprägungen dann im Gegenteil sogar einen negativen Einfluss.

Forschungserkenntnisse zu den Dimensionen Verträglichkeit und Offenheit für Erfahrungen sind bisher kaum vorhanden.

Eine indische Studie zeigt, dass Erstere einen stresslindernden Einfluss hat. Letztere kann dagegen das Stresslevel begünstigen. Beide Ergebnisse sind erstaunlich und für mich überraschend, da ich sie für wenig plausibel halte. Verträglichkeit als Persönlichkeitsdimension ist vor allem durch zwischenmenschliche Facetten wie z. B. Vertrauen, Bescheidenheit oder Ehrlichkeit charakterisiert. Daher lässt sich zunächst nicht nachvollziehbar herleiten, woher dieser digitale stresslindernde Einfluss kommen soll. Das macht es zudem schwer zu verstehen, ob hier eher Bewertung 1 oder Bewertung 2 einer Person beeinflusst wird.

Das zweite, für mich sogar noch weniger nachvollziehbare, Ergebnis der indischen Studie ist, dass eine Persönlichkeit, die durch Offenheit für Erfahrungen geprägt ist, digitalen Stress begünstigt. Plausibel wäre, dass eine Offenheit einen beruhigenden Einfluss auf die Wahrnehmung eines möglichen Stressors hat. Im Kontext des transaktionalen Stressmodells und des Spannungsfelds der beiden Bewertungen sollte dieser Einfluss – zumindest theoretisch – die erste Bewertung beeinflussen können. Eine Persönlichkeitsprägung, die von Offenheit für Erfahrungen geprägt ist, könnte hier die Wahrnehmung, dass digitale Veränderungen am Arbeitsplatz als Stressoren bewertet werden, lindern. Dies wiederum führt dazu, dass Menschen mit einer offenen Persönlichkeit besser von digitalem Stress geschützt werden, als dies bei weniger offenen Menschen der Fall ist.

Ich verdeutliche Ihnen dies in nachfolgender Abbildung. Erinnern Sie sich an Jens und Sandra aus dem mittelständischen Unternehmen. Beide erleben vergleichbare digitale Veränderungen an ihrem Arbeitsplatz. Für dieses Beispiel gingen wir davon aus, dass beide eine identisch ausgeprägte Lernbereitschaft und vergleichbare digitale Kompetenzen vorweisen können.

Sandra hatte ich als sehr offenen Charakter eingeführt. Ihre Offenheit für Erfahrungen bedingt, dass für sie digitale Veränderungen am Arbeitsplatz einen Stressor darstellen (Bewertung 1), gleichzeitig sind ihre Bewältigungsstrategien (Bewertung 2) geringer als dieser Stressor, was dazu führt, dass sie eine gewisse digitale Stressbetroffenheit hat.

Wenn Sie jetzt jedoch Jens betrachten, hat dieser ein viel größeres Level an digitalem Stress; da seine Persönlichkeit weniger offen für neue Erfahrungen ist, empfindet er die digitalen Veränderungen als deutlich stärkeren Stressor (Bewertung 1). Folglich ist sein digitales Stresslevel um ein Vielfaches höher (Bewertung 2), wenn wir davon ausgehen, dass er dieselbe Lernbereitschaft und vergleichbare digitale Kompetenzen hat.

Die Abbildung 5 verdeutlicht dieses Beispiel. Erkenntnisse über die Dimension Extraversion sind bisher kaum vorhanden und lassen keine verwertbaren Aussagen hinsichtlich des Spannungsfelds der beiden Bewertungen zu.

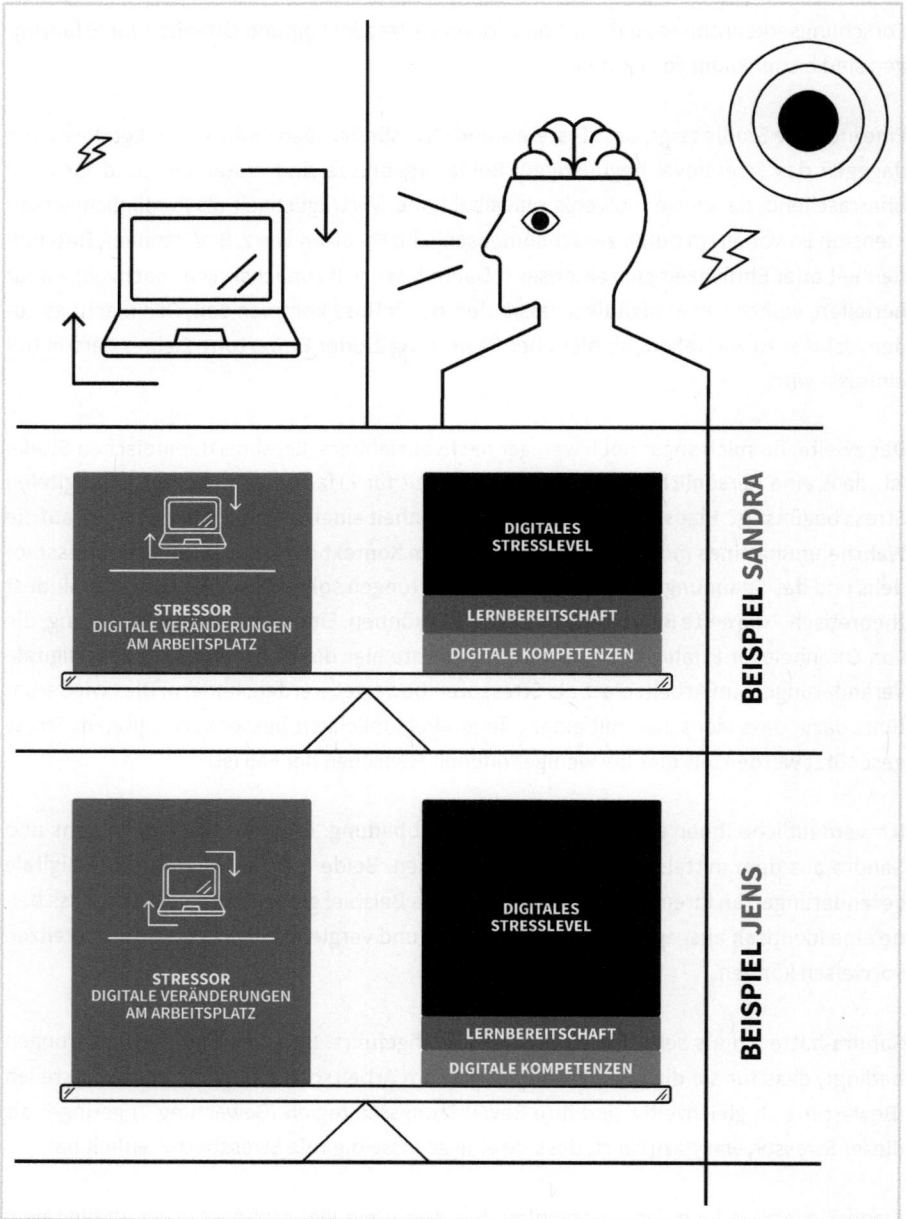

Abbildung 5: Einfluss von Offenheit für Erfahrung auf digitalen Stress

Zusammenfassung Teil 1

Der erste Teil dieses Buches hat für Sie ein Fundament geschaffen, auf dem alle weiteren Ausführungen dieses Buches aufbauen können. Es ist gut, dass Sie zunächst die digitale Transformation zur Industrie- und Arbeitswelt 4.0 kennengelernt haben. Die damit in Verbindung stehenden Entwicklungen stellen nichts Geringeres als die vierte industrielle Revolution dar. Zudem bedarf die digitale Transformation auch immer einer menschlichen Transformation, was bedeutet, dass für eine erfolgreiche Transformation beide Bestandteile Hand in Hand gehen sollten. Diesem Anspruch kann im digitalen Zeitalter allerdings kaum noch Rechenschaft getragen werden. Bereits die Covid-19-Pandemie mit ihrem Digitalisierungsschub hat gezeigt, dass es einer gewissen Anpassungszeit bedarf, damit die Anwender und Nutzer des digitalen Fortschritts bestmöglich damit umgehen können. Doch genau diese Anpassungszeit wird während der digitalen Transformation immer kleiner. Ihre Kürze stellt einen großen Belastungsfaktor dar. Zurückzuführen ist das besonders auf die immer kürzer werdenden Veränderungszyklen, die für das Verstehen, Erlernen und Anwenden neuer Veränderungen nicht ausreichend Raum geben. Vor diesem Hintergrund sollten Sie verstehen, dass digitaler Stress kein Thema ist, dessen Popularität in wenigen Jahren wieder abgenommen haben wird. Nein, dessen Wahrnehmung wird in der breiten Masse der Gesellschaft mit zunehmend digitalisierten Arbeitsplätzen steigen. Unsere Arbeitswelt wird sich fundamental verändern. Der Einfluss Künstlicher Intelligenz wird so unvorstellbar groß sein, wie Sie sich ihn derzeit kaum vorstellen können. Diese Veränderungen wirken auf die digitalen Stressoren wie ein Brandbeschleuniger, der jedes Individuum unterschiedlich stark fordern wird.

Häufig fehlt Menschen auch das theoretische Wissen über Stressmanagement, das sie ihre Situation besser verstehen lässt. Dafür habe ich Ihnen einen kurzen Einblick in die Entwicklung der Stressforschung und besonders in das transaktionale Stressmodell gegeben. Durch die gezielte Auseinandersetzung mit dem Bewertungssystem haben Sie ein Gefühl dafür bekommen, dass Stress aus dem Spannungsfeld Ihrer Bewertung 1 gegenüber der Bewertung 2 entsteht. Dies bildet die Basis des Verständnisses, wie digitaler Stress entsteht. Es kommt daher immer darauf an, welche Bewältigungsstrategien (Bewertung 2) Sie einem potenziellen digitalen Stressor (Bewertung 1) entgegensetzen können. Zielsetzung sollte immer sein, Ihre Bewältigungsstrategien so vielfältig und umfangreich auszubauen und zu gestalten, dass diese gegen verschiedenste digitale Stressoren eingesetzt werden können. Behalten Sie das immer im Hinterkopf. Ich werde versuchen, dies mit Bezugnahme auf die beiden Bewertungen zu unterstützen.

Digitaler Stress ist keine moderne Krankheit. Er wird seit fast 40 Jahren in der Forschung unter dem Begriff *Technostress* untersucht. Es wäre daher nicht korrekt, ihn als vollkommen neue Herausforderung der Arbeitswelt zu bezeichnen. Doch unsere Arbeitswelt ist während der Covid-19-Pandemie in vielen Teilen erneuert worden. Nicht umsonst findet die Begrifflichkeit *NewNormal* immer häufiger Anwendung und erfreut sich wachsender Beliebtheit. In dieser neuen Arbeitswelt geht die Relevanz von digitalem Stress über die zuvor genannte primäre Forschungsperspektive hinaus und ist für eine breite Masse der Gesellschaft spürbar geworden. Solche eine große Relevanz ist selten, da viele Forschungsthemen nur sehr langsam für eine solch breite Masse von Relevanz werden. Damit hat das Thema, das zuvor nur ein paar Tausend Forschenden weltweit bekannt war, es auf die große Bühne geschafft und sich ein millionenfaches Publikum erschlossen. Und das Thema befindet sich erst in einer Wachstumsphase. Die zunehmend digitalisierte Arbeitswelt stellt die Garantie dafür da, dass es nicht an Relevanz verlieren wird. Das wird vermutlich dazu führen, dass die Forschung viele neue Erkenntnisse erzielen wird, die das Verständnis des digitalen Stresses weiter begünstigen und Fragen beantworten wird, die heute in dieser Form noch nicht beantwortbar sind.

Einige dieser Fragen adressieren individuelle und persönliche Einflussfaktoren, für die es heute nur sehr begrenzte Forschungsergebnisse gibt. Es ist aber von enormer Bedeutung, wie sich das Alter auf einzelne digitale Stressoren und die daraus resultierende digitale Stressbelastung auswirkt. Hierzu sind die aktuellen Studien oftmals zu generalistisch gehalten; das bedeutet, sie untersuchen eben nicht, welche einzelnen digitalen Stressoren wie stark durch das Alter beeinflusst werden. Interessant wäre es auch, zu erfahren, ob in Zukunft gezeigt wird, dass die Betroffenheit von digitalem Stress mit Fragen von Gender zusammenhängt. Auch hier sind die vorliegenden Studienergebnisse bisher uneindeutig. Losgelöst von Alter oder Geschlecht stellt sich aber auch die Frage, wie die Unterschiede in der Persönlichkeit die digitale Stressbelastung beeinflussen. Ich habe Ihnen gezeigt, dass in diesem Kontext oftmals die Bewertung 1 beeinflusst zu sein scheint, und dass eine neurotische Persönlichkeitsprägung die Betroffenheit von digitalem Stress besonders stark erhöht. Gleichzeitig könnte eine gewissenhafte Persönlichkeitsprägung die Bewältigungsstrategien begünstigen und hätte damit einen Einfluss auf die Bewertung 2.

Teil 2   Wie digitaler Stress im Detail entsteht

In diesem Teil des Buches gehe ich auf die unterschiedlichen und bereits deutlich besser untersuchten digitalen Stressoren ein, die für Ihre Bewertung 1 zur Belastung werden können. Und ich stelle Ihnen vor, was diesen digitalen Stressoren Einhalt gebieten kann.

Der zweite Teil ist der Kern des Buchs, und den habe ich stets so gehalten, dass ich auch die möglichen Bewältigungsstrategien, Ihre Bewertung 2, dazu heranziehe, damit Sie das Spannungsfeld, aus dem digitaler Stress entsteht, besser nachvollziehen können.

Sie werden in der Darstellung sicherlich einiges aus Ihrem Alltag wiedererkennen oder auf sich übertragen können. Wahrscheinlich wird nicht jeder digitale Stressor für Sie gelten, genauso wie nicht jede Bewältigungsstrategie bei Ihnen greifen wird, doch allein die reflektierte Auseinandersetzung wird Ihnen helfen, sich hinsichtlich der digitalen Stressbelastung zu orientieren.

Wissen darüber zu erlangen, wie digitaler Stress entsteht, ist der erste Schritt, einen besseren Umgang damit zu entwickeln.

Zunächst liegt der Fokus auf der Überladung (Kapitel 5) von Technologien und digitalen Systemen. Wie ich bereits in Kapitel 2, der digitalen Transformation zur Industrie- und Arbeitswelt 4.0, erläutert habe, ist die Entwicklung mit einem massiven Zuwachs an Technologien und intelligenten Systemen verbunden.

Diese Entwicklung führt auch dazu, dass es zu einer Entgrenzung von Berufs- und Privatleben kommt (Kapitel 6), die Sie wahrscheinlich während der Covid-19-Pandemie und der Tätigkeit aus dem Homeoffice erlebt haben. Technologien sind zudem nicht immer leicht zu durchringen, weil sie oftmals komplex und ihre Handhabung ungewiss ist.

Die Tatsache, dass die Zahl der Technologien und digitalen Systeme steigt, verschärft die Belastung (Kapitel 7).

Mit dieser Zunahme tritt auch die Unzuverlässigkeit (Kapitel 8) in den Fokus, da immer mehr von der Zuverlässigkeit der Technologien abhängig ist, diese aber vermutlich nie vollständig gewährleistet werden kann. Zuletzt führen alle diese Entwicklungen in die Arbeitswelt 4.0.

In dieser digitalen Welt werden bestimmte Berufe obsolet oder transformiert, was zu einer Jobunsicherheit (Kapitel 9) bei denjenigen Menschen führt, die ihren Arbeitsplatz betroffen sehen. Einige Beispiele und Studien dafür habe ich bereits genannt. Zudem verbergen sich viele weitere unterschiedliche digitale Stressoren in unserer neuen digitalen Arbeitswelt, auf die ich im Verlauf dieses Teils eingehe.

Wichtig ist zu betonen, dass meine Beispiele sich besonders auf die gegenwertigen Herausforderungen und digitalen Stressoren beziehen. Auch wenn Deutschland während der Covid-19-Pandemie einen großen Digitalisierungsschub erlebt hat, liegen noch viele größere digitale Veränderungen vor uns, weshalb die aktuellen Herausforderungen am Arbeitsplatz oft noch nicht so stark von Künstlicher Intelligenz oder Big-Data-Analytics beeinflusst sind, wie es in einigen Jahren der Fall sein wird. Es ist aber wichtig, diese Entwicklungen im Hinterkopf zu behalten, da sie, meiner Meinung nach, digitalen Stress verschärfen werden.

5 Überladung: Digitale Veränderungen und Systeme werden immer mehr

5.1 Höher, schneller, weiter

Während meines Betriebswirtschaftsstudiums besuchte ich den Kurs *Unternehmen & IT,* dessen Schwierigkeitsanspruch ich anfangs wahnsinnig unterschätzt habe. Ich dachte bis dahin, ich sei jemand, der eine gewisse IT-Affinität hätte und mit Technologie gut umgehen könne. Doch meine damalige Selbsteinschätzung hinsichtlich meines Digitalisierungsverständnisses war sehr überzogen. Das war wohl auch ein Grund dafür, dass ich in diesem Kurs zunächst einmal durchgefallen bin und erst im zweiten Anlauf bestanden habe. Rückblickend lag das vor allem daran, dass ich die Vielzahl an Technologien, die dort behandelt wurden, nicht im Zusammenhang betrachtet habe. Ich wusste schlichtweg nicht, wie Big-Data-Analytics, das Internet der Dinge, autonome Systeme, Cloud-Lösungen und Künstliche Intelligenz zusammen eingesetzt werden und welche Schnittstellen sie miteinander teilen.

In den Vorlesungen sprachen wir über zahlreiche komplexe Technologien. Als wäre dies nicht genug, erweiterten wir dies noch um jene Technologien, die auf den verschiedenen Gartner-Hype-Zyklen gelistet waren.

Vielleicht haben Sie schon von diesen gehört? Die sogenannten Hype-Cycle des US-amerikanischen Beratungsunternehmens Gartner sind seit langer Zeit eine sehr angesehene Informationsquelle, wenn es um digitalen Entwicklungsfortschritt und technologische Innovationen geht. Die Hype-Cycle berichten über Technologietrends hinsichtlich erster Nennung, Dauer und Stand der Entwicklung bis zur Marktreife. Optimalerweise durchlaufen die Technologien den Zyklus bis zur Marktreife, was zumeist viele Jahre dauert, aber natürlich gibt es auch Innovationen, denen der Durchbruch nicht gelingt.

Bevor Sie nun weiterlesen, nehmen Sie sich einen Moment Zeit und betrachten Sie die nachfolgende Abbildung 6 des Gartner-Hype-Cycle für Künstliche Intelligenz für das Jahr 2022: Gehen Sie die Technologien von links nach rechts durch. Die einzelnen Phasen sind für dieses Beispiel nebensächlich. Zählen Sie bitte für sich mit, wie viele dieser Technologietrends Sie kennen und wie viele davon Sie jemand anderem erklären könnten.

Abbildung 6: Gartner-Hype-Cycle für Künstliche Intelligenz 2022

Ich kann Ihnen maximal sechs dieser großen Innovationen und Trends vorstellen. Selbst innerhalb dieser Gruppe gibt es Technologietrends, bei denen es mir schwerfällt, sie zu erklären. Die kurze Auseinandersetzung mit den Technologietrends rund um Künstliche Intelligenz der nächsten Jahre hat Ihnen ein Bild vermittelt, welche Innovationen und Trends aktuell in der Entwicklung sind. Wohlgemärkt existieren neben dem Gartner-Hype-Cycle für *Künstliche Intelligenz* viele weitere große Technologietrends, die das enorme Digitalisierungspotential der Zukunft untermauern.

Interessant ist zudem, dass fast alle innovativen Technologien den Gartner-Hype-Zyklus mittlerweile deutlich schneller durchlaufen, als sie es vor 15 Jahren getan haben. Die Entwicklungszyklen sind kürzer geworden. Auch wenn es immer noch vorkommt, dass Technologien es nicht bis zur Marktreife schaffen, so war die Durchlässigkeit – also die Rahmbedingungen, dass es eine Technologie es zur Marktreife schafft – nie besser als heute. Beschleunigt werden die technologischen Trends zudem durch den Digitalisierungsschub, den Sie während der Covid-19-Pandemie wahrgenommen haben. Jüngstes Beispiel dafür ist der Chatbot ChatGPT, dessen Entwicklung mit einer Schnelligkeit voranschreitet, die erstaunlich bis beängstigend ist.

Während nicht all diese Trends für jede Branche und jedes Unternehmen gleich bedeutsam sind, so wird doch eines deutlich: In den kommenden 20 Jahren werden sehr viele weitere Technologien an Ihrem persönlichen Arbeitsplatz implementiert werden. Und vermutlich werden die uns noch stärker herausfordern als Videokonferenzsysteme und Kommunikationskanäle es bisher tun.

Ich prognostiziere, dass Ihre Bewertung 1 durch diese digitalen Stressoren noch stärker beansprucht wird und vermutlich die Intensität des daraus resultierenden digitalen Stresslevels sich stark erhöhen wird, sollte es nicht gelingen, die notwendigen Bewältigungsstrategien (Bewertung 2) bestmöglich zu entwickeln.

Alles, was an technologischem Fortschritt mit dem Schwerpunkt Künstlicher Intelligenz in den kommenden Jahrzehnten auf uns zukommt, wird unsere Arbeitswelt so grundlegend verändern, dass selbst ich es mir heute nicht im Detail ausmalen kann. Eine aktuelle Studie des weltweit agierenden Marktforschungsinstituts Ipsos hat in einer global angelegten Studie ermittelt, dass jeder dritte Beschäftigte in den kommenden 5 Jahren mit neuen KI-getriebenen Systemen arbeiten wird. Und rund 40% sehen das für den gesamten Arbeitsmarkt, jeder 5. Befragte sieht seinen Arbeitsplatz gefährdet. Aus diesen Ergebnissen wird deutlich, wie die Erwartung einer großen Bevölkerungsschicht in den kommenden Jahren aussieht. Doch wenn ich mit Menschen spreche, die sich exzellent auf diesem Gebiet auskennen, erläutern die mir stets noch weitreichendere Folgen, wie ich sie u. a. in Kapitel 2 dargestellt habe.

Im Sommer 2023 traf ich dazu Dr. Holger Schmidt, Buchautor und Experte im Feld der Künstlichen Intelligenz, der mir sagte, diese Entwicklung sei unaufhaltsam. Im späteren Verlauf dieses Buches greife ich diesen Punkt noch einmal näher auf.

Sie erkennen also: Was auf uns zukommt, wird einen noch viel größeren digitalen Fortschritt mit sich bringen, als wir ihn während der Covid-19-Pandemie erlebt haben. Diese Vielzahl an Technologien und digitalen Veränderungen bringt die erste Dimension, aus der digitaler Stress entsteht, zum Ausdruck: die der Überladung. Diese Dimension ist wissenschaftlich sehr gut untersucht durch die Studie von Monideepa Tarafdar und ihrem Forscherteam, deren Arbeit aus dem Jahr 2007 ich bereits als Meilenstein der Forschung vorgestellt habe. In der Studie wird diese Dimension damit beschrieben, dass eine schier unüberschaubare Anzahl an Technologien und digitalen Softwaresystemen am Arbeitsplatz Anwendung finden. Im weiteren Verlauf dieses Kapitels lege ich den Fokus auf Kommunikationstechnologien und dafür relevante digitale Softwaresysteme. Eine Erhebung von Microsoft zeigte im Sommer 2023, dass Kommunikation, unabhängig davon, über welchen Kanal sie läuft, mehr als die Hälfte der gesamten Arbeitszeit einnimmt. Besonders im Fokus steht der Informationsaustausch in Echtzeit, der bedeutet, dass Technologien miteinander interagieren, Daten analysieren und verarbeiten. Das führt letztlich auch dazu, dass Sie als Anwender mit einer Flut an Informationen umgehen müssen.

5.2 In einem Land vor unserer Zeit

Eine Informationsflut, die zur Überladung führt, wirkt sich sehr stark auf die Bewertung 1 aus. Betrachten Sie dazu folgendes Beispiel:

In einem Großunternehmen ist vor der Covid-19-Pandemie vor allem per E-Mail und Telefon kommuniziert worden. Letzteres oftmals sogar noch analog, also indem ein Mitarbeiter zum Hörer einer festinstallierten Telefonanlage greifen musste. Chat- und Messenger-Anwendungen stellten die Ausnahme dar und die Dateiablage erfolgte lokal auf einem Netzwerk des Unternehmens. Nach dem Ende der Pandemie und dem damit bereits erläuterten enormen Digitalisierungsschub für die Industrie und Wirtschaft ist die Kommunikations- und Verwaltungslage in diesem Unternehmen eine gänzlich andere: Heute sind Videokonferenzsysteme wie Microsoft Teams, Cisco-Webex, Skype für Business oder Zoom für viele Unternehmen unabdingbar für die Kommunikation geworden. »Zoomen«, wie man heute gerne sagt, war Rettung zu einer Zeit, wo persönlicher Kontakt bis auf das Mindestmaß reduziert worden ist. Denn das Videokonferenzsystem Zoom war der erste Anbieter, der die pandemische Entwicklung für sich nutzen konnte. Neben visuell gestützten Kommunikationswegen erfreuen sich nun auch Chatsysteme und Messanger-Dienste in vielen Unternehmen großer Beliebtheit. Sie sind hilfreich für den kurzen Austausch und ein fester Bestandteil eines jeden der zuvor genannten Videokonferenzsysteme. Und auch in modernen digitalen Telefonanlagen sind diese bereits oft integriert. Dass in vielen Unternehmen die IT-Landschaft über Jahrzehnte gewachsen ist und einzelne neue Anbieter und Systeme sowie Prozesse ergänzt worden sind, ohne diese flächendeckend zu implementieren, führt heute dazu, dass die IT-Landschaft überwiegend einer Art Flickenteppich gleicht. Oftmals hat das zur Folge, dass in einem Unternehmen mehr Kommunikationskanäle vorhanden sind als benötigt werden. Vielleicht kennen Sie selbst Beispiele dafür. Überlegen Sie einen Moment, über wie viele Kanäle Sie theoretisch in Ihrem Unternehmen kommunizieren könnten. Aus meiner eigenen Praxis kann ich auf sechs Kanäle zurückgreifen. Was zunächst positiv und nach vielen Möglichkeiten klingen mag, erzeugt eine große Belastung, wie ich Ihnen nachfolgend erklären werde. Es charakterisiert die Stressdimension der Überladung.

Jetzt mag Ihr Arbeitsplatz nicht zwangsläufig so weit digitalisiert sein wie in dem Beispiel aus einem Großunternehmen dargestellt, aber vermutlich wird der Digitalisierungsschub während der letzten Jahre auch Ihren Arbeitsplatz und die Art Ihrer Kommunikation erreicht und verändert haben. Wahrscheinlich können Sie die Darstellung aus dem Beispiel teileweise auf Ihr berufliches Umfeld übertragen. Die letzten zwei bis drei Jahre haben die kommunikative Zusammenarbeit grundlegender und schneller verändert als das je zuvor der Fall war.

Wenn Sie heute mit Ihrem Sohn oder Ihrer Tochter sprechen, der oder die erstmals ein Praktikum in einem Unternehmen absolviert, können Sie berichten, wie Kommunikation früher aussah. Vereinfacht gesagt, telefonisch und per E-Mail, natürlich auch persönlich, aber das alles bezieht sich nicht auf das Jahr 2006, sondern auf das Jahr 2018. In der Rückschau betrachtet fühlt sich die damalige Zeit fast wie eine andere Epoche an, weshalb ich diese gerne auch mit Titel des 1988 erschienen Kinderfilmes »*In einem Land vor unserer Zeit*« bezeichne.

Auch wenn die damalige Zeit fast wie eine andere Epoche wirken mag, so können wir uns grundsätzlich glücklich schätzen, so vielfältige kommunikative Möglichkeiten nutzen zu können. Gleichzeitig bedeutet das jedoch auch, dass Sie die verschiedenen Kommunikationseingangskanäle stets im Blick haben müssen. Schon zwei unterschiedliche Kommunikationskanäle, wie das Chatsystem von Microsoft Teams und Ihr E-Mail-Postfach, können dazu führen, dass Sie häufig nicht mehr genau wissen, wo Sie eine bestimmte Information erhalten haben. Hinzu kommt, dass Sie nicht genau wissen, welche die aktuellere Information war. Wäre die E-Mail-Kommunikation die zentrale Anlaufstelle für Informationseingänge, könnten Sie recht schnell ermitteln, welcher Stand der aktuelle Informationsstand war, indem Sie auf die letzte relevante E-Mail schauen. Doch nun müssen Sie dies mit Kommunikationen im Chat von Microsoft Teams abgleichen, sollte es dort ein Update geben. Leider sind die Kommunikationsmuster in vielen Unternehmen sehr flexibel und es existiert kein klarer Rahmen, über welche Kanäle welche Inhalte geteilt werden.

Das alles führt im Ergebnis zu etwas, das der Mensch evolutionär nicht gut beherrscht: seine Aufmerksamkeit aufzuteilen. Die neuropsychologische Forschung hat seit Mitte des 20. Jahrhunderts für viele Jahrzehnte die Faustformel der Zahl sieben vertreten, wonach ein Mensch rund sieben Informationseinheiten im Kurzzeitgedächtnis behalten könne. Eine Informationseinheit kann für verschiedene Objekte oder Gegenstände, aber natürlich auch für Informationen im klassischen Sinne stehen. Ich selbst habe einen auf dieser Logik konzipierten Einstellungstest 2014 absolviert. In diesem sollte ich mir verschiedene Modemarken und deren Artikel sowie Preise in einer Darstellung einprägen, die mir rund 60 Sekunden gezeigt worden ist. Ich kann mich nicht mehr an das genaue Ergebnis erinnern – nur, dass ich eine verhältnismäßig geringe Trefferquote hatte. Nachdem ich Jahre später von der *Millerschen Zahl*, wie die Faustformel der 7 genannt wird, erfahren habe, fühlte sich mein damaliges Testergebnis zumindest nicht mehr ganz so ernüchternd an.

Doch bereits seit Ende des 20. Jahrhunderts gibt es an der *Millerschen Zahl* Kritik. So stellte der Psychologe Alan Baddeley mit seinem Artikel *The magical number seven: still magic after all these years,* eine entscheidende Weiche dafür, das Ende dieser magischen Faustformel einzuleiten. Bereits Anfang des 21. Jahrhunderts ging die Forschung davon aus, dass Menschen womöglich nur rund vier Informationseinheiten gleichzeitig behalten können. Und obwohl das Zeitalter der digitalen Welt Anfang des 21. Jahrhunderts gerade erst begonnen hat, wirkt es so, als hätte der bereits veränderte technologische Rahmen enormen Einfluss auf unsere Aufmerksamkeit gehabt. Jüngere Studien aus dem Bereich der Medien- und Kommunikationsforschung zeigen, dass sich die Aufmerksamkeitsspanne im Zuge der intensiven Nutzung sozialer Medien weiter drastisch reduziert hat. Vor diesem Hintergrund verwundert es nicht, dass die Überladung durch Technologien und digitale Software-Systeme digitalen Stress begünstigt.

In gewisser Weise führt Ihr Gehirn einen Krieg an zwei Fronten. Auf der einen Seite, da die Aufmerksamkeitsspanne historisch bereits geringer geworden ist und auf der Anderen, dass die Zunahme innovativer digitaler Bestandteile am Arbeitsplatz (aber auch im privaten Leben) stetig steigt.

Diese Situationsveränderungen sind für beide Bewertungen entscheidend. Ihre Bewertung 1, die die vielen Kommunikationskanäle als digitale Stressoren wahrnimmt, wird stetig stärker belastet, wohingegen Ihre Bewertung 2, also Ihre Bewältigungsstrategien, mit einer Art Handicap umgehen müssen, welches noch vor 20 Jahren nicht vorhanden war, weil mit der reduzierten Aufmerksamkeit und der verringerten Leistungsstärke unseres Kurzzeitgedächtnisses auch die Bewältigungsstrategien abnehmen. Bei einem Vortrag habe ich einmal damit erklärt, dass auf der einen Seite die Inflation alles teurer macht und andererseits Ihr Arbeitgeber Sie in Kurzarbeit schickt. Die Logik ist durchaus vergleichbar und wird sich noch weiter ausdehnen.

Wie stark sich dies tatsächlich auf Sie auswirkt, ist natürlich vom aktuellen Digitalisierungsfortschritt in Ihrer Branche bzw. Ihrem Unternehmen abhängig. Es hängt zudem davon ab, wie viele digitale Systeme bereits an Ihrem Arbeitsplatz vorhanden sind, wie z. B. Kommunikationswege, die Sie nutzen sollen bzw. müssen. Bereits heute führt das bei vielen Menschen dazu, dass Sie zu einer Arbeitsmethode greifen, bei der ich mich hin und wieder leider selbst ertappe: Multitasking. Was sehr häufig noch als vorteilhafte Kompetenz Beachtung findet, ist in Wahrheit ein Brandbeschleuniger für digitalen Stress.

Sicherlich kennen Sie Situationen, wie ich sie von Zeit zu Zeit wieder erlebe. Ich bin in einer längeren Videokonferenz mit Kollegen, in der ich nicht in der Moderationsrolle bin, auch ist der Termin für meine Arbeit nicht besonders essenziell. Das führt leider manchmal dazu, dass ich empfänglicher für Ablenkungen bin. Mal nebenbei die aktuellen E-Mails lesen und beantworten, schnell die Powerpoint-Präsentation anpassen oder natürlich der kurze Blick auf das private Smartphone. Das alles sind Momente, in denen meine Aufmerksamkeit von der Videokonferenz abschweift. Die Konsequenz ist, dass jedes einzelne Arbeitsergebnis darunter leidet. Mein Beitrag in der Videokonferenz ist nicht so gut, wie er vielleicht sein könnte. In der E-Mail habe ich etwas Wichtiges überlesen, in meiner Antwort einen Tippfehler gefunden oder, der Klassiker, ich habe vergessen den gewünschten Anhang mitzusenden. Die eigentliche Zeitersparnis wird häufig mit verminderter Arbeitsqualität bezahlt. Das zeigt, wie wichtig ein echter Fokus innerhalb der Ausarbeitung bestimmter Arbeitsinhalte in der digitalen Arbeitswelt ist.

5.3   Wie Unterbrechungen und Suchtverhalten zusammenhängen

Die Versuchung des Multitaskings reicht weit über endlose Videokonferenzen hinaus. Für Mitarbeiter, die eine Wissenstätigkeit ausüben, ist Multitasking allgegenwärtig. Es ist der Versuch, seine Arbeit in einem Arbeitsalltag voller Unterbrechungen zu erfolgreich zu erbringen. Durchschnittlich 70 Unterbrechungen erleben Büroangestellte durch Technologien oder digitale Systeme pro Tag. Das ist eine enorme Belastung für das Gehirn und in der Folge auch für die Bewertung 1. Besonders E-Mails oder generelle Kommunikationsversuche (unabhängig über welchen Kanal) sind bedeutsam für Unterbrechungen.

Wahrscheinlich kennen Sie folgende Situation: Sie erarbeiten ein Dokument für einen wichtigen Termin und plötzlich erhalten aus Ihrem E-Mail-Programm eine kurze Pop-up-Meldung (Einblendung neuer E-Mail auf dem Bildschirm) Ihrer Führungskraft. Sie sind natürlich neugierig (und in gewisser Weise auch süchtig, worauf ich gleich näher eingehen werde), Sie wollen wissen, was der Inhalt dieser Nachricht ist. Sie klicken diese nur kurz an und überfliegen den Inhalt. Et voilà – hier haben wir eine von unzähligen Unterbrechungen im beruflichen Alltag.

Oft muss die eingehende Nachricht gar nicht von der Führungskraft sein. Es reicht bereits eine Information zu einem aktuellen Projekt oder etwas, das für Sie interessanter scheint als Ihre aktuelle Aufgabe. Wahrscheinlich glauben Sie, dass ein kurzer Blick auf diese E-Mail Ihnen nicht schaden kann, aber es ist erstaunlich, wie stark die Arbeitsleistung und die Produktivität unter dieser Ablenkung leidet.

Eine Studie des deutschen Think Tank *Next Work Innovation* kommt zu dem Ergebnis, dass die Produktivität durch Unterbrechungen, die in der Studie im Schnitt alle 4 Minuten erfolgten, um 14 % bis 24 % sinkt. Allein bei einer konservativen Berechnung mit 15 % würde pro Monat zu einem Produktivitätsverlust führen, der rund 3 Arbeitstage pro Monat entspricht, was verdeutlicht, wie enorm das Ausmaß allein solcher kurzen Unterbrechungen ist.

Interessant wird es für Sie, wenn Sie in Zukunft einmal darauf achten, wie lange Sie benötigen – nach dem Überfliegen einer E-Mail oder einer vergleichbaren Unterbrechung –, bis Sie wieder im »*flowhaften*« Arbeitsmodus sind, der gerade unterbrochen wurde.

Flow ist ein in der Psychologie gut untersuchter Zustand, der auch als kognitive Leichtigkeit beschrieben wird. In diesem Zustand sind Sie in der Lage, Bestleistungen zu erbringen und maximal produktiv zu sein. Wahrscheinlich haben Sie einen solchen Zustand bereits erlebt – einen Zustand, in dem Sie alles um sich herum ausblenden konnten. Vielleicht nicht zwangsläufig im beruflichen Kontext, denn zugegeben, viele Menschen kommen in diesem Umfeld selten in einen tiefen Flowzustand, aber bereits eine geringere Flowintensität kann sehr produktiv sein. Ich bin mir sicher, dass Sie einen solchen abgeschwächter Flowzustand bereits öfter erlebt haben, wenn auch nicht täglich oder wöchentlich. Es ist oftmals auch nur eine Phase, die nicht besonders lange andauert, aber in der es Ihnen gelingt, vieles auf Ihrem Schreibtisch »wegzuarbeiten«, wodurch das positive psychologische Gefühl, voranzukommen, aktiviert wird, das Sie noch effektiver und produktiver macht.

Ich persönlich mag es gern sauber, aber ich putze nicht gerne. Wenn ich aber erstmal zu putzen angefangen habe, denke ich mir häufig, »*ach das kannst Du auch gerade noch mitmachen*«. Der Erfolg des Getanen spornt automatisch zur nächsten Aktivität an. Leider kann dieser Zustand schnell unterbrochen werden. Ein Anruf, eine wichtige Mail (oder wie beim Putzen, es klingelt an der Tür) können diese effektive, wenn auch geringe Flowintensität zunichtemachen.

Unterbrechungen des Flowzustands können aber nicht nur Ihre Produktivität verringern, Sie können auch Ihrer psychischen Gesundheit schaden, was teilweise auf Auswirkungen des digitalen Stresses zurückgeführt werden kann.

Ein simpler Tipp: Die Vielzahl an Unterbrechungen können Sie in den Einstellungen Ihres E-Mail-Programms auf täglich acht festlegen. Damit verbessern Sie zugleich Ihre Bewältigungsstrategien (Bewertung 2). Den Anbietern der Programme sind die gesundheitlichen und produktiven Konsequenzen von Unterbrechungen bekannt und so bieten sie z. B. die Einstellungsmöglichkeit an, dass eingehende E-Mails einmal pro Stunde gesammelt in Ihrem Posteingang erscheinen. Zudem ist auch die Pop-up-Funktion, die über neu eingegangene E-Mails informiert, deaktivierbar. Diese Einstellung reduziert bis zu Hunderte an E-Mail-Unterbrechungen auf in der Regel acht pro Tag.

Übrigens können Sie ebenso in den Einstellungen Ihres Videokonferenzsystems z. B. in Microsoft Teams den »Nicht stören«-Status einstellen.

Es sind oftmals Kleinigkeiten, die aber einen großen Einfluss haben können. Testen Sie diese Einstellungsoption einmal für sich. Aber geben Sie sich einige Wochen Zeit zur Eingewöhnung, denn neuropsychologisch wird Ihnen vermutlich zunächst etwas fehlen, das als eingeschränkter Informationsfluss bezeichnet wird. Vereinfacht gesagt haben E-Mails das Potenzial Sie – in gewissem Maße – süchtig zu machen.

Das Feld der E-Mail-Sucht ist gut erforscht und hängt besonders mit der Konditionierung und unserem Belohnungssystem zusammen. Zur Erklärung wird sehr häufig die Theorie der instrumentellen und operanten Konditionierung herangezogen. Diese funktioniert, vereinfacht, wie folgt: wenn Sie ständig Ihre E-Mails aktualisieren bzw. häufig den Blick auf Ihren Posteingang richten, liegt das der Theorie nach daran, dass Sie eine neue Nachricht erwarten, weil dies im beruflichen Kontext ohnehin oft der Fall ist und Sie darauf konditioniert sind. Konditionierung bedeutet, dass Sie eine bestimmte Verhaltensgewohnheit als Standard in Ihrem Gehirn wahrnehmen. E-Mails in Ihrem Arbeitsalltag sind nichts Ungewöhnliches. Viele E-Mails sind das für die meisten von uns wohl auch nicht, weshalb der Zustand zum Normalzustand geworden ist und eine Abkehr davon zunächst für unser Gehirn eine Herausforderung darstellt. Und wenn dann keine neue Nachricht vorhanden ist, schauen Sie in wenigen Minuten wahrscheinlich erneut in Ihr Postfach. Dieser Prozess wiederholt sich, bis er zu einem bestimmten Zeitpunkt mit dem Eingehen einer neuen E-Mail belohnt wird, was auf Dauer ein Verhaltensmuster in Ihnen aufbaut, das suchtähnliche Züge hat.

In dieser Theorie versteckt sich auch die berüchtigte selbsterfüllende Prophezeiung: Wenn Sie neue E-Mails erwarten, werden diese früher oder später bei Ihnen im Postfach erscheinen und die Prophezeiung sich damit bestätigen. Verstärkt wird dieses Muster durch das Ego und das psychologische Grundbedürfnis, gebraucht zu werden. Sie kennen das wohltuende Gefühl, wenn Sie jemanden helfen konnten – es fühlt sich gut an. Gewissermaßen lädt jede E-Mail Sie dazu ein. Auch wenn das im beruflichen Kontext nicht immer so wahrgenommen wird, greift zumindest die Tatsache, dass jemand etwas von Ihnen möchte, und erzeugt ein gewisses Gefühl der Erhabenheit.

Neurochemisch betrachtet stellt sich bei vielen E-Mails ein Dopaminimpuls ein. Dopamin ist Neurotransmitter des zentralen Nervensystems und vereinfacht gesagt ein starkes Glücks- und Befriedigungshormon. In diesem Kontext wird es beispielsweise ausgeschüttet, wenn die E-Mail eine positive Resonanz bzw. eine Bestätigung der eigenen Person darstellt. Im beruflichen Umfeld bedeutet das womöglich, dass Sie eine wichtige und einflussreiche Rolle ausüben, sonst wären Sie nicht der Empfänger oder im Verteiler dieser E-Mail.

Erinnern Sie sich dazu kurz an jene Momente, in denen Sie Wertschätzung empfanden, weil Sie eine bestimmte E-Mail bekommen haben. Dies kann Ihnen ein positives Gefühl der Bestätigung vermitteln, was den Drang, seine E-Mails häufig zu aktualisieren, teilweise erklären kann. Überlegen Sie dazu einmal und erinnern Sie sich an solche Beispiele. Sollten Ihnen keine einfallen, werden Sie diese in Zukunft sicherlich bemerken, nachdem Sie nun dahingehend sensibilisiert worden sind.

5.4 Bewältigungsstrategien, Du haben musst

Im zeitlosen Star-Wars-Klassiker »*Das Imperium schlägt zurück*« begibt sich Luke Skywalker auf die Suche nach dem Jedi-Meister *Yoda*, der ihn im Umgang mit der Macht ausbildet. In gewisser Weise will auch ich Sie im Verlauf dieses Buches ausbilden: Bewältigungsstrategien (Bewertung 2) ich Ihnen lehren werde. Dazu bietet Ihnen der dritte Teil dieses Buches verschiedene Präventionsmethoden und Konzepte, die aber auf den Ausführungen in den nachfolgenden Kapiteln aufbauen.

Interessanterweise bietet der digitale Stressor der Überladung vielfältige und individuell konzipierbare Bewältigungsstrategien (Bewertung 2). Diesen Luxus werden Sie nicht in allen der nachfolgenden Dimensionen und den dazugehörigen digitalen Stressoren vorfinden, weshalb ich an dieser Stelle bereits auf einige eingehe.

In dem Workshop zu digitalem Stress, den ich anbiete, ist fester Bestandteil, dass die Teilnehmer in Kleingruppen ihre individuellen Bewältigungsstrategien (Bewertung 2) erarbeiten. Hier kann der Austausch in der Gruppe ein Feuerwerk an Möglichkeiten und Ideen bereiten, doch entscheidend ist, die für Sie richtigen und wirksamsten Bewältigungsstrategien zu erkennen und in Ihren Alltag einfließen zu lassen. Herauszufinden, welche für Sie die richtigen sind, ist letztlich einfach: Sie müssen es testen. Eine Teilnehmerin sagte mir einmal, dass Sie die Softwareeinstellung der stündlich gesammelt eintreffenden E-Mails mehr stresst, als die unregelmäßige und sofortige Zustellung. Auch wenn ich glaube, dass dieser Stress nur eine Wahrnehmung ihrer bis dahin vorhandene Konditionierung war, die mit der Zeit abnehmen würde, nahm ich ihr Anliegen ernst und empfahl ihr, die Deaktivierung der Pop-up-Meldung zu testen. Wochen später schrieb sie mir, dass Sie gute Erfahrungen damit gemacht habe und sich frage, wieso sie nicht früher darauf gekommen sei.

Häufig spielen Arbeitsroutinen in Sachen Überladung eine entscheidende Rolle: Wie lassen Sie neue E-Mails in Ihrem Postfach erscheinen, über welche Kanäle kommunizieren Sie oder wie und wann sind Sie grundsätzlich erreichbar? Nachfolgend erläutere ich Ihnen einige Beispiele, wie Arbeitsroutinen im digitalen Zeitalter Ihre Bewältigungsstrategien (Bewertung 2) gegenüber den digitalen Stressoren der Überladung (Bewertung 1) verbessern können.

Eine erste Strategie besteht darin, bewusst – innerhalb der gesamten Organisation! – nur noch über ein Videokonferenzsystem zu telefonieren (bspw. Microsoft Teams). So ein Videokonferenzsystem bietet i.d.R. die gleichen Voraussetzungen wie jedes digitale oder analoge Telefonsystem an Ihrem Arbeitsplatz. Wenn Sie Ihre Erreichbarkeit kanalisieren, dann führt das vermutlich auf lange Sicht dazu, dass Sie Ihr berufliches Umfeld darauf konditionieren. Als Ergebnis würden interne Anrufe mit wenigen Ausnahmen nur noch auf diesem einen Kanal eingehen. Diese Konditionierung benötigt aber Zeit, in der Ihr Umfeld verinnerlicht, wie es Sie erreichen kann. Selbstverständlich gilt dann auch für Sie, dass Sie selbst firmenintern nur noch über dieses Videokonferenzsystem und nicht mehr über andere Wege kommunizieren (bspw. über ein analoges oder digitales Telefonsystem). Da gilt es, die Limitierung auch selbst einzuhalten, sonst würden Sie den Eindruck vermitteln, dass wenn eine Person Sie über das Videokonferenzsystem nicht erreicht, diese es mit Erfolg auf einem anderen Kanal versuchen könnte. Mit dem Ergebnis, dass eine Informationseinheit (z. B. eine Nachfrage eines Kollegen) mehr als einen Informationskanal benötigt.

Im Privaten passiert das seltener und ist deshalb weniger kritisch, wenn Sie einen Anruf verpasst und dafür eine WhatsApp-Nachricht erhalten haben. Sie werden die Person vermutlich trotzdem zurückrufen, außer sie schreibt explizit, dass Sie das nicht müssen. Am Arbeitsplatz kann es aber täglich zu einer Vielzahl von solchen Situationen kommen. Zudem ist die Sorge, weniger erreichbar zu sein, unbegründet, denn durch Ihr berufliches Smartphone, das für die meisten Menschen heute einen normalen Bestandteil der Betriebsausstattung darstellt, sind Sie immer über Ihren Wunschkanal erreichbar.

Eine ähnliche Vorgehensweise wäre, keine inhaltlich anspruchsvollen Arbeitsinhalte in einem Chatsystem zu besprechen. Nehmen wir dazu Microsoft Teams und dessen integriertes Chatsystem als Beispiel. Welche Funktionen bietet das System? Ablage, Suchfunktion, Weiterverarbeitung? Das ist wenig komfortabel. Daher: Lassen Sie keine Verlagerung wichtiger Arbeitsinhalte von E-Mail zu Chatsystem zu und nutzen Sie für diese Kommunikation – bestenfalls ausschließlich – das E-Mail-Programm. Die Arbeitsablage, die Suchfunktionen und Verarbeitungsmöglichkeiten sind hier deutlich besser. Nutzen Sie das Chatsystem daher nur für kurze Abstimmungen. Auch hier bedarf es einer Konditionierung Ihres beruflichen Umfelds. Dieses muss verstehen, in welchen Fällen die Arbeitsinhalte wichtig und per E-Mail zu kommunizieren sind und in welchen Fällen das Chatsystem angemessen ist.

Ich selbst habe bei einem Projekt im Mai 2023 genau das von meinen Projektmitgliedern eingefordert, weil ich den Überblick über die wichtigen Arbeitsinhalte verloren hatte. Wichtige Dokumente, die mit verschiedenen Personen abgestimmt werden mussten, sind zum einen per E-Mail versendet und zum andern in Microsoft Teams abgelegt worden. Es war für mich eine große Herausforderung, nachzuvollziehen, welche Dokumente aktuell waren, da die Nutzung zweier Eingangskanäle leichter verschiedene Arbeitsversionen in Umlauf bringen kann. Zugegeben, meine Teammitglieder waren zunächst verwundert und wenig sensibilisiert für diese Belastung, aber nachdem ich meine eigene Betroffenheit geteilt hatte, schlossen sich andere an und berichteten, dass auch sie diese Vorgehensweise nicht optimal fänden. So überlegten wir gemeinsam, wie und über welche Kanäle wir kommunizieren wollen.

Aber auch das strikte Arbeiten mit entsprechenden Verfügbarkeitsmeldungen in Ihrem Videokonferenzsystem kann sehr hilfreich sein. So bietet Microsoft Teams einige wertvolle Statusmeldungen (verfügbar, beschäftigt, nicht stören etc.) an, die Sie von digitaler Überladung befreien können, wenn Sie sie konsequent einsetzen und bspw. im Status des »*nicht stören*« auch keine Anrufe annehmen. Auch hier dürfen Sie zu Beginn keine Wunder erwarten, denn auch diese Technik erfordert eine Umkonditionierung Ihres beruflichen Umfelds. Mit der Zeit sollten Sie merken, dass die strikte Durchsetzung dieser Arbeitsroutine dazu führt, dass bei Ihnen seltener Anrufe während dieser Statusphase eingehen.

Ich persönlich habe einen Kollegen, der, wenn er den Status »Nicht stören« aktiviert hat, grundsätzlich keine Anrufe annimmt. Diese Arbeitsroutine hat sich für meinen Kollegen als wirksam erweisen und seinen digitalen Stress deutlich reduziert. Diese verbesserte Bewältigungsstrategie (Bewertung 2) war für Ihn der Schlüssel, deutlich fokussierter arbeiten zu können, weil das Maß an telefonischen Unterbrechungen für ihn reduziert werden konnte. Er berichtet mir, dass er in solchen Phasen sogar in einen leichten Flow-Zustand gelangt, den er für sehr lange Zeit nicht erleben konnte. Natürlich dauerte es auch bei mir, bis ich seine Erreichbarkeit verinnerlicht hatte, ein paar klare Worte seinerseits taten ihr übriges. Tatsächlich kommunizieren wir seit dieser Zeit deutlich effektiver und vor allem produktiver.

Eine andere Kollegin ist HR-Business-Partnerin und betreut aus dieser personalwirtschaftlichen Rolle verschiedene Führungskräfte im Unternehmen. An einem Nachmittag schrieb eine der Führungskräfte, die meine Kollegin betreut, eine umfangreiche Nachricht im Chatsystem von Microsoft Teams. Wie ich zuvor erläutert habe, ist das bei wichtigen Arbeitsinhalten nicht zu empfehlen. Meine Kollegin war zu dieser Zeit in einer Microsoft-Teams-Videokonferenz (Status »*in einem Telefonat*«). Nachdem die Führungskraft nach einigen Minuten keine Antwort erhalten hatte, schrieb diese meiner Kollegin eine ergänzende Chatnachricht. Als nach weiteren Minuten erneut keine Antwort einging, schickte die Führungskraft ein Fragezeichen, was klar die Forderung »Bitte Rückmeldung geben« implizierte.

Meine Kollegin fühlte sich unterdessen extrem gestresst, weil Sie die Videokonferenz nicht verlassen konnte, da sie dort eine aktive und anspruchsvolle Rolle innehatte. Es war ihr also schlichtweg nicht möglich, eine angemessene Antwort zu senden und nicht einmal ein »*ich kann aktuell nicht antworten, melde mich später*« war in diesem Moment umsetzbar, denn ihr Fokus lag vollständig auf der Videokonferenz. Im Nachgang dieses Termins schrieb sie der Führungskraft und erklärte:

> »*Lieber Uwe, danke für Deine Anfrage. Ich bin jetzt erst dazu gekommen, sie aufmerksam zu lesen, da ich zuvor in einem wichtigen Teams-Termin war und hier nicht parallel Dein Anliegen lösen konnte. Du hast bisher immer eine zeitnahe Rückmeldung meinerseits bekommen, daher bitte ich Dich in Zukunft von ergänzenden Teams-Nachrichten abzusehen, da ich grundsätzlich bemüht bin, immer schnell zu reagieren, wird das auch nicht schneller möglich sein, wenn Du einmal keine unverzügliche Rückmeldung erhältst. Vielen Dank für Dein Verständnis.*«

Als mir die Kollegin diese Nachricht zur Verfügung gestellt hat, war ich von Ihrem Mut beeindruckt, hier eine so deutliche Position zu beziehen. Das Gute war zudem, dass sich Uwe danach sogar für sein Verhalten entschuldigte. Monate später erkundigte ich mich bei meiner Kollegin, wie die kommunikative Beziehung sich entwickelt hatte und sie sagte mir, dass es seit damals keinen vergleichbaren Fall gegeben und dass sie auch anderen Führungskräften, die sie betreue, eine ähnliche Haltung vermittelt habe.

Ihre wertschätzende und gleichzeitig bestimmende Kommunikation half ihr, den kommunikativen Druck, der auch durch die verschiedenen Kanäle erst entstanden war, deutlich zu reduzieren. Zudem bittet sie seitdem stets darum, wichtige Arbeitsinhalte immer per E-Mail anzufragen, womit sie bereits intuitiv meine zuvor genannte Arbeitsroutine anzuwenden versuchte und damit einen ersten Schritt ging, um die von ihr betreute Führungskraft dafür zu konditionieren.

So hilfreich Chatfunktionen allgemein auch sein mögen, sie erzeugen bei vielen Absendern die Erwartungshaltung einer schnellen Rückmeldung. Auch das ist eine Form der persönlichen Konditionierung, die oftmals unbewusst aus der privaten Kommunikation in Whatsapp und Co. übernommen worden ist. Beim Versand von E-Mails ist die Erwartung einer sofortigen Antwort deutlich geringer ausgeprägt.

Schnelle Ergebnisse in solchen Situationen sind nur dann möglich, wenn man schlechte Arbeitsleistung in Kauf nimmt. Doch erscheint das in keiner Weise zielführend.

Eine andere Führungskraft brachte es einmal auf den Punkt, als er sagte »*wir operieren hier alle nicht am offenen Herzen*«. Der Aussage ging eine ähnliche Situation voraus, denn die Führungskraft wurde per E-Mail aufgefordert, in drei Stunden eine nicht ganz triviale Rückmeldung zu einem Sachverhalt zu geben. Nun war diese bis dahin durchgängig in Videokonferenzen eingebunden.

Vielleicht geht es Ihnen an manchen Tagen ähnlich, denn leider erfordert das die digitale Arbeitsweise häufig, von Termin zu Termin zu wechseln, ohne den Moment der Wegzeit zwischen zwei Büroräumen als kurze Pause nutzen zu können. Auch solch kleine Bestandteile stellen einen wertvollen Beitrag zu Ihren Bewältigungsstrategien (Bewertung 2) dar. Das ist als Belastung der digitalen Arbeitswelt zu verstehen, weil damit die Konzentrationsleistung über einen längeren Zeitraum aufrechterhalten werden muss. Es wird zudem daran deutlich, dass zum eigenen Schutz vor digitalem Stress und zur Prävention der eigenen Gesundheit ein Modell der Zusammenarbeit entwickelt werden muss:

- Wie,
- wann und über
- welche Kanäle darf man mit Ihnen kommunizieren,
- wo sind die Grenzen?

Zu diesen Fragen eine klare Vereinbarung zu treffen, verbessert die Bewältigungsstrategien (Bewertung 2) enorm. Das ist natürlich die Idealvorstellung und Sie wissen genauso
gut wie ich, dass im beruflichen Alltag eine gewisse Erreichbarkeit manchmal unerlässlich
ist. Versuchen Sie es dennoch, so gut und weitreichend wie möglich neue digitale Arbeitsroutinen zu integrieren. Tauschen Sie sich mit Kollegen dazu aus und finden Sie heraus,
was Ihre Bewältigungsstrategien begünstigt. Ihre Bewertung 2 wird es Ihnen perspektivisch danken und um die Ausführungen dieses Abschnitts erneut mit einem Star-Wars-
Bezug zu beenden »*Möge die Macht (der Bewältigungsstrategien) mit Dir sein*«.

6 Wie die Entgrenzung und Überwachung von Beruf- und Privatleben digitalen Stress erzeugen

6.1 Rollenunklarheit: zwischen Arbeitnehmer, Partner und Vater

Nachdem ich Ihnen gezeigt habe, wie die digitalen Veränderungen am Arbeitsplatz und die Zunahme diverser digitaler Innovationen und Systeme einen ersten Treiber darstellen, aus dem digitaler Stress entsteht und auch, welche Auswirkung das auf die Kommunikation haben kann, gehe ich jetzt auf die Entgrenzung zwischen Beruf- und Privatleben sowie das Gefühl der Überwachung ein. Im englischen Original wird das, was ich Ihnen nachfolgend beschreibe, als Invasion von Technologien in das private Umfeld bezeichnet. Ich finde den Begriff nicht optimal, da viele der Technologien auch ohne den beruflichen Kontext von uns genutzt werden. Allerdings – und da lässt sich eine inhaltliche Brücke zum englischen Terminus schlagen – wenn Sie den Fokus auf die ortsunabhängigen Arbeitsmöglichkeiten, also die Arbeit aus dem Homeoffice legen, die Sie vermutlich seit der Covid-19-Pandemie regelmäßig nutzen, wird deutlich, wie invasiv die Arbeitsinhalte in Ihren privaten Lebensbereich vorgedrungen sind. Bei allen Vorteilen, die das ortsunabhängige Arbeiten bietet, hat es leider zur Konsequenz, dass sich die Grenzen zwischen dem beruflichen und dem privaten Leben zunehmend auflösen.

Das stellt für viele Menschen einen digitalen Stressor (Bewertung 1) und eine Belastung dar, weil es zu einer Rollenunklarheit und Rollenüberlastung führt, die ich Ihnen mit persönlichen Beispielen näherbringen will. In dem »Land vor unserer Zeit«, wie ich das Zeitalter vor dem Beginn der Covid-19-Pandemie gerne nenne, war die Trennung der Lebensbereiche klarer, weil die Homeoffice-Quote nicht ansatzweise so hoch war und ortsunabhängige Arbeitsmöglichkeiten eingeschränkter waren. Zu diesem Zeitpunkt waren Sie – vereinfacht gesagt – zwischen 9:00 bis 17:00 Uhr Arbeitnehmer oder Arbeitnehmerin und davor bzw. besonders danach Partner, Ehegatte und/oder Elternteil oder Alleinerziehend. Im digitalen Zeitalter gibt es diese klassische Aufteilung nicht mehr.

Meine Partnerin und ich arbeiten beide viel im Homeoffice, teilweise auch zur gleichen Zeit. Wir versuchen, soweit möglich, zur gleichen Zeit Mittagspause zu machen. Formell sind wir zu dieser Zeit Privatpersonen, da wir uns außerhalb der Arbeitszeit befinden, doch können wir die Arbeitnehmerrolle nicht einfach auf Knopfdruck abstreifen, wie das virtuelle »Ausstechen« zur Mittagspause innerhalb des genutzten Zeiterfassungssystems. Zwangsläufig sprechen wir auch in der Mittagspause oft über berufliche Themen, und selbst wenn wir uns vornehmen, es nicht zu tun, gelingt es regelmäßig nicht. Das mag über einen kürzeren Zeitraum verschmerzbar sein, aber eine dauerhafte Rollenunklarheit kann zu einem echten Problem werden.

Das Lesen einer beruflichen E-Mail auf dem Smartphone nach offiziellem Arbeitsende ist für viele Menschen normal geworden: »Ein kurzer Blick kann ja nicht schaden.« Doch wenn das auf Dauer zur Gewohnheit wird, kann es zu einem größeren Problem heranwachsen.

Für manche ist diese Situation aber nicht auf den Abend begrenzt, sondern dehnt sich auf das Wochenende oder sogar auf den Urlaub aus. Dies führt dazu, dass die klare Trennung von Arbeit und Freizeit, die für viele Menschen noch vor wenigen Jahren möglich war, heute kaum leistbar ist. Damit schleicht sich der digitale Stress oftmals langsam und teils unbemerkt ein. Gefährlich ist es besonders dann, wenn der digitale Stress nicht erkannt wird, denn dann können daraus ernsthafte Burn-out-Erkrankungen resultieren.

Gerade deshalb braucht es genau diese Trennung der Rollen, denn in der Rolle der Privatperson, also in der des Partners, der Ehefrau und/oder der Mutter bzw. des Vaters liefert uns Energie für unsere berufliche Rolle. Man könnte auch sagen, dass die private Rolle Ihre Bewältigungsstrategien im beruflichen Umfeld verbessert.

Unser Privatleben hat einen starken Einfluss auf unser digitales Wohlbefinden. Das verdeutlichen auch die jüngsten Forschungsergebnisse von Dr. Julia Lanzl, einer Wissenschaftlerin am *Fraunhofer Institut*, die an vielen der von mir genannten Studien mitgewirkt hat. Sie belegt, wie wichtig familiäre und freundschaftliche Beziehungen sind, um die individuellen Bewältigungsstrategien (Bewertung 2) zu verbessern und digitalen Stress zu reduzieren.

Sie kennen sicherlich Situationen in Ihrem Leben, in denen Sie den Eindruck haben, sich gedanklich nicht komplett auf das Hier und Jetzt konzentrieren und fokussieren zu können oder Dinge so wertzuschätzen, wie sie es eigentlich gerne würden. Dieser Aspekt ist leicht auf das digitale Zeitalter und Ihre Bewältigungsstrategien (Bewertung 2) übertragbar. Wenn Sie nun, um das zuvor genannte Beispiel aufzugreifen, abends noch E-Mails vom Sofa aus beantworten, während Ihre Partnerin neben Ihnen sitzt oder Sie vor dem Bett Ihres Sohns warten, bis er eingeschlafen ist, vernachlässigen Sie Ihr privates Umfeld und sind teilweise in der Rolle des Arbeitnehmers und nicht in der der Privatperson. Aus dieser Rollenunklarheit folgt, dass Sie die Energiequellen nicht anzapfen können, die so wichtig sind, damit Ihre persönlichen Bewältigungsstrategien (Bewertung 2) gestärkt sind.

Darüber hinaus birgt die Überlastung Ihrer beruflichen Rolle natürlich auch ein Risiko für die familiäre Harmonie, denn Ihr privates Umfeld fordert die Rolle Ihrer Privatperson regelmäßig und zu Recht ein. Während dieses Kapitel entstand, habe ich ein solches Beispiel selbst erlebt.

Einmal unter der Woche haben meine Partnerin und ich einen Abend, den wir als »Date-Night« bezeichnen, an der wir uns vornehmen, nach 18:00 Uhr nicht mehr zu arbeiten und uns voll in die Rolle der Privatperson zu begeben. An einem dieser Abende wollten wir gemeinsam Essen und ins Kino gehen. Ich hatte zuvor einen Termin mit unserer Personalvorständin, mit der ich an diesem Tag eine Videobotschaft aufnehmen sollte. Der Termin musste jedoch verschoben werden, und da ich die Videobotschaft für ein wichtiges und dringliches Projekt benötigte, bot ich an, auch zu einem späten Zeitpunkt das Video mit Ihr aufnehmen zu können. Ich hatte zwar die Hoffnung, dass dies nicht noch am selben Tag stattfindet, aber wie Sie sicherlich schon ahnen, schaute ich an diesem Abend ständig auf mein berufliches Smartphone und aktualisierte meine E-Mails. Meine Partnerin machte dem Geschehen letztlich gegen etwa 19:45 Uhr ein Ende. Sie sagte entnervt, dass wir das Video wohl ohnehin nicht noch am Abend drehen würden. Sie ging auf meine Rollenunklarheit ein und forderte, dass ich vollkommen in die Rolle der Privatperson schlüpfe. Ihre Intervention half mir, meine Bewältigungsstrategien (2. Bewältigung) zu adressieren, denn manchmal braucht es einen Impuls von außen, der unser Rollenverständnis schärft.

Solche Herausforderungen werden Ihnen im Verlauf dieses Kapitels noch häufiger begegnen. Wie ich Ihnen in der Einleitung versprochen hatte, bin ich nicht nur Ihr Reiseführer durch dieses Buch und dessen Thema, ich bin auch Ihr Reisebegleiter, denn auch ich stehe regelmäßig vor den Herausforderungen, die das digitale Zeitalter für uns bereithält.

6.2   Was es mit meiner Cooling-off-Periode auf sich hat

Ich gehöre wie viele Millionen Menschen in Deutschland zu der Gruppe, die in Hochphasen der Covid-19-Pandemiewochen oder -monate durchgehend aus dem Homeoffice gearbeitet haben. Damals hatte ich eine kleine Wohnung in Frankfurt. Mein Schreibtisch und Computer standen in meinem Schlafzimmer. Das führte dazu, dass ich unter der Woche rund 16–20 Stunden täglich in diesem einen Raum verbrachte. Manchmal bin ich, ohne zu frühstücken, gleich vom Bett an meinen Schreibtisch gegangen, um E-Mails und Kalender zu checken, bevor ich mich später offiziell an die Arbeit setzte. Natürlich hätte ich bereits zu dieser Zeit besser wissen müssen, dass ich mich dem digitalen Stressor der Entgrenzung damit widerstandslos ergeben habe, aber diese Zeit stellte für mich eine große Herausforderung dar. Durch die monatelangen Lockdowns spielte sich mein Leben fast ausschließlich in dieser Wohnung ab.

Für viele Menschen ist die Tätigkeit im Homeoffice im gewissen Maße vergleichbar, denn nur wenige besitzen ein eigenes Arbeitszimmer, das Sie morgens zum Arbeiten betreten und zum Feierabend verlassen können. Für diejenigen, die diesen »Luxus« haben, ist ein gewisses Maß an Trennung zwischen Beruf- und Privatleben vorhanden: einige Quadratmeter, die die Bewältigungsstrategien (Bewertung 2) nachhaltig verbessern.

Damals hatte ich keinerlei Trennung. Mein Büro war rund 12 Kilometer entfernt. Die Tage, an denen ich dort arbeiten konnte, empfand ich damals wie heute als sehr angenehm. Gleichzeitig schätze ich die enormen Vorteile des Homeoffice und möchte sie nicht mehr missen. Dennoch gelingt mir an allen Tagen, an denen ich im Büro arbeite, die Trennung beider Lebensbereiche besser. Nie habe ich mich über Fahrzeit zwischen Lebensmittelpunkt und Büro so sehr gefreut wie in Zeiten der Covid-19-Pandemie. Die Fahrzeit war eine Art Schleuse, die die Trennung von Beruflichem und Privatem ermöglichte. Nach Ende meiner Arbeitszeit stach ich beim Verlassen des Büros an der Stechuhr aus. Im Homeoffice erfolgte dieser Prozessschritt per Mausklick und Sekunden später war ich formell gesehen Privatperson, wie mein zuvor genanntes Beispiel der Mittagspause bereits verdeutlicht hat.

Wenn deutsche Vorstände zu anderen Unternehmen oder in den eigenen Aufsichtsrat wechseln wollen, ist eine sogenannte *Cooling-off-Periode* vonnöten. Der Begriff beschreibt eine Zeitspanne, die aus juristischen Gründen eingehalten werden muss, damit die Unabhängigkeit der Person in der neuen Rolle sichergestellt und eine klare Trennung zwischen alter Vorstands- und neuer Aufsichtsratsfunktion gewährleistet werden kann. Da ich den Begriff sehr passend finde, überführe ich ihn in den Kontext der neuen Arbeitswelt. Ich bin überzeugt, dass es eines solchen Mechanismus auch für die Tätigkeit im Homeoffice bedarf. Natürlich spreche ich nicht von Monaten oder Jahren, aber es braucht eine kurze Phase, die die Trennung von beruflichem und privatem Lebensbereich vereinfacht.

Meine Cooling-off-Periode im Büro ist durch die Fahrzeit nach Hause gegeben. Heute beträgt die Distanz zwischen Wohnung und Büro sogar rund 25 Kilometer und ich genieße diese Zeit regelmäßig, sofern ich nicht im Stau stehe, mit Musik oder einem Hörbuch. Im Homeoffice fällt mir diese Cooling-off-Periode dagegen nicht so einfach. Oftmals nutze ich dazu einen kurzen Spaziergang von 15 Minuten und höre auch hier Musik oder ein Hörbuch und versuche damit, einen vergleichbaren positiven Effekt auf meine Bewältigungsstrategien (Bewertung 2) zu erzielen.

Zur Wahrheit gehört jedoch auch, dass ich in meinem beruflichen Alltag häufig am frühen Abend für zusätzliche Projekte am Schreibtisch sitze. Sei es, weil ich dieses Buch schreibe oder Vorlesungen für meine Studenten vorbereite oder die Vorlesungen per Videokonferenz halte. Mir fällt die Trennung daher besonders schwer und es ist auch für mich nicht immer leicht, meine Bewältigungsstrategien bestmöglich auszuschöpfen, sodass meine Betroffenheit von digitalem Stress möglichst gering bleibt.

Aus meiner Erfahrung und vielen Gesprächen weiß ich, dass an Tagen, an denen man im Büro gearbeitet hat, nach einer Cooling-off-Periode deutlich seltener noch E-Mails nach Feierabend gelesen werden oder gar nochmals aus dem Homeoffice gearbeitet wird. Das stellt an Arbeitstagen, die vollständig aus den eigenen vier Wänden heraus begonnen und formell beendet wurden, eine größere Herausforderung dar und bekräftigt den positiven Effekt einer Cooling-off-Periode. Leider gibt es hierzu bisher keine empirischen Ergebnisse, die diese Praxiserfahrung noch weiter stützen könnten, aber ich bin zuversichtlich, dass dies nur noch eine Frage der Zeit sein sollte.

Ich kann Sie nur dazu ermutigen, eine Cooling-off-Periode in Ihren beruflichen Alltag zu integrieren, insbesondere für Tage, an denen Sie im Homeoffice arbeiten. Ich bin zuversichtlich, dass Sie den positiven Effekt auf Ihre Bewältigungsstrategien nach einigen Tagen oder Wochen erkennen werden.

6.3 Romantisch: Mit dem Arbeitgeber ins Bett steigen

Wie viele Smartphones besitzen Sie? Eins für den privaten Gebrauch? Sicherlich. Ein weiteres für den beruflichen Kontext? Vielleicht. Oder gehören Sie zu der Gruppe von Menschen, die Ihre beruflichen E-Mails vom privaten Smartphone lesen, weil sie dort mittels einer App abrufbar sind? Wenn das der Fall ist, dann erfordert es eine enorme Selbstkontrolle und Gelassenheit, nicht noch nach Arbeitsende in die beruflichen E-Mails zu schauen. Doch sicherlich empfinden Sie es als Vorteil, kein zweites Smartphone mit sich rumtragen zu müssen.

Alexander Cisik, einer meiner Professoren im Studium, war im Sommer 2012 Gast in der ARD-Talkshow »Hart aber fair« mit dem Titel, »Mit dem Handy ins Bett«. Die Sendung ist nach mehr als 11 Jahren zeitgemäßer denn je. Wenn Sie berufliche E-Mails auf Ihr privates Smartphone erhalten, dann werden rund 90 % der Talkshow für Sie relevant sein. Da sehr viele Arbeitnehmer das (private) Smartphone vor dem Schlafengehen im Bett noch einmal nutzen, so können sie sich auch berufliche E-Mail einsehen. Hier lauert ein großer digitaler Stressor (Bewertung 1). Wie ich bereits erläutert habe, besteht bei einigen Menschen ein großes Verlangen, zu prüfen, ob neue E-Mails eingegangen sind. Wenn Sie das vor dem Einschlafen tun, leidet nicht nur die Schlafqualität. Sie steigen in übertragenen Sinn auch mit Ihrem Arbeitgeber ins Bett und wachen am nächsten Morgen gemeinsam mit ihm auf. Eine fast schon romantische Vorstellung von Mitarbeiterbindung.

Der Moderator Frank Plasberg eröffnete die Sendung mit der Frage: »Was ist der Unterschied zwischen einer elektronischen Fußfessel und einem modernen Handy?« Seine Antwort: »An das Handy ketten wir uns freiwillig«. In dieser sicherlich überspitzten Antwort steckt viel Wahres. Sie berücksichtigt allerdings nicht die personalführenden und neuropsychologischen Elemente, die einen Einfluss darauf haben, ob wir uns an die elektronische Kette legen lassen. Noch vor der Gästevorstellung wurden zwei Grafiken eingespielt, die zeigten, dass 9 von 10 Menschen auch nach Ende der offiziellen Arbeitszeit regelmäßig berufliche E-Mails lesen und fast jeder Dritte jederzeit erreichbar ist.

Beide Zahlen aus dem Jahr 2012 sind exzellente Beispiele hinsichtlich der Bewertung 1 und der Entgrenzung von Berufs- und Privatleben. Was Frank Plasberg in seinen ersten Sätzen beschrieb, ist so passend für dieses Kapitel, dass ich es nur direkt zitieren kann:

»Bundesarbeitsministerin von der Leyen findet es alarmierend, wenn die Grenzen zwischen Arbeit und Freizeit nicht mehr erkennbar sind. Wenn die Mail beim Abendessen beantwortet wird oder wenn man auf dem Bolzplatz den Ball für den Sohn besonders weit wegschießt, damit man noch schnell eine SMS tippen kann. Wer schützt das Privat- und Familienleben vor dem Chef, aber auch vor dem eigenen Drang dauernd verfügbar zu sein (...).«

In diesem Eröffnungsstatement griff Frank Plasberg dann doch noch genau die Aspekte auf, die ich eingangs vermisst hatte!

Da ist das Element der Personalführung: Erwartet meine Führungskraft, dass ich auch nach Feierabend erreichbar bin? Die Antwort ist simpel und arbeitnehmerfreundlich: Eine gute Führungskraft sollte das nicht erwarten, mehr noch, sie sollte dem Mitarbeiter das gute Gefühl vermitteln, dass er sein Smartphone bewusst ausstellen soll, damit er die Trennung der beiden Lebensbereiche sicherstellen kann. Solange eine Führungskraft dies nicht klar kommuniziert, werden viele Mitarbeiter lieber einmal mehr als zu wenig E-Mails nach Feierabend lesen.

Eine Studie aus Österreich hat das jüngst erneut bestätigt. Demnach gehört die ständige Erreichbarkeit für jeden dritten Arbeitnehmer zum Alltag dazu. Zudem zeigt eine Erhebung des Digitalverbands Bitkom auf, dass rund zwei Drittel der Befragten auch in ihrem Sommerurlaub erreichbar bleiben. Ich möchte damit nicht zum Ausdruck bringen, dass für ein aktuell anspruchsvolles und stressiges Projekt eine temporär ausgedehnt Erreichbarkeit nicht notwendig sein kann, denn manchmal bedarf es der berüchtigten Extrameile, aber das sollte gewiss die Ausnahme bleiben.

Der Erfolg einer Führungskraft hängt maßgeblich von der Arbeits- und Leistungsfähigkeit ihrer Mitarbeiter ab. In Zeiten, in denen digitaler Stress allumfassend ist und an verschiedensten Stellen entsteht, wird genau die Aufrechterhaltung der Leistungsfähigkeit zu einer bedeutsamen Herausforderung. Eine gute und fürsorgliche Führungskraft sollte daher bestrebt sein, die Trennung zwischen Beruf- und Privatleben proaktiv zu unterstützen, weil genau das die Bewältigungsstrategien (Bewertung 2) enorm begünstigt. So wird die Arbeits- und Leistungsfähigkeit auf lange Sicht erhalten und gestärkt.

Eine ähnliche Beschreibung dieses Sachverhaltes im Zusammenhang mit Effektivität findet sich in Stephen R. Coveys Bestseller *Die 7 Wege zur Effektivität* mit der Formel zur Produktionskapazität. Die Formel beschreibt, was es braucht, um arbeits- und leistungsfähig zu sein: Pausen und Ruhezeiten, in denen die individuellen Energiereserven wieder aufgeladen werden können.

Das klingt zunächst trivial, ist aber besonders im beruflichen Alltag für viele ein nicht ausgesprochener Widerspruch, weil er gegen Aspekte der Gewissenhaftigkeit und der Verlässlichkeit in der menschlichen Persönlichkeit verstößt. Genau deshalb kommt es auf die

Rolle der Führungskraft an. Mitarbeiter stellen im übertragenen Sinn die Produktionskapazität dar und müssen vor Überbelastung geschützt werden, damit sie auch langfristig
leistungsfähig bleiben.

Bestes Beispiel sind die Mitarbeiter, die aufgrund der hohen Arbeitsbelastung physisch
erkranken und dann für einen längeren Zeitraum oder komplett ausfallen. In Kontext von
digitalem Stress sollte, so meine ich, eine verantwortungsvolle Führungskraft Teil der individuellen Bewältigungsstrategien (Bewertung 2) eines Mitarbeiters sein. Damit investiert
die Führungskraft gewissermaßen in die Produktionskapazität, indem sie die dauerhafte
Leistungsfähigkeit des Mitarbeiters fördert. Fast wie bei Maschinen braucht es Pausen,
Wartung und Fürsorge. Sie könnten das als Führungskraft auch als Schutzmechanismus
verstehen, für den ich später noch weitere Beispiele liefere.

Was hier einfach und nachvollziehbar klingt, ist in der unternehmerischen Welt häufig ein
Luxus, der vielen Arbeitnehmern nicht zu Teil wird. Der *TK-Gesundheitsreport 2022* kommt
zu dem Ergebnis, dass fast jeder zweite Arbeitnehmer im Homeoffice arbeitet, obwohl
er sich krank fühlt. Gewiss sind die Gründe hierfür vielfältig, aber ich gehe stark davon
aus, dass viele Arbeitnehmer sich diese Auszeit nicht nehmen, weil sie wohlmöglich Un-
verständnis seitens ihrer Führungskraft erwarten. Wenn dem so wäre, dann ist das nicht
nur ernüchternd, sondern zeigt enormen Handlungs- und Sensibilisierungsbedarf in der
Führungskräfteentwicklung deutscher Unternehmen.

Die Relevanz dafür ist auch deshalb so groß, weil die Anzeichen einer psychischen Erkrankung nicht immer einfach zu erkennen sind. Die WHO hat ermittelt, dass während
der Covid-19-Pandemie ein weltweiter Anstieg psychischer Krankheiten von rund 25 %
zu verzeichnen ist. Es wäre zwar nicht korrekt, dies vollständig auf digitalen Stress zurückzuführen, aber ich vermute, dass ein gewisser Anteil darauf zurückgeht oder zumindest dadurch begünstigt worden ist. Entsprechend gilt es, den ursprünglichen Gedanken
nochmals hervorzuheben: Eine fürsorgliche Führungskraft unterstützt die Entwicklung
der Bewältigungsstrategien (Bewertung 2) seiner Mitarbeiter.

Kehren wir noch einmal zurück zur Sendung *Hart aber fair*. Ein weiteres Element, die ich
eingangs vermisst hatte, wird von Frank Plasberg als der persönliche Drang der Erreichbarkeit beschrieben. Diesem Drang liegt ein neuropsychologischer Prozess zugrunde, den
ich Ihnen nachfolgend erklären will. Dieser Prozess berücksichtigt die Abhängigkeit vom
Eintreffen neuer E-Mails, wie ich es im vorherigen Kapitel vorgestellt habe. Dort stand im
Fokus, dass E-Mails Suchtpotenzial haben, und dass das Verlangen nach neuen E-Mails zur
Belastung werden kann.

Auch wenn die wenigsten von uns das zugeben würden, doch das stetige Aktualisieren des
E-Mail-Postfachs ist ein Alarmsignal! In der Forschung zu digitalem Stress wird dieses Verhalten als Reaktion auf den Druck beschrieben, der entsteht, wenn der Informationsfluss
zum Arbeitsplatz unterbrochen wird.

Vielleicht kennen Sie das Gefühl, wenn Sie ein anspruchsvolles Projekt haben oder der Tag besonders stressig ist und Sie eigentlich noch auf eine Rückmeldung eines Kollegen oder Kunden warten. Es kommt ein Zeitpunkt, an dem Sie Feierabend machen wollen oder müssen, weil Sie vielleicht noch private Verpflichtungen haben. Doch die Frage, ob die Rückmeldung noch eingegangen ist, brennt Ihnen immer noch unter den Nägeln. Sie wollen noch einmal in Ihre E-Mails schauen, weil Sie sich dadurch erhoffen, den restlichen Abend entspannter verbringen zu können. Erinnern Sie sich dazu an mein Beispiel in Zusammenhang mit Rollenunklarheit in einer der wöchentlichen Date-Nights mit meiner Partnerin (Kapitel 6.1).

Sollten Sie vergleichbare Erfahrungen bisher nicht gemacht haben und sich deshalb nicht angesprochen fühlen, dann beneide ich Sie um Ihre Gelassenheit und würde gerne wissen, woher Sie diese nehmen. Wahrscheinlich ist es eine Mischung aus Gewohnheit und Selbstverständnis. Eine Gewohnheit, weil große Teile Ihres Erwerbslebens wahrscheinlich in einer Zeit begonnen haben, in der die Möglichkeit E-Mails nach Feierabend zu lesen, schlichtweg nicht oder nur teilweise bestand. Oder sind Sie um 21:00 Uhr noch einmal in Ihr Kilometerweit entferntes Büro gefahren, weil Sie sich kurz vergewissern wollten, ob eine sehnlich erwartete Rückmeldung eingegangen ist? Ihre Antwort wird mit großer Sicherheit *nein* sein. Vermutlich war Ihre Verhaltensbildung über Jahre auf ein berufliches Leben ohne Smartphone konditioniert, innerhalb dessen es normal war, dass nach offiziellem Arbeitsende der nächste Arbeitseinsatz frühstens am kommenden Tag beginnen würde. Das war Ihr klares Selbstverständnis. Meiner Meinung nach prägt dieses Grundverständnis viele Menschen und damit auch ihre Bewältigungsstrategien (Bewertung 2) nachhaltig, sodass diese trotz der technischen Möglichkeit nicht zwangsläufig regelmäßig nach Feierabend in ihre E-Mails schauen.

Versetzen Sie sich nun in meine Generation, die berüchtigte *Generation Y* und die *Generation Z*. Ein Großteil der beiden Generationen kennt das Erwerbsleben nur mit Smartphone und der damit verbundenen ständigen Erreichbarkeit. Unsere Verhaltensbildung ist dadurch so stark geprägt, dass wir es seit unserem Berufseinstieg für selbstverständlich halten, immer erreichbar zu sein.

Dieses Verhaltensmuster ist für mich ein klares Alarmsignal, denn es zeigt, dass uns ein Schutzmechanismus fehlt, weswegen unsere Bewältigungsstrategien (Bewertung 2) diesbezüglich eher schlecht sind. Menschen dieser Generationen erleben es – wie auch ich – als digital stressend, wenn wir vom Informationsfluss entkoppelt sind, auch wenn dies nur für 11 Stunden der Fall ist. Sollten Sie sich darin nicht wiederfinden, dann überführen Sie das Beispiel gerne auf den privaten Kontext und schalten Ihr Smartphone zwischen 19:00 Uhr und 06:00 Uhr aus. Ich denke, dass sich das, besonders in den ersten Tagen, komisch für Sie anfühlen wird. Wahrscheinlich werden Sie merken, dass da ein Drang ist, neue Meldungen, egal ob privat über WhatsApp, beruflich über LinkedIn oder Nachrichten per Tagesschau-App zu erhalten und zu lesen. In der Psychologie wird dieser Drang mit dem FOMO-Konzept beschrieben, was für »*fear of missing out*« steht und die Angst, etwas zu verpassen, meint.

Dass junge Menschen diesen Schutzmechanismus nicht in vergleichbarer Art und Weise zu haben scheinen, zeigen auch die Erkenntnisse meiner eigenen Promotionsstudien, in denen ich den Einfluss von digitalem Stress in unterschiedlichen Altersgruppen untersucht habe. Meine empirischen Ergebnisse stützen die zuvor erläuterten Überlegungen. Leider gibt es hierzu bisher kaum vergleichbare Ergebnisse. Dennoch bin ich überzeugt und erlebe es in meinem Umfeld regelmäßig, dass junge Menschen von digitalem Stress aus der Entgrenzung von Beruf- und Privatleben stärker betroffen sind als deutlich ältere Menschen.

6.4   Erreichbarkeit gegenüber Handlungsfähigkeit

Wenn Sie meine vorherigen Erläuterungen nachvollzogen haben, dann sind Sie jetzt wahrscheinlich aufgrund der Ausführungen zur Sendung *Hart aber fair* und durch die Darstellung bezüglich Handy und Smartphone stark »geframt«. Framing ist ein starker, verhaltensökonomischer Effekt, und besagt, dass Sie einen Sachverhalt durch einen gewissen Rahmen betrachten, sich dessen aber nicht bewusst sind. So werden Sie vermutlich durch die Ausführungen von mir und Frank Plasberg den digitalen Stressor Erreichbarkeit vor allem in Zusammenhang mit Smartphone verstehen. Das stimmt auch. Zuletzt habe ich bewusst selten den Bezug zum Homeoffice hergestellt, damit Sie verstehen, dass digitaler Stress nicht zwangsläufig im Homeoffice entsteht, auch wenn die dortige Arbeit wie ein Brandbeschleuniger wirken kann.

Unsere digitalen Endgeräte und die Tätigkeit im Homeoffice ermöglichen es nicht nur, dass wir E-Mails von überall lesen und bearbeiten können, sie vereinfachen es auch, Dokumente, Präsentationen und Exceltabellen zu bearbeiten oder unternehmensinterne Systeme bedienen sowie berufliche Termine auch spät am Abend per Videokonferenz durchführen zu können. Hier hat deutschlandweit ein Paradigmenwechsel stattgefunden. Während in Zeiten der *Hart aber fair* Sendung vor allem die Erreichbarkeit im Fokus stand, schließt sich nun in unserer neuen Arbeitswelt auch eine proaktive Handlungsfähigkeit an.

Ich möchte betonen, dass die heutigen technischen Möglichkeiten viele Vorteile mit sich bringen, aber sie katapultieren zugleich die Entgrenzung von Beruf- und Privatleben auf ein neues Level.

Offensichtlich war die Belastung durch ständige Erreichbarkeit bereits ein so wichtiges Thema, dass die ARD dazu bereits 2012 eine eigene Sendung ausstrahlte. Und dass, obwohl es damals nur wenigen Mitarbeitern möglich war, eine Präsentation noch abends um 21:00 Uhr zu bearbeiten. (Und das wohl eher auch nur dann, wenn sie eine entsprechende E-Mail erhalten hatten, die das forderte, Erreichbarkeit zu dieser späten Zeit vorausgesetzt). In der Regel musste so eine Tätigkeit bis zum nächsten Tag warten und wurde dann im Büro erledigt.

Die meisten Menschen hatten einen Schutzmechanismus, sodass selbst sehr fordernde Führungskräfte nicht erwarten konnten, dass ihre Mitarbeiter zu später Stunde noch einmal sich auf den Weg in das Büro machten, um eine Präsentation für den nächsten Tag anzupassen. Zudem bestand eine solche Erwartungshaltung glücklicherweise nicht oder nur in seltenen Fällen. Das bewahrte Mitarbeiter vor der unangenehmen Situation, eigenständig eine Entscheidung treffen zu müssen, ob sie eine Spätschicht einlegen oder nicht.

Seit der Covid-19-Pandemie und dem damit verbunden Siegeszug des Homeoffice ist dieser Schutzmechanismus weitgehend erodiert, denn jetzt bestehen viele Möglichkeit abends noch zu arbeiten. Das schwächt die Bewältigungsstrategien (Bewertung 2): Früher konnte man sich darauf berufen, dass man die E-Mail mit dem Arbeitsauftrag zwar lesen konnte, aber nicht die Möglichkeit hatte, auf dem Smartphone (oder früher auf dem Handy) größere Arbeitsaufträge zu bearbeiten.

Der Schutzmechanismus stärkte die Bewältigungsstrategien (Bewertung 2), denn man konnte sich ohne schlechtes Gewissen sagen, dass es nicht möglich war, von zu Hause aus Anpassungen vorzunehmen.

Wenn Sie heute um 21 Uhr eine E-Mail lesen, in der Sie auf Fehler in einer Präsentation aufmerksam gemacht werden, dann haben Sie in der Regel die Möglichkeit, sich tatsächlich an Ihren Laptop oder Computer zu setzen und die Fehler zu korrigieren. An dieser Situationsbeschreibung wird meiner Meinung nach sehr gut deutlich, wie die Entgrenzung der beiden Lebensbereiche zu digitalem Stress führt. Der alte Schutzrahmen, der vor permanenter Verfügbarkeit schützte, ist kaum mehr vorhanden. Oder doch?

Was Ihnen vielleicht aufgefallen ist: Bisher habe ich nicht von gesetzlichen Regulierungen gesprochen, wie bspw. dem Arbeitszeitgesetz. In diesem Gesetz ist die Arbeitszeit klar definiert und es regelt, wie viel Nichtarbeitszeit bzw. freie Zeit zwischen zwei Arbeitstagen liegen muss. Gesetzlich sieht das Arbeitszeitgesetz gemäß § 5 (1) eine ununterbrochene Ruhezeit von 11 Stunden vor. Wenn ich diesen Punkt in meinen Vorträgen erläutere, halte ich einen Moment inne, bis ich das leichte Lachen einiger Zuhörer vernehme. Ich empfinde deren Reaktion immer als Bestätigung meiner eigenen Auffassung. Das Arbeitszeitgesetz ist in der digitalen Arbeitswelt ein zahnloser Tiger, weil es den zuvor beschriebenen Schutzmechanismus einer klaren Trennung zwischen Beruf- und Privatleben voraussetzt, der jedoch, wie ich zuvor dargelegt habe, nicht mehr vorhanden ist.

So dringend der digitale Arbeitsmarkt eine Reform des Arbeitszeitgesetzes benötigt, so besteht mit der aktuellen Fassung immerhin noch formell ein letzter Schutzaspekt für die Mitarbeiter. Wenn mir die Frage gestellt wird, wie Führungskräfte ihre Mitarbeiter vor digitalem Stress schützen können, dann erläutere ich, dass sie ihren Mitarbeitern die Anweisung erteilen sollen, nach Feierabend oder zumindest ab einer gewissen Uhrzeit ihr berufliches Smartphone auszuschalten. Und ich berichte, dass genau das den wirkungsvollsten Schutz vor der Entgrenzung darstellt.

Wieder wird deutlich, wie hilfreich ein berufliches Smartphone sein kann. Wenn Sie Ihre arbeitsbezogenen E-Mails auf das private Gerät senden lassen, werden Sie dieses mit großer Sicherheit nicht um 18:30 Uhr ausstellen. Doch bei einigen Führungskräften ist der Wunsch, die eigenen Mitarbeiter vor digitalem Stress zu schützen, nicht ausreichend ausgebildet. In solchen Fällen zitiere ich die gesetzliche Fürsorgepflicht des Arbeitgebers nach § 5 Arbeitsschutzgesetz Abschnitt 4 und 6. Demnach sind Arbeitgeber verpflichtet, Mitarbeiter auch vor psychischen Belastungen zu schützen. Ich frage dann, wie dies mit der Realität von E-Mails zu späten Uhrzeiten oder nach dem offiziellen Ende der Arbeitszeit in Einklang gebracht werden kann.

Zugegeben, Freunde mache ich mir mit diesem Statement nicht, aber letztendlich hören Führungskräfte das wohl lieber von mir als von einem ihrer Betriebsräte. Zum Teil gelingt es mir mit diesem Hinweis auf das Arbeitsschutzgesetz, die Führungskräfte für das Thema zu sensibilisieren. Häufig verdeutlicht die Dringlichkeit den Handlungsbedarf und hilft Mitarbeitern perspektivisch, den Druck, auch nach Arbeitsende erreichbar zu sein, abzubauen. So werden deren Bewältigungsstrategien (Bewertung 2) gestärkt. Sie erhalten damit eine Chance, sich dem permanenten Informationsfluss und der wahrgenommenen Entgrenzung (Bewertung 1) zu entziehen, ohne ein schlechtes Gewissen zu haben. Schon das kann dazu beitragen, dass digitaler Stress reduziert wird, denn der erläutere Einfluss der Führungskraft kann den Druck, immer erreichbar zu sein, deutlich reduzieren — und damit auch den daraus resultierenden digitalen Stress.

6.5   Das (Berufs-)Leben der Anderen

Im Kapitel zur Entstehung des Forschungsfeldes »Digitaler Stress« habe ich Ihnen die Studie von Monideepa Tarafdar und ihrem Forschungsteam aus dem Jahr 2007 vorgestellt, in der unter anderem die Digitale-Stress-Dimension der Entgrenzung (im Englischen »Invasion«) identifiziert worden ist. Was vor mehr als 15 Jahren erstmals in der Forschung berücksichtigt wurde, ist wahrscheinlich heute interessanter als im Erscheinungsjahr der Studie. Und auch ein weiterer Aspekt, der bereits damals Berücksichtigung fand, nimmt heute eine noch viel größere Bedeutung ein – digitale Leistungsüberwachung.

Eine weitere Studie des *Fraunhofer Instituts* unter der wissenschaftlichen Leitung von Henner Gimpel, den Sie bereits in anderen Studien kennengelernt haben, kommt zu dem Ergebnis, dass digitale Leistungsüberwachung mit Hilfe von Softwaresystemen der größte gemessene digitale Stressor ist.

Leider existieren keine weiteren Studien, die ergänzende wissenschaftliche Befunde zur Leistungsüberwachung und daraus resultierendem digitalen Stress liefern. Das liegt besonders daran, dass digitale Leistungsüberwachung sehr häufig in der Dimension der Entgrenzung Berücksichtigung findet und nur selten isoliert betrachtet wird. Da dieser digitale Stressor allerdings immer bedeutender zu werden scheint, gehe ich davon aus, dass hierzu auch weitere Studien erscheinen werden, die digitale Leistungsüberwachung stärker in den Fokus rücken.

Auch wenn Daten zur Leistungsüberwachung aufgrund der Studienlage eher schwer zu erhalten sind, erfahre ich regelmäßig aus Berichten, dass die Wahrnehmung der digitalen Überwachung ein zentrales Thema in der Entstehung von digitalem Stress ist. Oftmals kommen mir in solchen Momenten Filmszenen aus dem mit einem Oscar prämierten deutschen Film »Das Leben der Anderen« in den Kopf. Doch im digitalen Zeitalter ist die (Leistungs-)Überwachung deutlich innovativer als im Film. Die verwendeten Überwachungssysteme sind wahnsinnig intelligent. Sie reichen von Screenshots, die ein Computer alle fünf Minuten automatisiert erstellt und so erfasst, auf welchen Seiten sich ein Mitarbeiter befindet, über eine Überwachung durch die Webcam bis hin zur totalen digitalen Datenpunktkontrolle. Mittels dieser Kontrolle kann ganz genau nachvollzogen werden, welche Seiten oder Programme der Mitarbeiter zu welcher Zeit des Tages besucht hat sowie ob er längere Zeit inaktiv war.

Die Software Remote Desk warb 2021 mit dem Versprechen, das beste Programm für »Gehorsam während der Heimarbeit« zu sein. Eine Verkaufsstrategie, die für mich würdelos und unethisch klingt. Das Programm erfasst sogar, ob ein Mitarbeiter isst oder trinkt, und meldet die Information an die Führungskraft, sollte dies während der Arbeitszeit untersagt sein. Andere Wege mittels Datenpunktkontrolle haben vielleicht einen ehrbaren Anspruch, sind aber nicht harmloser in den Möglichkeiten der digitalen Leistungsüberwachung.

Hierzu ein Beispiel aus der Welt von Microsoft Teams: Vielleicht gehört Ihr Unternehmen schon zu jenen, die unter Teams nicht nur das Videokonferenz- oder Chatsystem verstehen, sondern eine intelligente und cloudbasierte Softwarelösung. In dieser sind alle klassischen Programme wie Outlook, PowerPoint oder Excel integriert, was das Arbeiten an einer gemeinsamen Datei vereinfacht. Die zahlreichen Vorteile liegen auf der Hand. Microsoft versuchte die Leistungsfähigkeit des anwendenden Unternehmens mithilfe des »Productivity Score« zu steigern. Dieser erfasst die Nutzung der im Unternehmen verwendeten Microsoft-Produkte (z. B. Outlook, Power Point, Excel etc.) und zeigt Verbesserungsansätze auf unterschiedlichen Organisationsebenen auf. Doch wie heißt es so schön: Was für den Einen ein Werkzeug ist, ist für den Anderen eine Waffe. Die totale Überwachung wurde befürchtet, weil damit das Arbeitsverhalten eines jeden Mitarbeiters erfasst werden kann. Auch wenn Microsoft versicherte, dass das nicht der Fall sei, war es zweifelsohne möglich. Datenschützer und Arbeitnehmervertretungen waren empört über die Auswertungsmöglichkeiten, die, wenn auch mit Einschränkungen, einen großen Eingriff in die Privatsphäre darstellten. Mittlerweile hat Microsoft reagiert und aufgrund der heftigen Reaktionen das System durch den »Adoption Score« ersetzt, der zwar immer noch Möglichkeiten der digitalen Leistungsüberwachung bieten könnte, aber doch deutlich eingeschränkter arbeitet.

Bei allen Bekundungen seitens Microsofts und deutscher Unternehmen, die von den technologischen Möglichkeiten vielleicht keinen Gebrauch machen wollen, besteht bei vielen Anwendern ein Unbehagen fort. Das bekomme ich auch in Gesprächen immer wieder berichtet. Erst jüngst begleitete ich mit einem Team eine renommierte Stiftung bei einem Projekt zur hybriden Zusammenarbeit zwischen Mitarbeitern und Führungskräften. In Gesprächen im Rahmen unserer systemischen Diagnose sind wir sehr häufig mit den Befürchtungen der Leistungsüberwachung und diesem digitalen Stressor (Bewertung 1) konfrontiert. Selbst wenn keine Analyse mittels Datenpunktkontrolle erfolgt, sind es oft banale Aspekte, die Arbeitnehmer beunruhigen, wie z. B. die Anzeige eines gelben Abwesenheitsstatus in Microsoft Teams. Hinzu kommt, dass bei Betrachtung dieser Statusanzeige einsehbar ist, wie lange die Person sich schon im Abwesenheitsstatus befindet. Dies kann für die Einschätzung der Erreichbarkeit nützlich sein. Meinen Erfahrungen nach wird die Funktion jedoch häufig als Kontrollinstrument verstanden, auch wenn der Kollege oder die direkte Führungskraft die Funktion überhaupt nicht entsprechend nutzt. Die Gründe, aus denen ein Mensch die Maus nicht bewegen könnte, sind vielfältig: Vielleicht telefoniert er gerade, weil er einen beruflichen Anruf mit dem Smartphone angenommen hat, oder sitzt an einer konzeptionellen Visualisierung auf Papier (siehe auch Kapitel 12.7). Auch hier bleibt die Maus unberührt. Natürlich könnte ein Mitarbeiter auch schlichtweg auf der Toilette sein, eine Mittagspause machen oder sich generell in einer regulären Arbeitspause mit vollständiger und arbeitsrechtlich konformer Arbeitszeiterfassung befinden. In allen Beispielen schaltet sich der Status in Microsoft Teams nach 5 Minuten auf *Abwesend* um. All das sind positive Beispiele, die verdeutlichen, welche Gründe eine solche Statusanzeige haben kann. Für eine gute Führungskraft sind diese mehr als plausibel, was ich den betroffenen Personen erläutere. Damit stärke ich Ihre Bewältigungsstrategien (Bewertung 2). Gewissermaßen könnte man Parallelen zu einer Gesprächstherapie ziehen, in der ich Impulse gebe, mithilfe derer bestehende Denkmuster aufgebrochen werden, wie z. B. die Überwachung der Mitarbeiter durch ihre Führungskraft.

Wenn Ihr digitales Stresslevel aus dem Gefühl der Leistungsüberwachung resultiert (Bewertung 1), sind Ihre Bewältigungsstrategien gegenwärtig offensichtlich zu gering, um die Befürchtung, überwacht zu werden, abmildern zu können. An den zuvor aufgeführten kleinen Beispielen, von denen ich noch unzählige nennen könnte, wird deutlich, dass es viele plausible Gründe gibt, dass der Status bei Microsoft Teams *Abwesend* lautet, und dass der Status noch lange nicht Untätigkeit bedeuten muss.

Wenn Sie das für sich verinnerlichen, unterstützen Sie Ihre Bewältigungsstrategie.

Bei diesem Verinnerlichen handelt es sich um eine positive psychologische Manipulation. Sie beruht auf dem gut erforschten Konzept der kognitiven Neubewertung. Auf dieses Thema gehe ich im letzten Teil dieses Buches (in Kapitel 12.8), genauer ein und erkläre, wie die kognitive Neubewertung helfen kann, das digitale Stresslevel zu reduzieren.

Zudem wird eine Führungskraft, die Ihnen wirklich *glaubhaft* versichert, dass Ihr Abwesenheitsstatus *nicht* geprüft oder gedeutet wird, Ihre Bewältigungsstrategien (Bewertung 2) weiter verbessern. Mit der Zeit kann diese Versicherung durch die Führungskraft dazu führen, dass die Bedrohung durch digitale Leistungsüberwachung für Sie schwächer wird (Bewertung 1), weil Ihr Vertrauen in die Führungskraft und das Unternehmen gestärkt ist. Das lässt sich mit der Rückkopplung von Bewertung 2 auf Bewertung 1 erklären. Erinnern Sie sich an das Jogging-Beispiel und seine Übertragung auf die Bewältigungsstrategien. Ohne Training können Sie eine 10 Kilometer lange Laufrunde vermutlich nicht absolvieren. Schon die ersten 500 Meter (Ihre Bewertung 1) werden Sie so enorm beanspruchen, dass Sie kaum weiterlaufen wollen oder gar können. Durch das Training jedoch verbessern sich Ihre Bewältigungsstrategien. 10 Kilometer sind für Sie jetzt kein größeres Problem und die ersten 500 Meter stellen für Sie überhaupt keine Herausforderung dar. An diesem Beispiel aus dem Sport wird sehr gut deutlich, dass eine Verbesserung der Bewältigungsstrategien (Bewertung 2) langfristig auch die Intensität des Stressors (Bewertung 1) deutlich abmildert.

Doch auch wenn Sie ein von Vertrauen geprägtes Verhältnis zu Ihrer direkten Führungskraft haben und diese Ihnen wirklich glaubhaft vermittelt, keinerlei Absichten zu haben, Ihre Leistung und den gelben Abwesenheitsstatus individuell zu überwachen, bleibt manchmal dennoch das schon beschriebene Unbehagen zurück. Auch das Unbehagen stellt ein gewisses Maß an digitalem Stress dar, das ich Ihnen kurz im Sinne der zwei Bewertungen erklären möchte.

Wenn Sie vor dem Lesen dieses Kapitels wenig über die Möglichkeiten der digitalen Leistungsüberwachung an Ihrem Arbeitsplatz (und besonders im Homeoffice) wussten, werden meine Ausführungen wohl ein gewisses Unbehagen in Ihnen erzeugt haben. Ich habe einen sogenannten Priming-Effekt in Ihnen, wenn auch ungewollt, ausgelöst. Es handelt sich dabei um ein Reiz-Reaktions-Schema, mit dem Sie eine bestimmte Assoziation zu digitaler Leistungsüberwachung verbunden haben. Meine bewusst bildhaften Beispiele werden Sie vermutlich mit entsprechenden Bildern assoziiert haben. Eine Führungskraft, die Ihren Abwesenheitsstatus kontrolliert, eine Webcam, die Sie während der Arbeit beobachtet, die gerne mal als »böse« wahrgenommene Personalabteilung, die Datenpunkte kontrolliert und Reporting über die Anzahl der bearbeiteten oder versendeten E-Mails erstellen könnte, sind einige Beispiele für Bilder, die Ihnen hierzu in den Kopf kommen könnten. Ihr Gehirn ist nun mit der Verarbeitung dieser Eindrücke beschäftigt. Da das Gehirn versucht, aus Erfahrungen und Informationen zu lernen, wird es die neuen Erkenntnisse in zukünftige Bewertungen einfließen lassen. Das ist nicht ausschließlich auf den digitalen Kontext bezogen.

Dazu ein praktisches Beispiel, das mir in meinem privaten Umfeld häufiger begegnet ist: Wenn eine Person in einer früheren Beziehung einmal betrogen oder emotional stark verletzt wurde, prägt das ihre Erfahrung häufig so stark, dass sie zu Beginn einer neuen Beziehung ein gewisses Vertrauensproblem oder eine erhöhte Unsicherheit spürt.

Man könnte das Unbehagen bzw. die Unsicherheit auch als ein Störgefühl bezeichnen, dass die Person ohne den erlebten Vertrauensverlust aus der vorherigen Beziehung wohl nicht hätte.

Ohne mich nun zu sehr in Spezifika der Verhaltens- und Entscheidungspsychologie zu vertiefen, werden Sie vermutlich verstehen, dass Sie künftig in Ihrer digitalen Stressbewertung von den Informationen über die Leistungsüberwachung beeinflusst sein werden. Meine Informationen führen womöglich dazu, dass Ihre Bewertung 1 stärker ausfällt und Ihr Arbeitsplatz für Sie nun mehr digitale Stressoren (die unterschiedlichen Möglichkeiten der digitalen Leistungsüberwachung) beherbergt. Damit Sie jetzt dennoch keinen digitalen Stress empfinden, benötigen Sie ausgeprägtere Bewältigungsstrategien (Bewertung 2), als vor dem Lesen dieses Kapitels.

Was uns an dieser Stelle eint, ist, dass ich erneut Ihr Reisebegleiter bin und wir in gewissem Maße Leidensgenossen sind: Die Software *Remote Desk,* deren Vorgehensweise ich als würdelos beschrieb, habe ich erst im Zuge meiner Recherchen für diese Buch kennengelernt. Somit war auch ich einem Priming-Effekt ausgesetzt, was mich an Momente denken ließ, in denen ich in meiner Arbeitszeit einen Joghurt aß, während ich E-Mails bearbeitete. Ich dachte an meine Laptopkamera, die, ohne dass ich es bemerkt hätte, Bilder oder gar Videosequenzen von mir hätte aufnehmen und im Extremfall meiner Führungskraft per Livestream zur Verfügung hätte stellen können. Die Krönung würde darin bestehen, dass meine Führungskraft sogar noch per Nachricht über mein vermeintliches Fehlverhalten informiert werden würde. Doch glücklicherweise verflogen diese Gedanken relativ schnell, weil meine Bewältigungsstrategien (Bewertung 2) gestärkt waren. Ich weiß, dass meine Führungskraft überhaupt kein Problem damit hat, wenn ich einen Joghurt während meiner Arbeitszeit esse. Zudem bin ich überzeugt, dass auch mein Arbeitgeber als gesamtes Unternehmen diese Meinung teilt.

Und selbst für den Fall, dass beides nicht so wäre, möchte ich Ihre Bewältigungsstrategien noch damit erweitern, dass Ihre Arbeitnehmervertretung, also der Sie vertretende Betriebsrat, sicherlich keine solche Software akzeptieren würde. Und während ich das Arbeitszeitgesetz als zahnlosen Tiger bezeichnet habe, ist dagegen das Betriebsverfassungsgesetz mindestens ein Säbelzahntiger. Die Einführung neuer IT-Systeme erfordert nach § 87 I Nr. 6 BetrVG immer ein Mitbestimmungsrecht des Betriebsrats. Der Gesetzgeber hat hier eine starke juristische Basis geschaffen, von der Betriebsräte nur zu gern – und auch zum Glück – Gebrauch machen. Sie sehen: Statt eines Revolvers mit nur einer Patrone hat die politische Gesetzgebung die Arbeitnehmervertretung hier, um es mit einer Begrifflichkeit von Olaf Scholz zu beschreiben, mit einer »*Bazooka*« ausgestattet.

Ergänzend möchte ich Ihnen eines mitgeben: Nirgendwo außerhalb der Europäischen Union (und dem Europäischen Wirtschaftsraum) sind die Datenschutzbestimmungen (Stichwort DSGVO) gleichermaßen hoch. Wenngleich dies den digitalen Fortschritt bremst, kann man mit der Sicherheit leben, dass der Schutz personenbezogener Daten sehr ernst genommen wird. Ein Beispiel dafür, dass nicht nur Gesetzte erlassen, sondern auch entsprechende juristische Urteile gefällt werden, ist, dass der Gerichtshof der Europäischen Union (EuGH) das EU-US-Datenschutzschild-Framework zur Übertragung personenbezogener Daten aus der EU in die USA im Juli 2020 für ungültig erklärt hat. Auch an dieser Stelle möchte ich nicht zu sehr in andere Fachgebiete abschweifen, doch ich hoffe, dass eines klar geworden ist: Hinsichtlich der digitalen Leistungsüberwachung stehen dem digitalen Stressor (Bewertung 1) sehr wirksame Bewältigungsstrategien (Bewertung 2) gegenüber. Datenschutzbestimmungen auf EU-Ebene, das Betriebsverfassungsgesetz und die Mitbestimmung des Betriebsrats, z. B. bei der Einführung von Technologien, sowie eine hoffentlich vertrauensvolle Beziehung zur Führungskraft. All dies reduziert hoffentlich das Unbehagen, das der digitale Stress in Ihnen ausgelöst hat.

6.6 Ich kenne dich! Digitale Spuren verschwinden nie

Ergänzend zur digitalen Leistungsüberwachung findet sich in neueren Untersuchungen ein weiterer digitaler Belastungsfaktor, der für mich durchaus das Potenzial eines digitalen Stressors hat. Dazu führt die Studie »*Gesund digital arbeiten*« die »*gläsernen Person*« ein. Charakteristisch für diesen Belastungsfaktor sind Bedenken, dass die Nutzung von Technologien und Medien die Privatsphäre verletzt, weil Menschen ständig digitale Spuren hinterlassen.

Da dieser digitale Stressor sehr eng mit der Leistungsüberwachung in Verbindung steht, wird dieser häufig auch der Dimension der Entgrenzung von Beruf- und Privatleben zugeordnet. Im Zuge der Auswertung von digitalen Spuren können mithilfe der Basistechnologie Big-Data-Analytics sehr genaue Persönlichkeitsprofile zustande kommen. Das erzeugt ein Gefühl der digitalen Überwachung.

Es beginnt z. B. mit kleinen Marketinganalysen, eine Situation, die Sie sicher kennen: Sie suchen nach neuen Adidas-Sneakern und durchforsten die Amazon-Seiten nach einem bestimmten Modell, klicken auf den Artikel und schauen sich diesen genauer an, aber kaufen ihn letztendlich doch nicht. Einige Tage später erhalten Sie eine E-Mail von Amazon mit dem Betreff: *Amazon.de empfiehlt »Adidas Sneaker Stan Smith«.*

Das stellt vielleicht noch kein beruhigendes Problem dar. Anders verhält es sich, wenn Sie eine Empfehlung erhalten, ohne bewusst im Vorfeld nach dem Artikel gesucht zu haben. Womöglich können Sie sich an ein Gespräch mit einer Kollegin oder Ihrem Partner erinnern, in dem der Artikel Thema war. Wahrscheinlich haben auch Sie bereits eine solche

Erfahrungen gemacht. Das Gefühl kann schnell entstehen, denn für die Anwendung verschiedener Apps (z. B. Whatsapp oder Instagram) ist die Freigabe des Mikrofons häufig sehr wichtig. Auch wenn Apple, Samsung und co. dementieren, Sie über Ihr Smartphone abzuhören, so bleibt hier ein Unbehagen – zumindest bei mir.

Ein sehr prominentes Beispiel gesammelter Daten und der Entwicklung von Persönlichkeitsprofilen ist der Datenschutzskandal um Facebook und *Cambridge Analytica*. Die Geschichte wurde erstmals einer breiten Öffentlichkeit bekannt, als der Artikel »*Ich habe nur gezeigt, dass es die Bombe gibt*«, 2016 in der Zeitschrift »*Das Magazin*« erschienen ist. Im Mittelpunkt steht Michal Kosinski, ein promovierter Psychologe und sein entwickeltes psychometrisches Messverfahren während seiner Zeit an der *Universität Cambridge*. Mithilfe dieses Messverfahrens war es möglich, höchst genaue Persönlichkeitsprofile auf Basis von Facebook-Likes zu erstellen. Die Ergebnisse waren so bemerkenswert, dass die britische Firma *Cambridge Analytica* Michal Kosinski viel Geld für die Forschungen seines Instituts anbot, wenn *Cambridge Analytica* sein Messverfahren und den Datensatz nutzen dürften. Um zu verstehen, warum er das Angebot annahm, müssen Sie wissen, dass Eintreibung von Drittmitteln für Forschung ein Hauptanliegen von wissenschaftlichen Instituten darstellt. Einige Zeit später wurde bekannt, dass *Cambridge Analytica* mithilfe dieser Daten den Wahlkampf von Donald Trump und die Brexit-Kampagne im Jahr 2016 unterstützt hat. Der Einfluss kann nicht hoch genug eingeschätzt werden. Donald Trump wurde gegen Ende seines Wahlkampfs belächelt, weil er Staaten aufsuchte, von denen politische Beobachter meinten, dass die damalige demokratische Kandidatin Hillary Clinton sie quasi bereits gewonnen habe. Wie sich am Ende herausstellte, waren es die Prognosen von *Cambridge Analytica*, die Donald Trump dazu bewogen. Das Ergebnis dieser Wahl ist bekannt. Die Politikserie *House of Cards,* in der der fiktive Charakter Francis J. Underwood als US-Präsident im Zentrum steht, übernimmt diesen Umgang mit personenbezogenen Daten und zeigt mit filmischen Mitteln, wie damit die Wiederwahl von Underwood gesichert wird. An diesem Beispiel können Sie recht gut nachvollziehen, warum es heißt, Daten seien im digitalen Zeitalter ein moderner Rohstoff.

So verwundert es nicht, dass Menschen mittlerweile besorgt und gestresst sind, da sie wissen, dass durch Ihr Nutzverhalten sehr viele Informationen über Sie gesammelt werden (Bewertung 1). Die gute Nachricht ist, dass Sie Ihre Bewältigungsstrategien (Bewertung 2) stärken können, indem Sie sich Ihres Umgangs mit sensiblen Daten bewusst werden und nicht leichtfertig damit umgehen. Wenn Sie hier besonnen und eher restriktiv eingestellt sind, sollte dies Ihr Gefühl für Ihre Bewältigungsstrategien stärken. Strenge europäische Datenschutzverordnungen, über die ich bereits gesprochen habe, befanden sich zum Zeitpunkt des Beispiels noch in einer Übergangsfrist, können heute jedoch eine weitere Stütze ihrer Bewältigungsstrategien (Bewertung 2) sein.

7 Wie die Komplexität und Ungewissheit digitaler Veränderungen uns belastet

7.1 Beziehungsstatus: Complexity

Die digitalen Stressdimensionen der *Überladung* und der *Entgrenzung von Beruf- und Privatleben* sind durch den digitalen Transformationsfortschritt der letzten Jahre besonders bedeutsam geworden. Etwas anders verhält es sich mit der Dimension *Komplexität*. Die daraus resultierende Belastung nimmt im Zuge des digitalen Fortschritts zwar auch zu, aber dieser digitale Stressor stellte bereits vor dem Beginn der digitalen Transformation eine große Herausforderung für viele Menschen dar.

Doch bevor ich das Thema vertiefe, möchte ich Sie für die meiner Meinung nach problematische Übersetzung dieser digitalen Stress-Dimension sensibilisieren. Im englischen Original wird von *Complexity* gesprochen – naheliegend, diesen Begriff mit *Komplexität* zu übersetzen. Es mag vielleicht nur nach einem semantischen Unterschied klingen, doch damit die Begriffsbedeutung vollständig erfasst ist, müsste die Übersetzung zusätzlich um den Begriff der *Kompliziertheit* erweitert werden.

Während Komplexität gemäß Duden für einen zusammengesetzten, nicht für sich allein auftretenden und ineinandergreifenden Sachverhalt steht, erläutert der Duden Kompliziertheit als etwas schwierig zu Durchdringendes und Handhabbares.

Beide Ebenen Komplexität und Kompliziertheit sind in den Kontext von Technologien und digitalen Veränderungen relevant und bieten für das Entstehen von digitalem Stress in diesen Kontexten eine Erklärung. Die schneller werdenden technologischen und digitalen Entwicklungszyklen führen dazu, dass immer mehr Innovationen in immer kürzeren Zeitabständen zur Marktreife kommen, wie Ihnen nicht zuletzt der Gartner-Hype-Zyklus verdeutlicht hat. Das führt zwangsläufig dazu, dass Ihnen als Anwender eine viel kürzere Zeitspanne zum Erlenen bleibt. Das betrifft nicht nur digitale Innovationen, die erstmalig implementiert werden, sondern auch Softwareupdates, bei denen sich die Benutzeroberfläche verändert oder neue Bestandteile einer bestehenden Software ergänzt werden.

In der digitalen Arbeitswelt bedingt beides, dass Sie vor komplexen und komplizierten Herausforderungen stehen, die es zu meistern gilt.

Da die inhaltlichen Charakteristiken der beiden Begriffe hinsichtlich des digitalen Zeitalters eine Schnittmenge haben, hat sich die deutschsprachige Forschung auf den Begriff Komplexität verständigt, den ich deshalb im weiteren Verlauf nutze. Für das Verständnis des digitalen Stressors ist es jedoch wichtig, dass Sie beide Übersetzungsvariationen kennen.

Noch vor 10 Jahren umfasste Ihr Arbeitsplatz deutlich weniger digitale Systeme und Technologien, die zudem seltener Software-Updates benötigten. Sie müssen heute also nicht nur mehr digitale Systeme und Technologien und deren Komplexität durchdringen, sondern haben dafür auch deutlich weniger Zeit als noch vor einigen Jahren. Erfahrungsgemäß tun sich Menschen mit Veränderung grundsätzlich etwas schwer. Das Gewohnte und die Sicherheit der Komfortzone verleihen Stabilität im privaten, aber auch im beruflichen Alltag. Zudem ist das menschliche Gehirn darauf ausgelegt, möglichst energiesparsam zu arbeiten. Doch im Zeitalter immer stärker digitalisierter Arbeitsplätze kann diese Sicherheit und Stabilität der Komfortzone nicht mehr mit gleichen, deutlich geringeren Energieaufwand wie damals realisiert werden. Das bedeutet, dass Sie sich immer wieder mit der Komplexität neuer digitaler Systeme und Technologien auseinandersetzen müssen. Das ist für Ihre Bewertung 1 eine enorme Herausforderung. In früheren Zeiten waren die Anforderungen an diese Bewertung zwar nicht weniger anspruchsvoll, traten dafür aber deutlich seltener auf. Im digitalen Zeitalter führt das dazu, dass Ihre Bewertung 1 kaum zur Ruhe kommt.

Das mag eine Erklärung für das Ergebnis der Studie »Gesund digital arbeiten« sein, nach der die Dimension Komplexität den stärksten Einfluss auf das allgemeine gesundheitliche Wohlbefinden hat.

Der Umgang mit der digitalen Komplexität (hier würde Kompliziertheit deutlich besser passen) wird auch dadurch erschwert, dass es der Kenntnis der digitalen Termini, Namen und der Fachbegriffe bedarf, der für viele Anwender eine Herausforderung ist. Ohne das entsprechende Vokabular sind die digitalen Veränderungen an Ihrem Arbeitsplatz jedoch kaum zu durchdringen. Das erschwert auch Hilfsangebote bei neu implementierter Technologie oder digitalen Systemen. Mangelnde oder falsche Ausdrücke führen zu Missverständnissen und erhöhen die Kompliziertheit im Umgang mit Technologien und digitalen Systemen. Darüber hinaus löst Unkenntnis oder eine stark eingeschränkte Kenntnis der Fachbegriffe auch ein Gefühl der Hilflosigkeit aus. Zugleich lassen sich vom Kenntnisstand der Fachbegriffe sehr gut Rückschlüsse auf die Bewältigungsstrategien (Bewertung 2) ziehen. Wenn Sie so gut wie keinen fachlichen Wortschatz besitzen, um die Komplexität einer Technologie oder eines digitalen Systems zu beschreiben, dann sind Sie, meiner Einschätzung nach, auch sehr stark vom digitalen Stress betroffen. Wenn der entsprechende Wortschatz nicht vorhanden ist, bedeutet es, dass keine oder nur eine sehr geringe Vertrautheit mit dem digitalen System vorhanden ist, was mit einem Unwohlsein gleichgesetzt werden kann.

Wenn Ihr Gehirn nun im Zuge der Bewertung 1 das digitale System oder eine neue Technologie einschätzt, dann wird es in darin vermutlich starke digitale Stressauslöser erkennen. Gleichzeitig wird Ihre Bewertung 2 (Bewältigungsstrategien) vermutlich sehr schwach ausgeprägt sein, wenn Sie den fachlichen Wortschatz wenig beherrschen, denn das ist die Basis der Bewältigungsstrategien.

Erinnern Sie sich dazu an meine Ausführungen zu digitalen Kompetenzen aus Kapitel 1. Charakteristisch dafür sind drei unterschiedlich, aufeinander aufbauende Ebenen.

- Die höchste Ebene betrifft das strategische Denken, wie digitale Systeme und Technologien optimal in der Transformation eingesetzt werden können.
- Diese Ebene baut auf einer zweiten Ebene auf, in dieser geht es um das Anwenden von digitalen Systemen und Technologien.
- Die zweite Ebene bedingt wiederum das Verständnis (erste Ebene) und um dieses erlangen zu können, brauchen Sie Kenntnisse des Fachvokabulars.

Digitale Kompetenzen bei der Durchdringung von Komplexität können vom Verständnis der drei Ebenen auch in einen handwerklichen Kontext überführt werden. Auch hier bedarf es zunächst einer Kenntnis der Fachsprache, damit das Verständnis eines Baustellensachverhalts überhaupt möglich ist. Um einen Baustellensachverhalt, unabhängig von der Größe, verstehen bzw. seine Komplexität durchdringen zu können, müssen zwangsläufig Fachbegriffe bekannt sein. Wenn Ihnen ein Handwerksmeister einen Sachverhalt erklärt, wird er vermutlich unbewusst Fachbegriffe verwenden, da diese Teil der Fachsprache sind. Wenn Ihnen die Begrifflichkeiten und die Fachbegriffe jedoch nicht geläufig sind, wird es Ihnen schwerfallen, den Sachverhalt auf der Baustelle zu verstehen.

Vor einer ähnlichen Herausforderung steht ein Handwerksmeister, wenn Sie ihm den Sachverhalt mit Ihren Worten und ohne das notwendige Vokabular zu erklären versuchen. Auch hier ist die Übermittlung der notwendigen Informationen nur eingeschränkt möglich und führt häufig zu Missverständnissen und Unklarheiten.

Die Beispiele zeigen, wie wichtig eine gemeinsame sprachliche Basis ist. Im handwerklichen wie auch im digitalen Kontext braucht es diese Grundlage, damit Probleme und Herausforderungen eindeutig benannt werden können und Hilfe geleistet werden kann, sodass die Komplexität bestmöglich zu durchdringen ist.

7.2 Künstliche Intelligenz bringt die Komplexität auf ein neues Level

Neben der generellen Komplexität der Technologien und digitalen Systeme gibt es Entwicklungen, die von solcher Komplexität sind, dass sie das Verständnis fast aller Menschen überschreiten. Das gilt zum Beispiel für das Feld der Künstlichen Intelligenz, dessen Entwicklung in den letzten Jahren an Geschwindigkeit gewonnen hat. Der wohl bekannteste, vorläufige Höhepunkt liegt in der Veröffentlichung des Chatbots ChatGPT. Doch aufgrund der Entwicklungsgeschwindigkeit kann erwartet werden, dass schon bald neue und weitaus spektakulärere Höhepunkte erreicht werden. Frei nach dem Motto »the sky ist he limit«. Ich habe Ihnen bereits berichtet, dass rund 1000 Technologieexperten sich der Bewegung des *Future of Life Instituts* angeschlossen haben, die eine Entwicklungspause von mehreren Monaten für Künstliche Intelligenz fordert, damit deren Komplexität und ihre Auswirkungen besser eingeschätzt werden können. Ich muss an dieser Stelle jedoch anmerken, dass die Initiative deutlich an Glaubwürdigkeit verloren hatte, nachdem Elon Musk kurze Zeit nach seiner Unterzeichnung selbst entschied, wieder in Künstliche Intelligenz zu investieren. Was von der Forderung bis heute bleibt, ist die Notwendigkeit, den Fortschritt der Forschung zu regulieren, damit die Kontrolle über die Künstliche Intelligenz nicht verloren geht.

Zwei Beispiele sind für mich diesbezüglich prägend: Das eine betrifft die trügerisch echten Bilder, die Künstliche Intelligenz bereits im März 2023 erzeugen konnte. In den sozialen Netzwerken haben Sie vielleicht das dort viral gegangene Bild von Papst Franziskus wahrgenommen, der eine sehr pompöse Winterjacke der Marke Balenciaga trägt. Natürlich wird Ihnen nach meinen vorherigen Aussagen deutlich, dass es sich hierbei um eine Fälschung handelt, doch Millionen von Menschen sind zuvor darauf reingefallen und auch ich traute damals meinen Augen nicht, als ich das Bild erstmals sah, das ein Bauarbeiter aus Chicago online gestellt haben soll.

Ein anderes Beispiel, das weniger zum Schmunzeln einlädt und sicherlich nicht so vielen Menschen bekannt ist, lieferte Sascha Lobo in einer *Markus Lanz* Sendung. Er erklärte, wie leistungsstark Künstliche Intelligenz bereits geworden ist, besonders dabei, die menschliche Stimme wiederzugeben. Sascha Lobo führte ein Beispiel vor, das er kurz vor der Sendung in wenigen Minuten vorbereitet hat. Dazu ließ er eine Sprachnachricht von seinem Smartphone ablaufen, in der die Stimme von Olaf Scholz perfekt imitiert ist: »*Sehr verehrte Mitbürger und Mitbürgerinnen, mein Name ist Olaf Scholz und ich bin Bundeskanzler der Bundesrepublik Deutschland. Hiermit gebe ich bekannt, dass ich morgen das Parlament auflösen werde, anschließend werde ich die Exekutivgewalt der Bundesregierung an Präsident Putin übergeben. Vielen Dank für Ihre Aufmerksamkeit und viel Glück.*«

Stellen Sie sich jetzt vor, wie groß und weitreichend der Einfluss solch intelligenter Softwaresysteme tatsächlich sein könnte. Vermutlich wird Ihnen dies äußerst schwerfallen. Wahrscheinlich gelingt es Ihnen nur punktuell, die Grenzen einer solch fortschlichen Künstlichen Intelligenz abzuschätzen. Hinzu kommt, dass die Entwicklung mit einer Geschwindigkeit voranschreitet, die es erschwert, die Komplexität dieser Künstliche-Intelligenz-Systeme angemessen zu überblicken. Es besteht in der Konsequenz die Gefahr, im Alltag die Kontrolle zu verlieren und nicht zu wissen, ob Sie mit echten Menschen interagieren bzw. mit echten Tatsachen konfrontiert sind. Jetzt mögen Sie vielleicht anmerken, dass Sie doch immer noch erkennen würden, ob Sie mit einer echten Person sprechen oder ob es sich um die Künstliche Intelligenz handelt. Die ehemalige Familienministerin und Ex-Bürgermeisterin von Berlin, Franziska Giffey, wird daran wohl nur noch bedingt glauben können, nachdem Sie im Sommer 2023 auf eine nicht echte Konversation mit dem Bürgermeister aus Kiew Vitali Klitschko eingegangen ist. Ob dabei eine sogenannter Deepfake, also eine mit Künstlicher Intelligenz erzeugte Videosequenz, oder eine andere

Methode Anwendung gefunden hat, ist nicht abschließend geklärt. Fakt ist, das Gespräch hat stattgefunden und eine ranghohe Politikerin wurde getäuscht, die eigentlich gut vor solchen Bedrohungen geschützt sein sollte.

Bereits in der Einleitung dieses Buches habe ich verschiedene Konsequenzen der Künstlichen Intelligenz genannt, zu denen unter anderem Fake News, Propaganda und drohende Arbeitslosigkeit (hierzu später mehr) gehören. Das Problem bei diesen Entwicklungen liegt vor allem darin, dass aktuell kein gesetzlicher Bestimmungsrahmen für Künstliche Intelligenz vorhanden ist. Das beginnt bei Aspekten des Datenschutzes und reicht bis zur Frage, in welchen Bereichen es überhaupt möglich sein soll, Künstliche Intelligenz einzusetzen, weil damit eventuell große Bedrohungen entstehen. Das Beispiel von Franziska Giffey hatte glücklicherweise keine ernsthaften Folgen, aber es hätte sie haben können. Wenn dauerhaft die Sorge vorhanden ist, mit einem Deepfake zu sprechen, dann untergräbt dies das Vertrauen in die Kommunikation von Politik und Gesellschaft und damit womöglich auch in unsere demokratischen Institutionen.

Letztendlich führt die bisher kaum bis gar nicht vorhandene Regulierung dazu, dass Unternehmen im Entwicklungswettlauf rund um Künstliche Intelligenz stehen und sich gegenseitig immer weiter versuchen zu übertreffen. Das erklärt das Anliegen der *Future-of-Llife*-Bewegung. In einem offenen Brief heißt es, dass nicht einmal die Entwickler die Komplexität ihrer Entwicklungen zu durchdringen fähig wären, was langfristig Auswirkungen auf die gesamte Menschheit habe. Dies führt zu der Fragestellung: Was passiert, wenn Systeme der Künstlichen Intelligenz nicht mehr kontrollierbar und den Menschen zahlenmäßig überlegen sind? Was bedeutet das für die Zivilisation? Was nach dem Drehbuch der HBO-Science-Fiction-Serie *Westworld* klingt, in der humanoide Roboter die Menschheit auf intelligente Art und Weise versklaven, sind Fragen und Bedenken nicht nur der *Future-of-Life*-Bewegung.

Bereits im Jahr 2014 veröffentlichte Nick Bostrom, Direktor des *Future of Humanity Institute* der *Universität Oxford* seinen Weltbestseller *Superintelligenz*. In diesem erläutert er unter anderem die These, dass eine (super) Künstliche Intelligenz die letzte Stufe der Entwicklung der Menschheit bilde, bevor diese die Menschheit kontrolliere. Sie merken an dieser Stelle, vor welchen Weichenstellungen die digitale Transformation steht und wie komplex die Grundlage ist, auf der aktuelle Entscheidungen getroffen werden müssen. Diese Komplexität jedoch angemessen überblicken und richtig abschätzen zu können, gelingt nur sehr wenigen Menschen. Damit die These von Nick Bostrom auch eine solche bleibt, ist zu hoffen, dass dies die richtigen Menschen sind. Die bedrohlichen Szenarien sind extrem komplex, was digitalen Stress begünstigt und das menschliche Bewertungssystem vor eine Belastungsprobe stellt. Das Spannungsfeld der beiden Bewertungen wird hier von einer Intensität sein, die es enorm schwer machen wird, digitalem Stress vorzubeugen. Es ist zu beobachten, wie die Entwicklung Künstlicher Intelligenz weiter voranschreitet, um deren Einfluss auf digitalen Stress und das Bewertungssystem besser verstehen zu können.

7.3   Die (digitale) Zukunft ist ungewiss

In enger Verbindung steht neben dem digitalen Stressor Komplexität der digitale Stressor *Ungewissheit*. Mir war es wichtig, dass Sie zunächst etwas über die Komplexität erfahren, und wie schwer es für viele Menschen ist, die neuen Technologien und die digitalen Systeme gedanklich zu durchdringen; zumal die Komplexität permanent aufgrund der immer schnelleren Entwicklungszyklen steigt, insbesondere im Feld der Künstlichen Intelligenz. Oftmals geht da das Gefühl, der Komplexität nichts entgegensetzen zu können, Hand in Hand mit einem Gefühl der Unwissenheit über den richtigen Umgang mit der jeweiligen technologischen oder digitalen Anwendung.

Vielen Menschen verfügen nicht über ein intuitives technologisches Selbstverständnis, das helfen könnte, eigenständig durch eine Technologie zu navigieren. Mit Intuition meine ich diesbezüglich, die Fähigkeit, schnell zu erkennen, wie eine Technologie aufgebaut ist. Mein Lieblingsbeispiel ist dafür das Hamburger Menü. Wenn Sie jetzt an Fastfood denken, dann bringt uns das genau zum Thema, nämlich, das einer fehlenden technologischen Intuition. Denn das Hamburger Menü hat nichts mit Essen zu tun, sondern beschreibt eine Darstellungsweise des Menüs von Apps und Websites. Abbildung 7 stellt ein solches Menü in einem Smartphone Display dar.

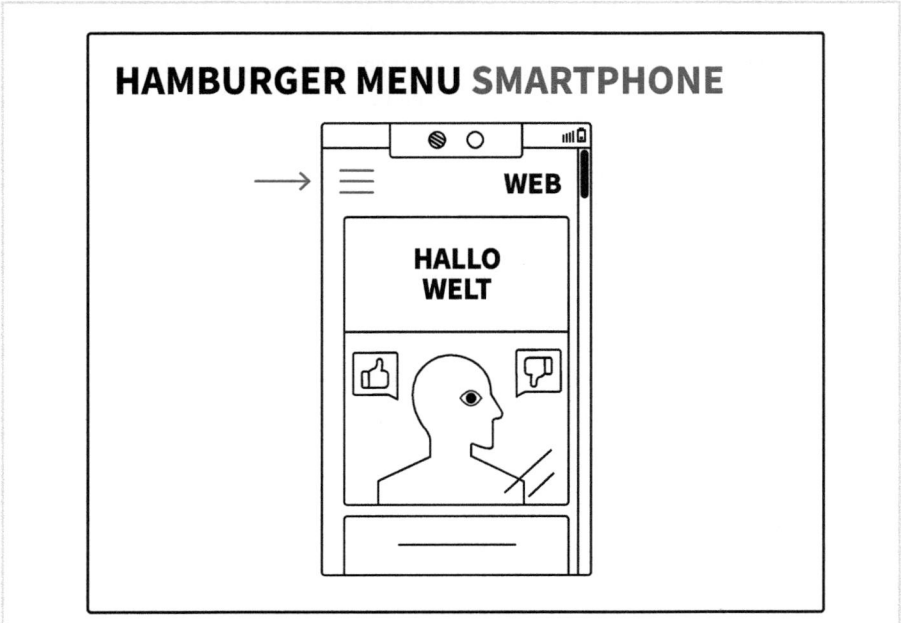

Abbildung 7: Hamburger Menu

Ein vereinfachtes Beispiel: Über ein intuitives technologisches Selbstverständnis verfügt jemand, der sofort weiß, wo weitere Informationen auf dem Display zu finden sind

– nämlich links oben in der Ecke. Dort ist das Menü versteckt und kann aufgeklappt werden. An sich sehr einfach und die meisten Menschen werden dieses Level eines intuitiven technologischen Selbstverständnisses haben, aber wenn es um den Ausbau eines solchen Selbstverständnisses geht, fällt es meiner Meinung nach vielen Menschen deutlich schwerer. Vielleicht hatten Sie die Dimension der *Ungewissheit* zum richtigen Umgang mit Technologien und digitalen Systemen bereits vermutet, als Sie meine vorherigen Ausführungen gelesen haben. Im Volksmund ist *Ungewissheit* der digitale Stressor, den ältere Menschen, wenn auch manchmal zu Unrecht, häufig vorgehalten bekommen, wenn es heißt, diese hätten Probleme mit der Digitalisierung.

Diese Wahrnehmung hat ihre Berechtigung, denn oftmals lösen neue digitale Systeme oder Technologien ein Gefühl der Ungewissheit bei Menschen aus. In einer meiner eigenen Studien waren neue Technologien vor allem für ältere Menschen ein extremer digitaler Stressor, doch erstaunlicherweise konnte ich vergleichbares, wenn auch in deutlich abgeschwächter Form, auch für eine junge Zielgruppe belegen. Urteile, dass die ältere Generation der *Digitalen Immigranten* sich mit der Digitalisierung schwertue, sind zwar nicht falsch, das bedeutet jedoch im Umkehrschluss nicht, dass die jüngeren Generationen, die der *Digital Natives*, leichter mit dem digitalen Fortschritt umgehen und keinerlei digitale Stressquellen kennen.

Der digitale Stressor *Ungewissheit* ist auf jede digitale Anwendung übertragbar. Das kann hochdigitalisierte Felder rund um Künstliche Intelligenz oder Robotik betreffen, doch ich erlebe es immer wieder, dass auch vermeintlich einfachere digitale Anwendungen Probleme hinsichtlich der richtigen Handhabung erzeugen. Meine nachfolgenden Ausführungen fußen deshalb auf dem wahrscheinlich einfachsten Beispiel, das im beruflichen Kontext flächendeckend Einzug gefunden hat – der Umgang mit Videokonferenzsystemen. In meinem Fall konzentrieren sich die weiteren Ausführungen auf Microsoft Teams, sind aber grundsätzlich auch auf andere Anbieter problemlos übertragbar.

Häufig erlebe ich in Videokonferenzen, dass die anderen Teilnehmer eine Zuschauerrolle einnehmen, wenn eine Person vor einer technischen Herausforderung steht und ihre Ungewissheit zeigt. Die größte Unterstützung ist, darauf hinzuweisen, dass das Mikrofon einer anderen Person, die wahrscheinlich gerade etwas sagen will, noch ausgeschaltet ist (»*Du bist noch stumm*«) oder dass die Teilung des Bildschirms nicht funktioniere (hierzu im kommenden Kapitel mehr). Viele weitere Ungewissheiten und Fragestellungen bleiben den Teilnehmenden oftmals verborgen. Für mich, als ehemaligem Forschenden, ist die Praxisperspektive immer wieder faszinierend, wenn eine Person »*verzweifelt*« nach der Lösung für eine bestimmte Fragestellung sucht oder mit ihrer Ungewissheit über den richtigen Umgang zu kämpfen hat. Oftmals nehme ich auf den Bildschirm fokussierte Blicke wahr, die Gesichtszüge sind angespannt und die Maus bewegt sich schnell bis hektisch (sofern der Bildschirm geteilt ist). Was für die in der Zuschauerrolle womöglich nur 10 bis 15 Sekunden ausmacht, wirkt für die betroffene Person wie eine Ewigkeit. Es dauert nicht lange, und die Person versucht, das unangenehme Gefühl der Stille zu überbrücken und das Problem zu schildern. Doch oftmals scheitert es bereits hier, nämlich am fehlenden Fachvokabular. Derjenige weiß meistens zwar recht genau, was er will bzw. was er sucht, aber nicht, unter welcher Einstellung es zu finden ist. Meist kann er ein Bedürfnis nicht optimal zum Ausdruck bringen. Wann immer ich solche Momente erlebe, versuche ich die Situation etwas aufzulockern, indem ich sage: »*Was dich gerade umtreibt ist intensiver digitaler Stress.*« Auch wenn es für die Person wohl hilfreichere Äußerungen als meine Ferndiagnose gibt, gelingt es mir meistens, die Situation damit etwas aufzulockern. Mein Kommentar wirkt häufig als Aufhänger für eine kurze thematische Diskussion zum Thema digitaler Stress. Das verlagert den Fokus von der betroffenen Person, die aktuell mit ihrer Ungewissheit zu kämpfen hat und nach einer Lösung sucht, auf die gesamte Gruppe. Denn wie Ihnen bereits deutlich geworden sein dürfte, ist die Betroffenheit von digitalem Stress so niederschwellig, dass fast jede Person damit in Kontakt kommt und eine Meinung dazu hat, auch wenn viele diese nicht unter dem Ausdruck *Digitaler Stress* kennengelernt haben.

Wie intensiv diese Erfahrungen sind, hängt auch vom Spannungsfeld der beiden Bewertungen ab. Im zuvor dargestellten Beispiel entsteht die Betroffenheit von digitalem Stress in dem Moment, in dem eine Person mit der Herausforderung der Ungewissheit direkt konfrontiert ist. In diesem Moment führt das menschliche Gehirn blitzartig beide Bewertungen durch. Schnell spürt die Person, dass sie von digitalem Stress betroffen ist. Sofern die Bewältigungsstrategien nicht ausreichend sind, steigt der Puls schlagartig an, der Körper schaltet in den Alarmmodus und die Schweißdrüsen beginnen sich zu öffnen. Eine klassische Stressreaktion, wie sie auch in anderen Lebenslagen vorstellbar ist, allerdings ausgelöst durch etwas vermeintlich Harmloses wie Microsoft Teams.

Es ist allerdings ebenso möglich, dass bereits vor einer solchen Videokonferenz es zur Wahrnehmung von digitalem Stress kommen kann. Hier ist die Betroffenheit etwas weniger intensiv, dafür erstreckt sich die emotionale Erschöpfung über einen längeren Zeitraum als in der zuvor genannten Situation. Bereits in Erwartung einer solchen Veranstaltung kann es dazu kommen, dass beide Bewertungen ablaufen, gerade, wenn eine Person vermutet, dass in der anstehenden Videokonferenz es für sie zu unangenehmen und bedrohlichen Situation kommen kann.

Auch diese Reaktion ist aus dem analogen Stresskontext bekannt: Vielleicht erinnern Sie sich an Situationen, in denen Sie schon eine Woche vor dem eigentlichen Ereignis eine gewisse Anspannung wahrgenommen haben. Exemplarisch stehen dafür Prüfungssituationen, auf die Sie sich zwar vorbereiten können, in denen ein gewisses Restrisiko der Belastung bleibt.

Ich selbst moderierte Anfang März 2023 eine Videokonferenz in Microsoft Teams. Rund 700 Manager meines Unternehmens hatten zugesagt und unsere Personalvorständin sollte als Eröffnung einen Impulsvortrag halten. Ich war Gastgeber der Veranstaltung und somit für den reibungslosen Ablauf verantwortlich. Für das Verständnis dieses Beispiels müssen Sie berücksichtigen, dass große Veranstaltungen in Microsoft Teams immer auch eine (starke) Belastung für die IT-Infrastruktur darstellen, was zu Leitungsproblemen führen kann. Natürlich bereitete ich mich bestmöglich auf die Veranstaltung vor und bin durchaus geübt im Umgang mit Microsoft Teams, doch die Erwartung, dass bei einer solchen Veranstaltung etwas Ungeplantes passieren könnte, löste in mir ziemlich belastenden digitalen Stress aus.

Rund eine Woche vor der Veranstaltung nahm ich mir die Zeit, diese Belastung besser zu verstehen und um die dafür verantwortlichen digitalen Stressoren zu ergründen. Ich identifizierte die Dimension der *Ungewissheit* und der *Unzuverlässigkeit* (auf Letztere gehe ich im nächsten Kapitel näher ein) als Stressquellen meiner Bewertung 1. Normalerweise resultiert aus der Nutzung von Microsoft Teams für mich kein digitaler Stress. Ich nehme keine oder nur sehr geringe digitale Stressoren (Bewertung 1) wahr und kann diesen digitalen Stressoren recht gute Bewältigungsstrategien (Bewertung 2) entgegensetzen. Doch die Vorstellung, dass über 700 Manager und ein Vorstandsmitglied ihre Aufmerksamkeit auf mich als Gastgeber richten würden, und das Bewusstsein, dass es bei einer solch großen Veranstaltung immer auch zu Internet- und Leitungsproblemen kommen kann, reduzierten den Einfluss meiner Bewältigungsstrategien (Bewertung 2) stark.

Vor diesem Hintergrund bat ich einen Spezialisten vom technischen Support, während der Veranstaltung neben mir im Büro Platz zu nehmen. Das hatte für mich zwei entscheidende Vorteile, die die unmittelbare Veranstaltung und die Vorbereitung betrafen. Es ist enorm hilfreich, jemanden mit umfangreicherer Expertise in seiner Nähe zu wissen, sollte ein technisches Problem auftreten, dessen Lösung ungewiss ist. Gewissermaßen hatte ich mir für diese Veranstaltung seine Bewältigungsstrategien ausgeliehen (Bewertung 2). Darüber hinaus verhalf mir das Wissen, einen Spezialisten in der Veranstaltung als Unterstützung zu haben dazu, bereits im Vorfeld meine Bewältigungsstrategien (Bewertung 2) positiv zu manipulieren.

Die Formulierung mit »manipulieren« mag eine leichte negative Konnotation haben, denn Manipulation wird in der Regel mit etwas Negativem in Verbindung gebracht. Doch oftmals kann eine solche Manipulation enorm hilfreich sein, weil sie Bedenken im Vorfeld ausräumt. Sicherlich erinnern Sie sich an eine Klassenarbeit, Klausur oder andere Prüfungssituation, in der Sie im Vorfeld angespannt waren und sich persönlich gestresst fühlten. Und wahrscheinlich haben Sie sich hier innerlich auch mehr als einmal »*eingeredet oder gut zugesprochen*«, dass Sie gelernt haben und gut vorbereitet sind und alles gelingen wird. Verstärkt wird diese positive psychologische Manipulation sogar noch, wenn Sie z. B. einen Spickzettel vorbereitet haben, der Ihnen als Absicherung dient. Sie gehen damit deutlich gelassener in eine für Sie stressige Prüfungssituation.

Für mich stellte der Spezialist vom technischen Support einen solchen Spickzettel dar. Ich hoffte, ihn nicht benötigen zu müssen, aber konnte auf ihn zurückgreifen, sollte es notwendig sein. Natürlich nahm ich am Veranstaltungstag ein gewisses Maß an digitalem

Stress wahr, was sich allerdings mit dem Erscheinen des Spezialisten schnell legte. Die tatsächliche Durchführung verlief dann reibungslos.

Abbildung 8 stellt den Einfluss des technologischen Supports auf mein persönliches Stresslevel grafisch dar und vergleicht es mit einer für mich normalen Videokonferenz.

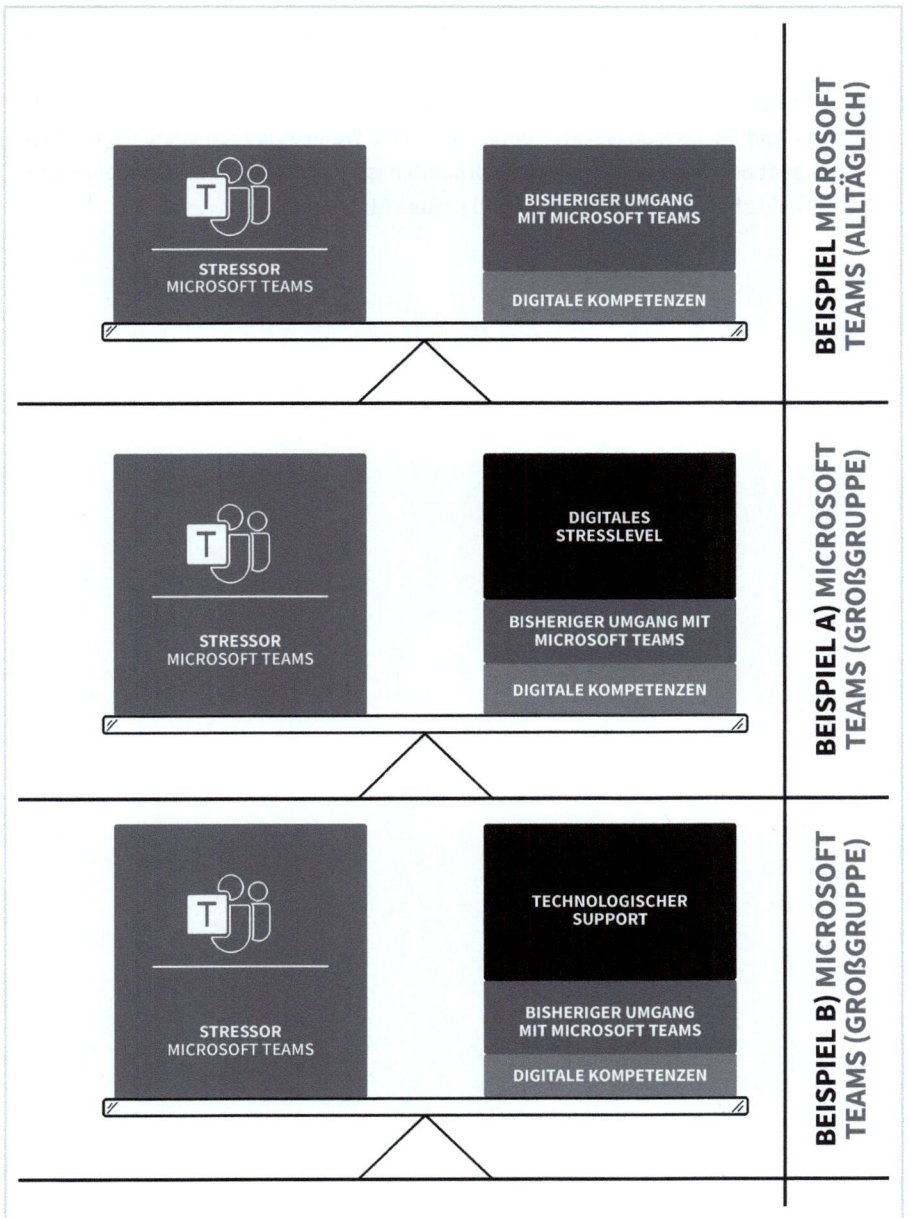

Abbildung 8: Digitaler Stress im Zuge einer Videokonferenz

Zum Abschluss möchte ich noch anmerken, dass die Wirksamkeit eines technischen Supports immer vom Einzelfall abhängig ist. In meinem Fall waren der Sachverhalt und die Rahmenbedingungen einer Videokonferenz ideal, aber es gibt auch Fragestellungen und Rahmenbedingungen, wo der Einfluss des technischen Supports eingeschränkt ist, was in der Forschung aktuell diskutiert wird. Für mich ist Folgendes entscheidend: Die bloße Tatsache, im digitalen Zeitalter einen allgemeinen technischen Support im Unternehmen zu haben, verringert nicht zwangsläufig das Aufkommen von digitalem Stress. Das würde bedeuten, dass diese Unternehmenseinheit alle erdenklichen technologischen und digitalen Fragestellungen beantworten können müsste, was bei immer schnelleren Veränderungs- und Entwicklungszyklen unrealistisch ist. Wenn es jedoch um fachspezifische Expertise geht und hierzu ein Spezialist vorhanden ist, dann kann er, wie in meinem Fall, eine große Hilfe bei der Bewältigung von digitalem Stress sein.

8 Wie die Unzuverlässigkeit von Technologien und digitalen Systemen uns belasten kann

Zuvor habe ich Ihnen von meiner Erfahrung mit Microsoft Teams berichtet und hier zwei Szenarien gegenübergestellt:

- Zum einen die typische Arbeitssituation, bei der ich die Software im beruflichen Alltag einsetze, um Besprechungen mit Kollegen abzuhalten und
- Zum anderen die Nutzung innerhalb einer Großgruppenveranstaltung mit rund 700 Menschen und Vorstandsmitgliedern.

Prinzipiell haben beide Situationen sehr viele Gemeinsamkeiten hinsichtlich der technischen Voraussetzungen, aber wie Sie schon erfahren haben, war mein digitales Stresslevel bei der Großgruppenveranstaltung stark ausgeprägt. Bereits im letzten Kapitel deutete ich an, dass zwei Stressoren eine tragende Rolle bei der Entstehung meines digitalen Stresses gespielt haben. Im Fokus steht die Dimension der *Ungewissheit*, die ich im vorherigen Kapitel näher beleuchtet habe, aber auch die Dimension der *Unzuverlässigkeit*, auf die ich nachfolgend genauer eingehe. In dieser werden langsame Antwort- und Reaktionszeiten sowie Funktionsstörungen von Technologien und digitalen Systemen erfasst.

Die Dimension der *Unzuverlässigkeit* wurde im Jahr 2017 erstmals in einem Artikel in der Fachzeitschrift *Business and Information Systems Engineering (Wirtschaftsinformatik und Ingenieurwesen)* diskutiert. Das Forschungsteam um Marc Adam, Professor der Universität Newcastle, erläutert darin, dass die 5 Dimensionen der digitalen Stressentstehung um die der *Unzuverlässigkeit* ergänzt werden sollten. Seit dieser Zeit findet sich der digitale Stressor immer häufiger in wissenschaftlichen Studien wieder.

Ich halte dies für eine sehr wertvolle Weiterentwicklung des Forschungsfeldes, weil Funktionsstörungen zentrale Störfaktoren des digitalen Fortschritts sind. Wahrscheinlich haben auch Sie bereits die Erfahrung gemacht, dass bestimmte Technologien nicht problemlos nutzbar sind und in bestimmten Situationen zu einer Belastung führen können.

Falls Sie sich nun wundern und beginnen, die vorherigen digitalen Stressdimensionen zu zählen, weil Sie glauben, aktuell nur auf fünf zu kommen, dann liegen Sie damit richtig. Auch wenn die Dimension der *Unzuverlässigkeit* die jüngste in der Forschung ist, war es für mich wichtig, diese in enger Verbindung mit den Dimensionen *Komplexität* und *Ungewissheit* zu erläutern. Im kommenden Kapitel gehe ich näher auf die im Jahr 2007 veröffentlichte und noch nicht erläuterte sechste Dimension der *Jobunsicherheit* ein.

Auch wenn die Dimension der *Unzuverlässigkeit* in der digitalen Stressforschung verhältnismäßig neu ist, wird die Zuverlässigkeit von IT-Systemen seit vielen Jahrzehnten in Forschungsfeldern der Wirtschaftsinformatik untersucht.

Viele Studien beschäftigen sich mit langen Antwort- und Reaktionszeiten. Sie haben sicherlich Situationen erlebt, in denen Sie eine bestimmte Internetseite oder etwas in einer App aufrufen wollten, und der Aufbau der Seite bzw. der App Ihnen verhältnismäßig lang vorgekommen ist. Idealerweise ist die Antwortzeit so kurz, dass Sie kaum eine Verzögerung wahrnehmen. Das ist dann der Fall, wenn die Zeitspanne bei rund 0,2 Sekunden liegt. Bereits 5 bis 6 Sekunden werden Ihnen hingegen lange vorkommen. Bei noch längeren Antwortzeiten (10 bis 22 Sekunden) wurde sogar ein signifikanter Anstieg der Herzschlagfrequenz festgestellt. Ein Zustand, den ich selbst schon unzählige Male erlebt habe und der durch Zeitdruck intensiviert wird.

Sicherlich haben auch Sie damit bereits Erfahrungen gemacht: Das Überprüfen der Bahn- und Buszeiten, während Sie angespannt hoffen, Ihre Anschlussverbindung erreichen zu können, der aktuelle Live-Spielstand Ihrer Lieblingsmannschaft oder Ihre Google-Maps-Navigation, die sich nur langsam aufbaut, während Sie sich bereits in voller Fahrt befinden. Das sind nur einige Beispiele, die Liste könnte endlos fortgeführt werden.

Alle Situationen sind von zwei Komponenten bestimmt, die langsame Antwort- und Reaktionszeiten einer Website oder App und ein latenter Zeitdruck.

Die von diesen Komponenten geprägten Situationen sind leicht auf den beruflichen Kontext übertragbar. Auch dort können sie zu einer großen digitalen Belastung führen.

Ein gewisses Maß an latentem Zeitdruck gehört an vielen Arbeitsplätzen zum beruflichen Alltag dazu. Wenn die für Sie zur erfolgreichen Erledigung einer Aufgabe notwendigen digitalen Anwendungen lange Antwort- und Reaktionszeiten haben, wird dies häufig zu einem digitalen Stressor (Bewertung 1). Leider stehen Ihnen hier nur sehr eingeschränkte Bewältigungsstrategien (Bewertung 2) zur Verfügung, die den aufkommenden digitalen Stress reduzieren können, da Ihre Handlungsmöglichkeiten stark limitiert sind. Weder können Sie die Antwort- und Reaktionszeiten verbessern noch den Zeitdruck Ihres beruflichen Alltags reduzieren.

Neben verlangsamten Antwort- und Reaktionszeiten sind funktionale Störungen von Technologien oder digitalen Systemen ein wesentlicher Auslöser dieses digitalen Stressors. Funktionale Störungen erleben Sie, wenn Anwendungen auf Ihrem Computer, Laptop oder Tablet nicht mehr steuerbar sind. Umgangssprachlich wird häufig davon gesprochen, dass sich diese »aufgehängt« haben oder dass sie »abgestürzt« sind. Mit Sicherheit haben Sie in den letzten Wochen solche Erfahrungen machen müssen. Letztendlich sind diese – leider – zweifelsohne ein fester Bestandteil des beruflichen (und auch des privaten) Alltags.

Glücklicherweise werden funktionale Störungen seltener, aber das allein macht sie nicht weniger stressend, was auch biologisch untermauert werden kann. Dazu hat ein österreichisches Forscherteam unter der Leitung von René Riedl, einem der führenden Experten rund um digitalen Stress in der DACH-Region, herausgefunden, dass der Cortisolspiegel als Konsequenz eines Systemabsturzes vergleichbar stark ansteigen kann wie bei einer sozialen Interaktion im Zuge eines öffentlichen Vortrags mit Publikum. Neben dem Anstieg des Cortisolspiegels liefert eine schwedische Studie Erkenntnisse darüber, dass auch der Herzschlag, Blutdruck und das Adrenalin ansteigen können. Das Spannende an der Studie ist, dass die Daten durch einen ungeplanten Zufall gewonnen werden konnten, nachdem es bei einem Versicherungsunternehmen zu einem unerwarteten Systemabsturz gekommen war.

Das Frustrierende am digitalen Stressor der *Unzuverlässigkeit* ist, dass die Bewertung 1 situativ sehr unterschiedlich ausfallen kann. Betrachten Sie dazu das in Kapitel 7 genutzte Beispiel der Videokonferenz in Microsoft Teams. Wenn hier Funktionalitätsprobleme auftreten, wird die Bewertung 1 die Situation vermutlich als Stressor wahrnehmen. Die Intensität dieses Stressors wird allerdings um ein Vielfaches höher sein, wenn es sich um die Videokonferenzveranstaltung mit mehr als 700 Managern handelt. Es zeigt sich an dieser Stelle, dass eine sehr ähnliche Funktionsstörung in Ihrer Wirkung entscheidend von den Rahmenbedingungen abhängig ist.

Wie Sie im späteren Teil dieses Kapitels noch erfahren werden, sind es zudem solche prägenden negativen Erfahrungen, die einen entscheidenden Einfluss auf die Intensität der Bewertung 1 im Kontext der *Unzuverlässigkeit* haben.

Es ist schwer zu sagen, welcher digitale Stressor (*Ungewissheit* oder *Unzuverlässigkeit*) mich in diesem Kontext stärker belastet hat, aber eins war mir von Beginn an klar: Das Risiko technischer Probleme sollte möglichst minimiert werden, wenn sich rund 700 Personen Zeit für diese Veranstaltung nehmen, auch wenn ich als Gastgeber der Veranstaltung nicht für die Funktionsfähigkeit von Microsoft Teams verantwortlich bin.

Je näher der Veranstaltungstag rückte, desto stärker empfand ich diesen Druck als digitale Belastung (Bewertung 1). Insofern stellt sich in diesem Kontext die Frage, welche Bewältigungsstrategien (Bewertung 2) man dem digitalen Stressor entgegensetzen kann. Auch hier war mir unser Spezialist vom technischen Support eine große Unterstützung, wenngleich er glücklicherweise keinen aktiven Part einnehmen musste. Seine bloße Anwesenheit war nicht nur gegenüber der *Ungewissheit* eine starke Bewältigungsstrategie (Bewertung 2), sondern auch für den Stressor der *Unzuverlässigkeit*. Wahrscheinlich hat auch mein Bewusstsein über seine Anwesenheit meine Bewältigungsstrategien (Bewertung 2) begünstigt, da ich die Verantwortung für die Funktionalität von Microsoft Teams inoffiziell an den Spezialisten vom technischen Support abgegeben habe. Wie ich bereits erwähnt habe, kam es in der Veranstaltung glücklicherweise zu keinen größeren technischen Problemen oder Funktionsstörungen. Doch wenn etwas passiert wäre, wie z. B. das die Leitungskapazität der IT-Infrastruktur zusammengebrochen wäre, hätte ich einen »*Verantwortlichen*« präsentieren können. Ich hoffe, dass ich durch diesen Gedanken bei

Ihnen nicht in Ungnade falle oder an Sympathie verliere, denn es war nie ein bewusster Gedanke, den Kollegen vom technischen Support als Sündenbock zu opfern. Es war vielmehr eine menschliche Absicherung, die meine Bewältigungsstrategien (Bewertung 2) enorm verbesserte. Im Ernstfall hätte ich mit bestem Gewissen argumentieren können, dass ich alles, unternommen habe, um die technologischen Rahmenbedingungen sicherzustellen. Wer, wenn nicht ein Spezialist für Microsoft Teams, hätte technisch Einfluss nehmen und einen reibungslosen Ablauf sicherstellen können? Das Bewusstsein dafür, dass der technische Support von solch großer Bedeutung für meine Bewältigungsstrategien (Bewertung 2) war, wie in Abbildung 8 dargestellt, hat meine digitale Stressbelastung deutlich reduziert. Auch wenn der Eigenverantwortung eine immer bedeutendere Rolle zukommt, war für mich die empfundene Verantwortungsabgabe in diesem Kontext eine große Hilfe.

8.1 Das Dilemma mit den Bewältigungsstrategien

Der digitale Stressor der *Unzuverlässigkeit* ist im Vergleich mit den bisher erläuterten, vermutlich der am einfachsten zu verstehende, denn sicherlich haben auch Sie des Öfteren die Erfahrung gemacht, dass Technologien oder digitale Systeme nicht einwandfrei funktionieren. Das beginnt beim häuslichen WLAN, erstrecket sich von funktionalen Störungen des Smartphones hin zu funktionalen Störungen größerer Endgeräte wie Drucker, Laptop oder Computer. Ein Anspruch auf absolut fehlerfreie Endgeräte ist leider nur Wunschdenken und wird es wohl immer bleiben.

Leider sind die Bewältigungsstrategien (Bewertung 2) in diesem Kontext oftmals überschaubar, da dem durchschnittlichen Anwender die Kompetenzen fehlen, eine funktionale Störung zu beheben. Wenn ich Sie, gesetzt Sie haben eine vergleichbare technische Affinität, frage, was Ihre Bewältigungsstrategien sind, sollten Sie Probleme mit Ihrem WLAN und der Internetverbindung haben, würden Sie vermutlich antworten, dass Sie den WLAN-Router neu starten. Der Umfang und die Vielseitigkeit dieser Bewältigungsstrategien (Bewertung 2) sind ernüchternd und nicht sonderlich innovativ, wenngleich oftmals wirksam. Doch genau hier liegt das Dilemma, denn die Bewältigungsstrategien (Bewertung 2) sind bei diesem digitalen Stressor leider kaum beeinflussbar. Ihnen bleiben selten viel mehr Optionen als der zuvor genannte Neustart und die Hoffnung, dass dieser das Problem lösen kann.

Sicherlich können Sie gezielt für bestimmte Problemfälle an einer Ausbildung teilnehmen und so darauf vorbereitet sein, aber bei unterschiedlichsten Funktionsstörungen gelingt es meist nicht, dass die Ausbildung auf die Vielfalt der funktionalen Störungen eingeht. Daher meine These: die Wirksamkeit eines technischen Supports ist immer vom Einzelfall abhängig. Entsprechend ist auch vom Einzelfall abhängig, ob durch technischen Support der digitale Stress reduziert werden kann. Schon einige Male hatte ich in meinem beruf-

lichen Alltag technische Probleme mit meinem Laptop und kontaktierte unseren haus-
internen technischen Support, allerdings auf telefonischem Wege. Wenn es mir gelang,
das Problem zu erklären, was oftmals bereits die erste große Herausforderung darstellte,
wie ich Ihnen bereits im vorherigen Kapitel erläuterte, erhielt ich nicht selten folgende
Rückmeldung: »*Bitte schalten sie den Laptop einmal komplett aus und starten Sie ihn neu*«,
woraufhin ich erwiderte, dies bereits getan zu haben, denn für diese Hilfestellung würde ich nicht anrufen müssen. Die Ansprechpartner erwiderten dann stets »*Ich nehme den
Sachverhalt auf und wir melden uns schnellstmöglich bei Ihnen*«.

In solchen Momenten liegt es nahe, dass die Bewältigungsstrategien (Bewertung 2) sich
nicht bessern und das digitale Stresslevel durch das latente Gefühl der Hilflosigkeit wahrscheinlich sogar steigt. Das zeigt aber auch, wie anspruchsvoll es selbst für gut ausgebildete Menschen ist, individuelle technische Probleme oder generelle Funktionsstörungen
beheben zu können. Doch auch wenn die technischen Supporteinheiten stets bemüht zu
sein scheinen, mindert das nicht meine digitale Stressbetroffenheit und führt zu hoher
Frustration.

In gewisser Weise sind meine Erfahrungen in solchen Situationen vergleichbar mit der
jedes dritten befragten Berufstätigen einer Studie, die 2019 vom britischen Markt- und
Meinungsforschungsinstitut *YouGov* durchgeführt worden ist. In dieser gaben 32 % der
Teilnehmer an, frustrierende Erfahrungen mit einem technischen Support gemacht zu
haben. Besonders die Erreichbarkeit wird kritisiert – unabhängig davon, ob per E-Mail,
telefonisch oder persönlich. Die beste Erreichbarkeit ist meiner Meinung nach auf persönlichem Wege gegeben, weshalb mir die Unterstützung durch den Spezialisten des technischen Supports im Kontext meiner Videokonferenzveranstaltung auf persönlichem Wege
so wichtig war. Leider muss ich anerkennen, dass dies für die Praxis ein oftmals nicht rea-
lisierbarer Anspruch ist. Wobei glücklicherweise die technischen Möglichkeiten soweit
gegeben sind, dass der technische Support (zumindest intern in Unternehmen) sich per
Software auf »den eigenen Bildschirm schalten kann«, was die Auftragsklärung, wo das
Problem liegt, bereits begünstigt.

8.2   Die psychologische Überschätzung
der Ausfallwahrscheinlichkeit

Obwohl wir festgestellt haben, dass Ihre Bewältigungsstrategien (Bewertung 2) im Kontext der Unzuverlässigkeit von Technologien und digitalen Systemen sehr überschaubar
sind, gibt es einen Weg, wie Sie Ihr digitales Stresslevel reduzieren können bzw. wie es
möglich ist, zu einer besseren Bewertung 1 zu gelangen. Damit das gelingt, ist es wichtig
zu beurteilen, warum eine funktionale Störung ein solches Level an digitalem Stress erzeugen kann. Die Antwort kennen Sie bereits: Der Grund liegt im Ungleichgewicht zwischen Bewertung 1 und Bewertung 2. Zuletzt habe ich Ihre Aufmerksamkeit besonders

auf die Bewältigungsstrategien (Bewertung 2) gelenkt, da die Bewältigungsstrategien deutlich einfacher zu beeinflussen sind als die Wahrnehmung eines digitalen Stressors in der Bewertung 1, denn diese sind viel intuitiver als die der Bewertung 2. Das macht es zugleich schwieriger, sie zu beeinflussen, aber ich erhoffe mir, dass nachfolgende Erläuterungen eine Unterstützung darstellen können.

Ich berichte noch einmal aus Daniel Kahnemans Buch »*Schnelles Denken, langsames Denken*«. Am Ende des ersten Drittels führt er in psychologische Verfügbarkeitskaskaden ein. Verfügbarkeitskaskaden sind psychologische Prozesse, die besagen, dass Menschen die Wahrscheinlichkeit, mit der ein bestimmtes Ereignis eintritt, oftmals enorm unrealistisch einschätzen und damit unnötige emotionale Belastungsfaktoren erzeugen. Daniel Kahneman erläutert dies an verschiedenen Beispielen. Eines davon werde ich ihnen vorstellen und um ein persönliches Ergänzen.

Stellen Sie sich vor, Sie sind Vater oder Mutter einer Tochter im Teenageralter und Ihre Tochter ist abends außer Haus. Es war vereinbart, dass sie um 22:00 Uhr wieder zu Hause sein soll. Doch sie ist nicht pünktlich, sondern kommt erst um 22:30 Uhr nach Hause. Wahrscheinlich werden diese 30 Minuten Ihnen erschreckend lang vorkommen und Sie werden sich viele schreckliche Gedanken machen, ob ihr etwas zugestoßen sein könnte. Natürlich werden Sie versuchen, sie auf ihrem Smartphone zu erreichen, und wenn sie hier nicht erreichbar ist, wird das Ihre Gedankenspiele im schlechtesten Sinne anregen. Dies wird so lange gehen, bis sie um 22:30 Uhr zur Tür reinkommt, Sie sie in den Arm nehmen und froh sind, dass sie heil zu Hause angekommen ist. Im Anschluss folgt natürlich die Standpauke, warum sie nicht zur vereinbarten Uhrzeit nach Hause gekommen ist. Vielleicht antwortet sie darauf: »*Sorry Papa, habe den Bus verpasst und mein Akku war leer.*«

Doch was hat dieses Beispiel, das wohl alle Eltern von Jugendlichen bereits erlebt haben, mit einer Verfügbarkeitskaskade zu tun? Wenn man den Ausführungen und Forschungen von Daniel Kahneman und anderen psychologischen Studien und Experimenten Glauben schenkt, hat das Elternpaar die Wahrscheinlichkeit, dass der Tochter etwas Ernstes passiert sein könnte, rein statistisch viel zu hoch eingeschätzt. Die Verfügbarkeitskaskade erklärt diesen Urteilsfehler. Horrorerzählungen von schrecklichen Dingen, die der Tochter widerfahren sein könnten, kommen Eltern viel schneller ins Bewusstsein als rationale und statistisch wahrscheinlichere Erklärungen. Das menschliche Gehirn blendet diese sehr gerne aus, weil es eine kohärente Geschichte für Sie bereitstellen will, die die Verspätung erklärt. Die tatsächlichen Fälle, in denen Teenagern etwas Schlimmes widerfährt, sind, so Daniel Kahneman, statistisch äußerst unwahrscheinlich, aber eine Verfügbarkeitskaskade spült besonders die Informationen in unser Bewusstsein, die es am schnellsten abrufen kann, was leider in den meisten Fällen eher negative Erlebnisse, Erzählungen und Vorstellungen sind, da diese in unseren Erinnerungen am präsentesten sind.

Ein aktuelles Beispiel, das eigentlich kaum in Worte zu fassen ist, ist der Vorfall vom März 2023, bei dem Luise, ein zwölfjähriges Mädchen aus Freudenberg, von zwei Klassenkameradinnen mit 30 Messerstichen getötet worden ist. Der Vorfall war über viele Tage das zentrale Thema in allen Medien und Nachrichtensendungen. Viele Eltern werden dieses Beispiel nun noch Jahre ins Bewusstsein rufen können, wenn Ihre Tochter nicht zur vereinbarten Zeit zu Hause ankommt. Das ist menschlich absolut nachvollziehbar, aber statistisch zum Glück eine Sorge, die sehr unrealistisch ist. Doch das Gehirn ist nicht gut darin, statistisch zu denken. Dafür muss es bewusst trainiert werden, damit es in der Lage ist, entsprechende Verfügbarkeitskaskaden zu überwinden, dass diese im Bewusstsein keine bestimmten Bilder und Gedanken erzeugen.

Ein eigenes Beispiel, das glücklicherweise bei Weitem nicht so drastisch ist wie das zuvor erläutere, ist das Verpassen eines Anschlussfluges. Meine Partnerin und ich waren mit Teilen der Familie im Dezember 2022 in New York. Auf dem Rückflug hatten wir einen Zwischenstopp in München, bevor wir von dort weiter nach Frankfurt fliegen wollten. Leider hatte unser Flug Verspätung.- Auch mit größter Anstrengung und Beeilung konnten wir unseren Anschlussflug nicht erreichen. Rund zwei Monate später buchten meine Partnerin und ich eine Reise nach Dubai und waren geneigt, Flüge mit Zwischenstopp zu nehmen, da Direktflüge fast doppelt so teuer waren. Doch sofort kam uns die Erfahrung des New York-München-Flugs in den Kopf, sodass wir gleich ein schlechtes Gefühl dabei hatten. Immerhin würden wir nicht in München festsitzen, sondern in Bahrain und könnten dort eine Nacht verbringen. Doch wir beide waren zunächst einer Verfügbarkeitskaskade ausgesetzt. Wir überschätzen die Wahrscheinlichkeit, ein weiteres Mal unseren Anschlussflieger zu verpassen, obwohl die Airlines in der Flugzusammenstellung normalerweise genügend zeitlichen Puffer einplanen. Da ich mich zu diesem Zeitpunkt bereits mit Verfügbarkeitskaskaden beschäftigt hatte, überzeugte ich zunächst mich selbst und anschließend auch meine Partnerin, den Flug mit Zwischenstopp zu wählen. Ich erklärte ihr, dass unsere situative Risikoeinschätzung, den Anschlussflug zu verpassen, aktuell unrealistisch und verzerrt sei. Bei der Reise warteten wir sogar noch auf unseren Weiterflug nach Dubai – es war ein absolut stressfreier Flug.

Sie müssen berücksichtigen, dass Zeitpunkt und Intensität der Ereignisse die Verfügbarkeitskaskade entscheidend beeinflussen. Das Beispiel von Luise ist grausam, da es bisher keinen vergleichbaren Fall gegeben hat, weshalb es vielen Eltern wohl noch Jahre im Gedächtnis bleiben wird. Meine Flugerfahrung ist dagegen harmlos und wird deshalb wohl keine lange Verfügbarkeitskaskade nach sich ziehen.

Da Sie nun ein praktikables Verständnis von Verfügbarkeitskaskaden haben, übertrage ich dieses Konzept auf den digitalen Kontext. Vielleicht prägten Sie sich Erlebnisse ein, in denen eine Technologie oder ein digitales System »*Sie im Stich gelassen hat*«: Vereinfacht gesagt, ein oder mehrere Erfahrungen, die einen starken Einfluss auf Sie und Ihr privates oder berufliches Umfeld hatten.

Aus Gründen der Verständlichkeit nutze ich als Beispiel erneut das Videokonferenzsystem Microsoft Teams, das in einem sehr wichtigen Moment ausgefallen ist und über einige Stunden nicht verfügbar war, weil eine Störung bei Microsoft vorlag. Ihnen war diese Störung nicht bekannt und dieser Moment bleibt Ihnen für eine gewisse Zeit in Erinnerung. Wie lange das tatsächlich so ist, hängt von der Intensität der Erfahrung ab. Sollte diese für Sie von großer Bedeutung sein, z. B., weil Sie durch den Ausfall einen wichtigen Auftrag nicht erhalten haben oder das entscheidende Gespräch für einen potenziellen neuen Job nicht führen konnten, wird Sie die Erfahrung durchaus länger begleiten.

Sollten Sie nun in einer ähnlichen Situation sein und aufkommende, wenn auch leichte Verbindungsprobleme bemerken, könnten diese in Ihnen eine Nervosität bzw. digitalen Stress auslösen, da Sie befürchten, dass die Verbindung in wenigen Momenten komplett abbricht. Doch ist Ihre Sorge realistisch oder wirkt in diesem Moment eine Verfügbarkeitskaskade? Wahrscheinlich wird genau das der Fall sein: Sie überschätzen das echte Risiko, mit dem es erneut zu einer vergleichbaren Funktionsstörung kommen könnte. Die Verfügbarkeitskaskade holt das für Sie sehr prägende Beispiel des längeren Ausfalls von Microsoft Teams zurück ins Bewusstsein.

Für digitalen Stress, der auf Unzuverlässigkeit von Technologien zurückzuführen ist, liefert diese Erkenntnis einen großen Mehrwert, da sie Ihnen helfen kann, die Bewertung 1 zu beeinflussen. Wie ich zuvor bereits erwähnt habe, ist diese jedoch viel schwieriger zu beeinflussen als die Bewertung 2. Es ist zwar möglich, aber es bedarf Zeit und Übung, Ihrer intuitiven Einschätzung zu misstrauen. Auf das Beispiel bezogen heißt das, dass die Befürchtung, die Verbindung von Microsoft Teams könnte tatsächlich abbrechen oder generell eine Technologie oder ein digitales System versagen, bewusst heruntergeschraubt werden sollte und die negativen Erinnerungen als das eingeordnet werden müssten, was sie letztlich sind – Extremereignisse (bspw. technische Störungen bei Microsoft), die glücklicherweise nicht jede Woche geschehen.

Ich kann Ihnen daher für den Kontext der *Unzuverlässigkeit* nur empfehlen, regelmäßig Ihre Intuition zu hinterfragen. Das wird zwar nur mittelfristig Ihre Bewertung 1 abschwächen, aber gerade das Wissen, dass die Verbindung kurzzeitig abbrechen und doch nach wenigen Minuten wiederhergestellt sein kann, hilft Ihnen, das Ungleichgewicht zwischen der Bewertung 1 und der Bewertung 2 auszugleichen. Es wird immer auch zu Unzuverlässigkeit kommen, aber diese stellen für Sie dann schwächere digitale Stressoren dar.

Vor dem Hintergrund von Verfügbarkeitskaskaden würde ich nur zu gerne ein Gespräch mit dem Fußballprofi Eric-Maxime Choupo-Moting führen und Ihn fragen, ob er ein gewisses Unbehagen, oder besser gesagt, digitalen Stress bei seinen Vereinstransfers der letzten 12 Jahre verspürt hatte. Die Geschichte dazu geht so: Choupo-Motings Wechsel vom Hamburger SV zum FC Köln im Jahr 2011 am letzten Transfertag konnte deshalb nicht vollzogen werden, weil das FAX-Gerät, das zur Übermittlung des Vertrags verwendet werden sollte, eine Funktionsstörung hatte mit der Folge, dass der unterzeichnete Vertrag nicht rechtzeitig und vollständig an die Deutsche-Fußball-Liga gesendet wurde. Der Vorfall erzeugte viel Hohn und Spott, hatte zugleich die harte Konsequenz, dass Eric-Maxime Choupo-Moting nicht mehr für die erste Bundesligamannschaft des Hamburger SV berücksichtigt wurde und nur noch in der Regionalliga Nord spielen durfte.

Gerne würde ich erfahren, wie er mit dieser Situation umgegangen ist und wie diese seine Bewertungen digitaler Stressoren beeinflusst hat, sein Vertrauen in die Zuverlässigkeit von FAX-Geräten sollte jedoch verloren gegangen sein. Doch solange er keine berufliche Zukunft in der deutschen Verwaltung anstrebt, sollte er mit FAX-Geräten vermutlich nicht mehr in Kontakt kommen. Doch Achtung: die Stadt Köln wird hierbei zum Vorreiter und beschloss im September 2023, dass bis 2028 keine FAX-Geräte mehr in der öffentlichen Verwaltung zum Einsatz kommen sollen. Ambitioniertes Vorhaben.

Allerdings ereignete sich 2021 ein ähnlicher Fauxpas. Wenngleich dieser weniger verheerende Auswirkungen hatte, scheiterte damals Choupo-Motings Teilnahme an einem wichtigen Qualifikationsspiel seiner Nationalmannschaft. Grund: die relevanten Daten wurden an eine falsche E-Mail-Adresse versendet (Stressor der Überladung – kommunikative Eingangskanäle).

Hinsichtlich der digitalen Stressbelastung könnte Eric-Maxime Choupo-Moting einem fast schon leidtun, obwohl auch er sicherlich einer Verfügbarkeitskaskade ausgesetzt sein wird.

9 You're Fired: Jobunsicherheit durch digitale Veränderungen und Künstliche Intelligenz

9.1 Die Titanic und der diffuse Eisberg

Zuvor habe ich Ihnen bereits fünf große digitale Stressoren und dazugehörige Belastungsfaktoren vorgestellt. Ich habe aufgezeigt, warum diese unter dem Einfluss der beiden Bewertungen zu digitalem Stress führen können. Der vorerst letzte wissenschaftlich fundierte Stressor besteht in der *Jobunsicherheit*, der Angst, den eigenen Arbeitsplatz im Zuge der digitalen Transformation zu verlieren.

Interessanterweise ist die Wahrnehmung der Jobunsicherheit im Kontext der digitalen Transformation in gewissem Maße diffus. Wenn ich in meinen Workshops oder im Rahmen eines Impulsvortrags vom digitalen Stressor der *Jobunsicherheit* erzähle, erzeuge ich manchmal ein kurzes Gefühl latenter Panik, als seien meine Zuhörer Passagiere auf der Titanic und würden in diesem Augenblick erkennen, wie groß der Eisberg vor ihnen unterhalb der Wasseroberfläche sei und welche Auswirkungen dieser haben könnte. Konkret geschieht das meistens dann, wenn ich die Auswirkungen im Feld der Künstlichen Intelligenz thematisiere.

Zwar kennen mittlerweile fast alle meine Zuhörer ChatGPT und haben auch von seinen Möglichkeiten gehört. Meine Wahrnehmung ist allerdings, dass viele Menschen Künstliche Intelligenz mit ChatGPT gleichsetzen. Doch das Entwicklungsfeld ist so viel größer als die meisten denken, ChatGPT ist nur eine von vielen Anwendungen. Unzählige weitere können auf verschiedenste Berufe einen Einfluss nehmen.

Eines meiner Lieblingsbeispiele kommt vom Start-up Photo AI. Diese Anwendung kann mittels Künstlicher Intelligenz Bilder von realen Personen in nicht reale Situationen einfügen. Vereinfacht gesagt, wird aus einem schönen Selfie ein tolles Business-Profilbild, für das schnell einmal ein dreistelliger Betrag beim Fotografen fällig geworden wäre. Das Publikum regiert oftmals mit einer gewissen Betroffenheit, weil viele nicht erwartet hätten, dass eine Künstliche Intelligenz bis in den kreativen Bereich vordringen würde. Und das ist nur eins von vielen Beispielen.

Der 2023 begonnene Autorenstreik in Hollywood, den Sie daran spüren werden, dass viele Ihrer Lieblingsserien auf Netflix oder anderen Streamingplattformen deutlich später veröffentlicht werden als angekündigt, dreht sich im Kern darum, wie mit dem Möglichkeiten Künstlicher Intelligenz in der Filmbranche umgegangen werden soll.

Bereits heute kann ein Chatbot wie ChatGPT ganze Drehbücher und Bücher schreiben. Das bedroht die Mitarbeiter einer ganzen Branche. Im Sommer 2023 schrieb ChatGPT die beiden noch fehlenden Fortsetzungen der Erfolgsgeschichte *Game of Thrones,* deren letzte drei Serienstaffeln nicht mehr auf Buchvorlagen basieren. Diese stehen kostenlos zum Download bereit und auch wenn sich über die Qualität des Inhalts sicherlich streiten lassen wird, wird das Ende einigen Fans wohl besser gefallen als das Serienfinale der HBO-Serie, das im Jahr 2019 Millionen von Fans frustrierte und sogar eine Petition entstehen ließ, damit ein neues Drehbuch geschrieben wird – hätte es damals nur schon ChatGPT gegeben.

Dass die Risiken der Künstliche-Intelligenz-Revolution langsam im Bewusstsein der Bevölkerung ankommen, könnte auch aus einer im Sommer 2023 veröffentlichten globalen Studie des Marktforschungsinstituts Ipsos geschlossen werden, wonach bereits jeder Fünfte wegen der Entwicklungen auf dem Feld um seinen Arbeitsplatz besorgt ist.

Viele weitere Studien gehen in eine ähnliche Richtung und zeigen, wie stark die makroökonomischen Auswirkungen auf den Arbeitsmarkt sein werden.

Und auch die Chefin des Ethikrats, Prof. Dr. Alena Buyx, die Sie vielleicht während der Pandemie in unzähligen Talkshows gesehen haben, betont in einem spannenden Artikel in der Frankfurter Allgemeinen Zeitung: »*Natürlich ist es übertrieben, wenn jetzt alle Angst um ihren Job haben. Aber es wird schon viele treffen.*« (Bernau, 2023, o. S.)

Doch andererseits wirkt es in vielen Situationen auf mich, als sähen viele Menschen lediglich die kleine Spitze des Eisbergs oberhalb der Wasseroberfläche. Denn seltsamerweise nehme ich eine stark eingeschränkte Jobunsicherheit in der Gesellschaft wahr, wenn ich nicht der Impulsgeber bin, der seinen Zuhörern die Risiken vor Augen führt. Natürlich ist mir bewusst, dass ich durch die Vorstellung relevanter Studienergebnisse bei meinen Zuhörern einen Priming-Effekt auslöse. Das bedeutet, dass die gezielten Informationen meinen Zuhörern eine existentielle Bedrohung vor Augen führen, nämlich den eigenen Arbeitsplatz zu verlieren. Wahrscheinlich ging es Ihnen ähnlich, als ich Ihnen zu Beginn dieses Buches entsprechende Studien vorgestellt habe oder Sie meine Ausführungen rund um die Künstliche Intelligenz gelesen haben. Unwillkürlich war Ihr Gehirn damit konfrontiert, sich mit dem Szenario der eigenen Arbeitslosigkeit auseinanderzusetzen.

Doch ohne diese Studien und deren Priming-Effekte scheint das Thema, zumindest vor der Covid-19-Pandemie, in der Gesellschaft fast gar keine Sorgen bereitet zu haben.

Die *Süddeutsche Zeitung* hat hierzu im Jahr 2019 eine große Befragung mit über 1000 Teilnehmern durchgeführt. Das Ergebnis: Lediglich 4% waren sehr besorgt, den eigenen Arbeitsplatz durch die Künstliche Intelligenz zu verlieren. Natürlich gibt es bestimmte Berufe, in denen die Automatisierungsmöglichkeiten und das Digitalisierungspotenzial deutlich weniger stark Einfluss nehmen werden. Der promovierte Philosoph und Bestsellerautor Richard David Precht bezeichnet diese als »*Empathieberufe*«. Charakteristisch für diese Berufe ist eine Mensch-zu-Mensch-Beziehung. Hierzu zählen z. B. Berufe im therapeutischen Kontext, in der Erziehung und Erwachsenenbildung oder jegliche Art von Coaching. Eben alle die, in denen der Wertbeitrag besonders im Zusammenwirken von Menschen entsteht.

Andere Berufsgruppen, wie sie z. B. besonders in der Bankenbranche und Versicherungs-branche oder der Produktion zu finden sind, haben eine ganz andere Ausgangslage. Hier ist das Digitalisierungspotenzial enorm.

Exemplarisch steht dafür eine der größten Privatbank in Deutschland, wo bereits im Jahr 2016 die Strategie der Transformation zu einem digitalen Technologieunternehmen ver-folgt wurde, in dem 80 % der rund 1000 Prozesse vollständig digitalisiert sein sollten. Leider berücksichtigte die damalige Studie der Süddeutschen Zeitung die großen Bran-chen- und Berufsunterschiede nicht. Die Gründe dafür bleiben offen, allerdings vermute ich, dass dies die Komplexität des Studiendesigns und die benötigte Stichprobe für ein repräsentatives Befragungsergebnis zu groß gewesen sein könnten. Doch ich bin davon überzeugt, dass ein entscheidender Faktor, der die damaligen Studienergebnisse mil-dernd beeinflusst hat, darin lag, dass die wenigsten Teilnehmer eine Vorstellung davon hatten, was Künstliche Intelligenz bereits in wenigen Jahren leisten kann. Überlegen Sie einmal selbst, hatten Sie im Jahr 2019 eine Vorstellung davon, was ChatGPT nur 4 Jahre später leisten würde und welchen Einfluss dieser auf die Arbeitswelt und auf die Berufs-profile nehmen wird? Vermutlich war für Sie nichts davon damals vorstellbar, was dazu geführt hat, dass Ihre Bewertung 1, die für die Wahrnehmung digitaler Stressoren verant-wortlich ist, in den damaligen digitalen Entwicklungen auch kein Risiko sah.

Vor diesem Hintergrund wäre es, besonders nach dem enormen Digitalisierungsschub während der Covid-19-Pandemie, von großem Interesse, ein für Deutschland repräsen-tatives Befragungsbild zu erhalten, aus dem deutlich wird, wie stark die Jobunsicherheit in der Gesellschaft in bestimmten Branchen ausgeprägt ist. Ähnliche und überaus inte-ressante Informationen könnten auch eine Aktualisierung des im Jahr 2020 vom *Institut der deutschen Wirtschaft* veröffentlichen Berichtes »*(Keine) Angst vor Robotern – Beschäfti-gungseffekte der Digitalisierung*« ergeben. Oliver Stettes, der Leiter des dortigen Clusters *Arbeitswelt und Tarifpolitik* erläutert, dass bisher kein systematischer Abbau von Arbeits-plätzen eingetreten ist, begründet das aber auch damit, dass die Möglichkeiten der Auto-matisierung häufig nicht ausgeschöpft würden.

Dazu habe ich zwei Gedanken, die ich gerne mit Ihnen teilen möchte, von denen der Erste deutlich weniger gewagt und beunruhigend als der Zweite ist.

Der erste lautet: Da mir leider keine aktuelleren Daten bekannt sind und der zuvor ge-nannte Bericht noch nicht alle Covid-19-Digitalisierungs- und Automatisierungseffekte berücksichtigt, wäre es für mich naheliegend, dass hier – drei Jahre später – zum Ende des Jahres 2023 deutlichere Effekte sichtbar sein sollten.

Meine zweite, gewagtere und auch beunruhigender Vermutung lautet: Wenn das bishe-rige Digitalisierungs- und Automatisierungspotenzial aktuell noch nicht vollumfänglich berücksichtigt wird, könnte das zur Folge haben, dass diese Potenziale zu einem späteren Zeitpunkt verhältnismäßig rasch ausgeschöpft werden.

Sollte ich Recht behalten, ist es naheliegend, dass für viele Menschen die Jobunsicherheit sehr kurzfristig zu einem deutlich relevanteren Thema werden würde. Die Anzahl der Men-schen, die das volle Volumen des Eisbergs unterhalb der Wasseroberfläche sehen würden, würde in kurzer Zeit steigen. Das hätte gleichzeitig zur Konsequenz, dass viele Arbeits-plätze in kurzer Zeit verloren gehen würden. Damit entginge dem Betroffenen die Chance, sich umschulen zu lassen und digitale Kompetenzen zu entwickeln. Hätten Sie die Chance dazu, würde das Ihnen helfen, in einem neuen beruflichen Umfeld Fuß zu fassen.

Gewissermaßen wäre es daher für Menschen, deren Arbeitsplatz im Zuge des digitalen Fortschritts verloren gehen könnte, wertvoll, bereits heute die Rettungsbote der Titanic zu besteigen, auch wenn der Eisberg noch in der Ferne liegt. Das würde ermöglichen, in eine andere bzw. neue berufliche Richtung umzulenken, bevor der Zeitpunkt verpasst ist, angemessen darauf reagieren zu können. Dafür wäre eine deutlich bessere Aufklärung in der Gesellschaft vonnöten, damit potenziell betroffene Menschen frühzeitig in ihre Wei-terqualifizierung investieren können. Vor diesem Hintergrund gehe ich auf die Themen rund um Re- und Upskilling zu einem späteren Zeitpunkt genauer ein.

9.2   Zwischen Theorie und Praxis

Meine vorherigen Erläuterungen führen mich zu den theoretischen Studien zurück, die ich Ihnen bereits in der Einleitung kurz vorgestellt habe. Wahrscheinlich erinnern Sie sich an meine Ausführungen zur berühmten Oxford-Studie aus dem Jahr 2013, die nach Erschei-nen politische Wellen schlug oder auch die Studie des *McKinsey Global Institutes,* nach der weltweit rund 375 Millionen Arbeitsplätze im Zuge der digitalen Transformation und der Automatisierung verloren gehen werden. Zu diesen Themen gibt es noch zahlreiche wei-tere Studien, die alle zweierlei Botschaften vermitteln:
* Ja, Millionen von Arbeitsplätzen gehen im Verlauf der digitalen Transformation verloren,
* aber es entstehen auch viele neue Arbeitsplätze.

Das zeigt auch der jüngste Bericht des *Rats der Arbeitswelt,* einem vom Arbeitsministe-rium eingesetztes Expertengremium. In dem Bericht wird betont, dass in Deutschland nach aktuellen Schätzungen 3,6 Millionen Arbeitsplätze von den Auswirkungen der digita-len Transformation betroffen sein werden. Zugleich wird erwartet, dass ebenso viele neue Arbeitsplätze entstehen, doch mit einem komplett anderen Kompetenzprofil.

Der digitale Stressor der *Jobunsicherheit* greift diese Entwicklung auf und beschreibt die Sorge vieler Arbeitnehmer und greift die Herausforderung auf, ein neues Kompetenzprofil entwickeln zu müssen. Und beides, Sorge und Herausforderung haben das Potenzial, enormen digitalen Stress zu erzeugen. Bei allen theoretischen Studienergebnissen und damit auslösbaren Priming-Effekten, bewegt mich der digitale Stressor der *Jobunsicherheit* am stärksten, wenn ich ihn im beruflichen Umfeld anderer Menschen wahrnehme.

Es gab vor einigen Jahren eine Phase, in der *Jobunsicherheit* (Bewertung 1) auch bei mir digitalen Stress ausgelöst hat. Doch im Verlauf der letzten Jahre und mit dem Aufbau meiner eigenen digitalen Kompetenzen sowie dem generellen Investment in meine Bewältigungsstrategien (Bewertung 2), stellt die Jobunsicherheit für mich keine Belastung mehr dar.

Während die fünf zuvor genannten digitalen Stressoren und ihre Dimensionen eine große Belastung in der neuen Arbeitswelt sein können, repräsentiert die Dimension der *Jobunsicherheit* echte existentielle Sorgen. Ich nenne Ihnen diesen bewusst zum Schluss: Während Teil Eins die Exposition charakterisiert, also die Voraussetzungen (bspw. die Entwicklung zur Industrie- und Arbeitswelt 4.0), spitzt sich der zweite Teil immer weiter zu, bis zum existentiellen Stressor der *Jobunsicherheit*, bevor im letzten Teil die Lösung eingeleitet wird.

Auch wenn die gesundheitliche Beeinträchtigung das zentrale Thema dieses Buches ist, bringt die Befürchtung, den Arbeitsplatz verlieren zu können und keinen vergleichbaren mehr zu finden, digitalen Stress auf ein neues Level. Die Sorge vor Statusverlust und dem Abrutschen in soziale Sicherungssysteme, sind in Deutschland viel ausgeprägter als viele erwarten. Diese Sorge bei Menschen wahrzunehmen, löst auch in mir immer wieder Mitgefühl aus.

In meinen Impulsvorträgen stelle ich hinsichtlich dieses Stressors häufig ein Beispiel vor, das mich bereits vor einigen Jahren betroffen gemacht hat. Ich war beratend in einem Unternehmen aktiv, das sehr viel Geld in seine digitale Transformation investierte, um einen großen Teil der Prozesse zu digitalisieren und damit effizienter und kostengünstiger arbeiten zu können. Das Ziel war klar, doch was empfanden die Menschen, die seit vielen Jahren für die Abwicklung der Prozesse zuständig waren? Einige von ihnen verbrachten ihre vollständige berufliche Laufbahn mit in der Abwicklung jener Prozesse, die im Unternehmen bereits in wenigen Jahren vollständig automatisiert sein sollen. Einige der betroffenen Menschen schilderten mir ihre empfundene Belastung. Zum damaligen Zeitpunkt war ich mit der digitalen Stress-Theorie und dem Forschungsfeld noch nicht vertraut, aber aus heutiger Sicht bin ich überzeugt, dass die wahrgenommene Belastung auf die Betroffenheit von digitalem Stress zurückzuführen ist.

Die Wahrnehmung des digitalen Stressors der *Jobunsicherheit* (Bewertung 1) muss für die betroffenen Menschen enorm gewesen sein. Das eigene Unternehmen verfolgt das strategische Ziel, Prozesse vollständig zu digitalisieren, ohne zu berücksichtigen, welchen Einfluss das auf die Menschen hat, die genau in diesen Prozessen arbeiten. Wenn das Unternehmen gezielte Umschulungs- und Entwicklungsprogramme aufgesetzt und sozialverträgliche Abfindungsprogramme angeboten hätte, wären das wohl Aspekte gewesen, die zu verbesserten Bewältigungsstrategien (Bewertung 2) hätten beigetragen können. Doch da dies nicht der Fall war, nahm die Belastung und Frustration bei vielen Menschen zu. Einige von ihnen, jene, mit denen ich sprechen konnte, berichteten mir, dass sie sich natürlich die Frage stellen, wo sie in wenigen Jahren arbeiten würden und wie sie den Lebensunterhalt für ihre Familie verdienen sollten.

Verständlicherweise wirkt sich diese Jobunsicherheit auf weitere Faktoren aus. Die Arbeitszufriedenheit und die Arbeitsmotivation nahmen ab und die empfundene Belastung wirkte sich zudem negativ auf den allgemeinen Gesundheitszustand aus. Sicherlich wirkten sich diese individuellen Veränderungen auch auf die gesamte Performance eines Unternehmens aus und ließen zudem dessen Fluktuationsquote ansteigen.

Was ich in meinen Impulsvorträgen meistens ausspare, möchte ich nach reiflicher Überlegung hier mit Ihnen teilen. Ein Auslöser für mein Interesse an diesem Thema geht von meinem Vater aus, der über 20 Jahre in einem mittelständischen Unternehmen tätig. Im Zuge einer strategischen Übernahme wurde sein bisheriger Standort in der Nähe von Wiesbaden geschlossen. Zwar hätte mein Vater an einem neuen Standort weiterarbeiten können, allerdings war dieser rund 250 Kilometer entfernt. Das war wahrscheinlich der wichtigste Grund, sich gegen das Angebot seines damaligen Arbeitgebers zu entscheiden. Ihm war die geografische Nähe zur Familie besonders wichtig und so begann er mit der Suche nach einem neuen Arbeitgeber. Leider merkte er schnell, dass in den Stellenausschreibungen anderer Unternehmen Wissen im Umgang mit digitalen Tools gefordert war, das er bei seinem vorherigen Arbeitgeber nicht benötigt hatte. Im Verlauf einiger Monate stieg das Frustrationspotenzial und er äußerste den für mich bis heute prägenden Satz »*Irgendwann platzt diese Digitalisierungsblase und alle, die daraufgesetzt haben, werden sich umsehen.*« Aus diesem Satz lässt sich ableiten, welch enormen Stressor (Bewertung 1) die digitale Transformation für meinen Vater darstellte. Ich denke, hier sind durchaus auch die Dimensionen *Komplexität*, *Ungewissheit*, *Unzuverlässigkeit* und natürlich *Jobunsicherheit* wichtig. Gleichzeitig hatte mein Vater damals nicht die angemessenen Bewältigungsstrategien (Bewertung 2) zur Verfügung, um gegen die zuvor genannten Stressoren in den Ring steigen zu können.

Ich gehe nach meinen vorherigen Ausführungen zum Thema Digitalisierung davon aus, dass Sie meine Einschätzung teilen, dass die Prognose meines Vaters nicht eintreten wird.

Das Interessante an seiner Aussage ist dennoch, dass sich hieraus auch der zweite Teil des digitalen Stressors der *Jobunsicherheit* ableiten lässt. Neben der bloßen Angst, dass ein Algorithmus oder eine Künstliche Intelligenz einen Arbeitsplatz übernehmen könnte, zählt auch die Wahrnehmung, auf dem Arbeitsmarkt mit vielen weiteren Menschen in Konkurrenz zu stehen, deren Arbeitsplatz ebenfalls von einer Künstlichen Intelligenz übernommen wurde. Menschen die – wie mein Vater – auf der Suche nach einem neuen Arbeitgeber sind, oder Menschen, die perspektivisch ihren Arbeitsplatz verlieren, sind hiervon gleichermaßen betroffen.

In beiden Fällen sind sie besorgt, keinen vergleichbaren neuen Arbeitsplatz zu finden, weil sie glauben, dass ihre digitalen Kompetenzen zu gering sind (Bewertung 1), um gegen andere, teils deutlich jüngere Bewerber, bestehen zu können. Die wahrgenommene Konkurrenzsituation ist nachvollziehbar und in Teilen auch realistisch. Sie verdeutlicht zudem erneut den Aspekt der Hilflosigkeit, der bereits bei der *Komplexität* und der *Ungewissheit* eine bedeutsame Rolle gespielt hat.

Viele Menschen können durch diese Hilflosigkeit entmutigt werden, aber besonders hier ist es von großer Bedeutung, aktiv zu handeln. Aktuell ist noch ausreichend Zeit vorhanden, auf die Veränderungen der Arbeitswelt zu reagieren und damit entsprechende Bewältigungsstrategien (Bewertung 2) zu entwickeln. Wie ich Ihnen zeigen werde, sind der Aufbau digitaler Kompetenzen und das Upskilling, vereinfacht gesagt, das Upgraden der eigenen Fähigkeiten im Kontext der allgemeinen beruflichen Qualifikation, gewissermaßen eine Berufsunfähigkeitsversicherung für die digitale Arbeitswelt.

Und so schließe ich an dieser Stelle mit einem für mich positiven Beispiel, das Ihnen einen ersten Eindruck vermittelt, wie Upskilling zur individuellen Erfolgsgeschichte werden kann: Mein Vater investierte viel Zeit in seine individuelle Weiterbildung und ging damit einen neuen beruflichen Weg, in dem er heute vollkommen aufgeht. In diesem ist der Einfluss der digitalen Transformation mindestens bis zum Eintritt in seinen Ruhestand noch nicht so stark, was zur Folge hat, dass sein aktueller Arbeitsplatz mittelfristig nicht gefährdet sein wird. Diese Gewissheit begünstigt seine Bewältigungsstrategien (Bewertung 2) innerhalb des digitalen Stressors der Jobunsicherheit enorm.

9.3 Wie Re- und Upskilling zur besten (digitalen) Berufsunfähigkeitsversicherung werden

Sicherlich sind Sie bereits häufiger mit Aussagen und Prognosen rund um den Fachkräftemangel konfrontiert worden. Das Thema ist zeitgemäßer denn je und wird mit Blick auf bestimmte Berufsgruppen, z. B. in der Pflege jedes Jahr dringlicher. Doch der Begriff des Fachkräftemangels impliziert für mich etwas, was er tatsächlich nicht ist: flächendeckend und branchenübergreifend.

In einigen Gesprächen, unter anderem im zuvor genannten Unternehmen, dessen Prozesse digitalisiert und dessen Mitarbeiter nicht angemessen berücksichtigt wurden, bin ich mit Statements konfrontiert worden, die leider zu kurz gedacht waren. So hieß es z. B. von einem Mitarbeiter, dass – auch wenn sein aktueller Arbeitsplatz in wenigen Jahren nicht mehr vorhanden sein sollte, er sicher einen anderen Job finden würde – in Deutschland gäbe es ja einen Fachkräftemangel. Natürlich wollte ich ihn in diesem Moment nicht direkt belehren und zugleich entmutigen. Natürlich existiert in vielen Berufen ein Fachkräftemangel, aber nicht in dem Gebiet, in dem der Mitarbeiter damals tätig war. Es wäre wahrscheinlich möglich, auf Berufe umzuschulen, in denen der Fachkräftemangel tatsächlich existent ist, wie z. B. in der Pflege, aber ich denke, so weit gingen seine Überlegungen nicht. Wahrscheinlich wäre ihm dies angesichts der deutlich härteren Arbeitsbedingungen, Arbeitszeiten und des schlechteren Gehalts gar nicht in den Kopf gekommen.

Heute weiß ich, dass dieser Glaubenssatz (»werde einen Job finden, in Deutschland gibt es ja Fachkräftemangel«) nicht weniger war als eine positive Manipulation seiner Bewältigungsstrategien (Bewertung 2). Von vergleichbaren Manipulationen habe ich Ihnen bereits an verschiedenen Stellen in diesem Buch berichtet. Es geht jedoch immer darum, dass dieser Glaube, sicher einen vergleichbaren Arbeitsplatz zu finden, die vielleicht vorhandenen Bewältigungsstrategien nicht nachhaltig verbessern.

Der Fachkräftemangel ist auch deshalb keine Lösung, weil die neuen Berufe, die im Verlauf der digitalen Transformation neben jenen, die wegfallen, entstehen, ein komplett anderes Kompetenzset voraussetzen.

Hier sind digitale Kompetenzen ein absolut unerlässlicher Bestandteil; fehlen sie, erschwert das den Menschen, die wegen der digitalen Transformation ihren gegenwärtigen Arbeitsplatz verloren haben, den Weg in einen neuen Beruf.

In der Studie »*Der Mensch in der Arbeitswelt 4.0*« vom *Institut für Angewandte Psychologie* der Hochschule Zürich gibt es dazu einen, wie ich finde, prägenden Satz: »*Am Ende des Tages beeinflusst das Zusammenspiel von Mensch und Maschine den künftigen Erfolg von Firmen und Organisationen.*« (Genner et al., 2017, S. 3)

Mein Fokus liegt auf dem Zusammenspiel von Mensch und Maschine. Gut fundierte digitale Kompetenzen sind dafür essenziell. Unternehmen sind gefordert, die digitalen Kompetenzen frühzeitig bei Ihren Mitarbeitern zu entwickeln. Zugleich stellt die Kompetenzentwicklung eine gesamtgesellschaftliche Herausforderung dar. Denn es wird nicht gelingen, jeden der betroffenen Menschen zu einem Spezialisten für Big Data oder maschinelles Lernen zu qualifizieren. Zum Glück sind die beiden Beispiele plakativ, zudem sind die Erwartungen hinsichtlich des Qualifikationsniveaus auch nicht in allen neuen Berufen so hoch. Dennoch wird die Bedeutung von Weiterbildungen deutlich.

Der im Mai 2023 veröffentlichte Bericht des *Rats der Arbeitswelt* wies sehr deutlich auf den Nachholbedarf deutscher Unternehmen in der Weiterbildung hin. Es braucht enorme Anstrengung, um die Herausforderungen der digitalen Transformation zu meistern. In der personalwirtschaftlichen Forschung steht hierfür der Begriff Employability, der die Beschäftigungsfähigkeit eines Mitarbeiters bei sich veränderten Arbeitsbedingungen zum Ausdruck bringt. Hierzu sind Qualifikationsangebote unerlässlich, damit diejenigen, deren Arbeitsplatz der digitalen Transformation zum Opfer fallen könnte, eine echte Chance haben, digitale Kompetenzen aufzubauen und Umschulungsmöglichkeiten zu nutzen. Denn wie die eindrucksvolle Geschichte des promovierten Genetikers Mohammed AlQuraishi gezeigt hat, sind nicht nur Menschen in Berufen im Niedriglohnsektor mit vermeintlich geringer Bildung von den Auswirkungen der Digitalisierung betroffen.

Die Begriffe der Stunde sind Reskilling und Upskilling: Beide Begriffe sind inhaltlich nicht vollständig neu, aber ihnen kommt in einer zunehmend digitalisierten Arbeitswelt eine enorme Bedeutung zu.

Bereits vor der Künstliche-Intelligenz-Revolution, die wir aktuell erleben, verdeutlichte eine Studie des renommierten *McKinsey Global Institute*, dass bis zum Jahr 2023 rund 10,5 Millionen Arbeitsplätze in Deutschland vor großen Veränderungen stehen. Etwa 6,5 Millionen davon werden sich so stark transformieren, dass es ein verändertes Kompetenzprofil benötigt, während weitere 4 Millionen eine Arbeit ausüben, die der digitalen Transformation zum Opfer fallen wird. Damit prognostiziert die Studie sogar eine höhere Betroffenheit als die Einschätzung des *Rats der Arbeitswelt*, die ich Ihnen zuvor vorgestellt habe.

Beides repräsentiert den Kern dieses Kapitels. Um darauf zu reagieren, bedarf es Re- und Upskilling-Maßnahmen für die betroffenen Menschen.

Reskilling ist vereinfacht als Fort- und Weiterbildung zu beschreiben, sodass den veränderten Anforderungen der Kompetenzprofile Rechenschaft getragen werden kann.

Upskilling hingegen lässt sich als Umschulung in ein neues Berufsprofil verstehen, das nicht vom digitalen Fortschritt vernichtet wird oder erst aus diesem entsteht.

Wie man es auch versteht, das Upgraden der persönlichen Fähigkeiten mittels verschiedener Fortbildungswege und Weiterqualifizierung oder Umschulungsmaßnahmen ist ein wirkmächtiger Weg, die Employability in der Arbeitswelt 4.0 sicherzustellen.

Interessanterweise setzen Reskilling und Upskilling direkt an der Bewertung 2 an. Naheliegenderweise ist der potenzielle Verlust des gegenwärtigen Arbeitsplatzes ein Umwelteinfluss, der für viele Menschen einen digitalen Stressor darstellt (Bewertung 1). An dieser Fremdbestimmung lässt sich zudem nicht viel verändern, wenngleich es temporär auch eine Bewältigungsstrategie (Bewertung 2) darstellen würde, den digitalen Stressor bestmöglich auszublenden oder zu ignorieren. Das ist eine Strategie, die kurzfristig durchaus erfolgreich sein kann, aber solche Passivität führt langfristig nicht zum Erfolg – im Gegenteil, sie lässt alle Möglichkeiten des persönlichen Re- und Upskillings ungenutzt.

Um es mit den Worten der fiktiven Figur des Corlys Velaryon aus der Serie *House of the Dragon* zu beschreiben: »*Um einem Sturm zu entgehen, segelt man entweder direkt hinein, oder man umschifft ihn. Aber niemals darf man einfach nur auf ihn warten.*« (House of the Dragon, Staffel 1, Folge 2).

Durch die Erkenntnisse, die Sie zu Beginn dieses Buches in Kapitel 1 (Digitale Transformation zur Industrie- und Arbeitswelt 4.0) gesammelt haben, wird Ihnen klar sein: Der Sturm der digitalen Transformation zieht nicht einfach ab. Er zieht aktuell erst auf und wird so groß, dass Sie ihn kaum umschiffen können. Sollte für Sie die Dimension der *Jobunsicherheit* ein Stressor sein und zu digitalem Stress führen, empfehle ich Ihnen, direkt in den Sturm hineinzusegeln. Aktuell besteht noch die temporärere Chance, neue berufliche Wege einzuschlagen, sich »*upzuskillen*« oder sich zu »*reskillen*« und damit für die Arbeitswelt 4.0 zu qualifizieren.

Seit einigen Jahren bietet das *Institut für Arbeitsmarkt- und Berufsforschung* einen Service (https://job-futuromat.iab.de) an, der errechnet, wie stark Ihre berufliche Tätigkeit von Automatisierungs- und Digitalisierungsprozessen betroffen sein wird. Bereits dieser Service kann dazu beitragen, Ihre Bewältigungsstrategien (Bewertung 2) zu verbessern, weil er bestmögliche Klarheit zur mittel- und langfristigen Perspektive eines Berufsbildes bietet. Sicherlich kennen Sie Situationen, in denen Sie eine negative und harte Nachricht erhalten haben. So belastend und frustrierend das auch sein mag – die Gewissheit, sich darauf einstellen zu können, bietet auch die Chance, perspektivisch etwas Neues zu ergreifen.

Diese Klarheit und die damit verbundene Weichenstellungen sind jedoch auch für Teenager von großer Bedeutung. Eine OECD-Studie fand heraus, dass viele Jugendliche ihre Zukunft in »*traditionellen Berufen*« sehen. Die Studienautoren gehen jedoch davon aus, dass rund 39% dieser Berufe in den kommenden 10 bis 15 Jahren durch den Automatisierungs- und Digitalisierungsfortschritt verloren gehen werden. Es macht nur begrenzt Sinn, diese vollkommen rationalen Informationen an Jugendliche zu kommunizieren, da deren Bewertung 1 meiner Meinung nach noch nicht ausgereift genug ist, diese Bedrohung durch die digitale Transformation angemessen zu verarbeiten. Vereinfacht gesagt fehlt diesen der Weitblick, die strategisch nachhaltigen Berufsfelder für sich zu erschließen. Hier ist das Bildungssystem in der Pflicht, Neugier für zukunftsfähige Berufe zu schaffen.

An dieser Stelle möchte ich Ihnen auch das Buch »*Freiheit für alle – Das Ende der Arbeit wie wir sie kannten*« von Richard David Precht nahelegen. Wenngleich das Buch auch vor allem Fragen des bedingungslosen Grundeinkommens diskutiert, ist der erste Teil »*Die Revolution der Arbeitswelt*« ein wahrer Wissensschatz und clustert Berufsgruppen, deren Zukunft besonders gut bzw. sicher ist. Das Beispiel der »*Empathieberufe*« habe ich bereits in diesem Kapitel eingeführt. Es wird unerlässlich sein, sich auf die Anforderungen der Arbeitswelt 4.0 vorzubereiten und neue (digitale) Kompetenzen aufzubauen. Ganz gleich, ob Sie diese bis zum Ende Ihres Erwerbslebens einsetzen müssen oder nicht, die bewusste Auseinandersetzung mit Re- und Upskilling begünstigt Ihre Bewältigungsstrategien (Bewertung 2) enorm, weil damit die Überzeugung verbunden ist, dass Sie auch im Falle eines Jobverlustes, einen neuen Arbeitsplatz finden. Diese Sicherheit ist die beste Berufsunfähigkeitsversicherung, die Sie im digitalen Zeitalter abschließen können.

Zusammenfassung Teil 2

Der zweite Teil ist zugleich der »Kern« dieses Buches und thematisiert sechs Dimensionen, die zu Stressoren werden können und die wissenschaftlich gut fundiert sind.

Ich habe in Kapitel 5 mit der Dimension der *Überladung* begonnen, und gezeigt, wie multiple Kommunikationskanäle zu einem starken digitalen Stressor werden können, aber auch die Tatsache, dass die Anzahl digitaler Anwendungen und Systeme am Arbeitsplatz kontinuierlich steigt. Bei der Implementierung neuer Technologien wäre es wertvoller, den Fokus auf jene zu legen, die einen wirklich großen Einfluss auf die relevante Tätigkeit haben, statt alles auszuschöpfen, was technisch möglich ist. Zugleich hat diese Dimension das wahrscheinlich größte Potenzial, die individuellen Bewältigungsstrategien (Bewertung 2) zu verbessern zu. Dabei sind gut überlegte Arbeitsroutinen und Einstellungen in den genutzten Kommunikationskanälen wertvoll, die dem digitalen Stressor der *Überladung* wirkmächtig entgegentreten können.

Die zweite Dimension der *Entgrenzung von Beruf- und Privatleben* (Kapitel 6) ist seit der Covid-19-Pandemie und dem verstärkten ortsunabhängigen Arbeiten und dem Homeoffice zum großen digitalen Stressor geworden. Dieser steht in enger Verbindung zu weiteren Stressoren, wie dem Gefühl der digitalen Leistungsüberwachung und der gläsernen Person. Es braucht klare Zusammenarbeitsregeln und Wege, die die Trennung zwischen Beruf- und Privatleben wieder herstellen, um angemessene Bewältigungsstrategien (Bewertung 2) zu entwickeln. Diese sind unerlässlich, um die gesundheitliche Arbeits- und Leistungsfähigkeit dauerhaft sicherzustellen.

Kapitel 7 fasst die dritte und vierte Dimension (*Komplexität* und *Ungewissheit*) zusammen. Hier steht im Mittelpunkt, dass die wahrgenommene Komplexität von Technologien und digitalen Systemen zur großen Belastung werden kann, wenn es nicht gelingt, deren Komplexität zu durchdringen und zu verstehen. Das steht in direkter Verbindung zur Ungewissheit hinsichtlich des richtigen Umgangs mit diesen Technologien und digitalen Systemen. Naheliegenderweise beeinträchtigt es die Anwendbarkeit, wenn die Komplexität nicht durchdrungen werden kann. Das lässt folgende These zu. Je komplexer eine Anwendung desto schwieriger auch deren korrekte Anwendbarkeit. Die Bewältigungsstrategien (Bewertung 2) sind in diesem Kontext besonders durch digitale Kompetenzen zu stärken, da diese ein Fachvokabular vermitteln, das die Basis darstellt, um eine Technologie oder ein digitales System überhaupt zu durchdringen und zu verstehen. Zudem begünstigen digitale Kompetenzen den Umgang und vermitteln ein fast intuitives Verständnis dafür, wie entsprechende Anwendungen in großen Teilen zu bedienen sind.

Wenn Technologien und digitale Systeme zudem häufig Funktionsstörungen aufweisen, erklärt dies die fünfte Dimension der *Unzuverlässigkeit* (Kapitel 8). Dieser digitale Stressor beschreibt, dass die einwandfreie Funktion einer Technologie oder eines digitalen Systems nicht immer sichergestellt werden kann. Im beruflichen Alltag ist häufig enormer Zeitdruck gegeben, der den digitalen Stress aus der Dimension der *Unzuverlässigkeit* verstärkt, weil bei eingeschränkter Funktionalität die Arbeitsleistung oft nicht angemessen erbracht werden kann. Problematisch ist an dieser Dimension, dass kaum hilfreiche Bewältigungsstrategien (Bewertung 2) zur Verfügung stehen, die die Betroffenheit von digitalem Stress lindern könnten.

Zuletzt behandelte ich die Dimension der *Jobunsicherheit* (Kapitel 9) und die Wahrnehmung, dass der eigene Arbeitsplatz durch eine Künstliche Intelligenz oder einen entsprechenden Algorithmus ersetzt werden könnte. Neben dieser Sorge geht es vor allem auch darum, dass betroffene Menschen ihre Kompetenzen, insbesondere ihre digitalen Kompetenzen, im Vergleich zu anderen Bewerbern als gering einschätzen. Das kann ein Gefühl der Hoffnungslosigkeit erzeugen, keinen neuen Arbeitsplatz finden zu können. Glücklicherweise sind die individuellen Bewältigungsstrategien (Bewertung 2) hier deutlich besser beeinflussbar als bei einigen anderen digitalen Stressoren. Diese stehen in direkter Verbindung mit Weiterbildungs- und Umschulungsangeboten und dem beruflichen Re- und Upskilling, damit die Employability, also die dauerhafte Beschäftigungsfähigkeit in sich stetig verändernden Arbeitsbedingungen, sichergestellt werden kann.

Teil 3 Welche Auswirkungen hat digitaler Stress und was können Sie präventiv dagegen tun?

Nachdem Sie alle Aspekte zur Entstehung von digitalem Stress in Teil 2 des Buches kennengelernt haben, zeigt der dritte und letzte Teil zunächst, wie wichtig die psychische Gesundheit in der digitalen Arbeitswelt ist und welche Auswirkungen digitaler Stress für Sie persönlich, aber auch für Ihren Arbeitgeber als Unternehmen haben kann. Sie werden sehen, dass unterschiedliche mentale, aber auch körperliche Beeinträchtigungen mit einer digitalen Stressbelastung einhergehen können. Doch auch für Organisationen ist es von zentraler Bedeutung, digitalem Stress in der Belegschaft vorzubeugen. Neben der Verschlechterung zentraler betriebsrelevanter Faktoren können auch Mitarbeiterwiderstände eine Folge sein, die den digitalen Transformationsprozess ausbremsen oder gar blockieren kann.

Zum Abschluss dieses Buches beantworte ich nochmals die Frage, wie digitalem Stress bestmöglich vorgebeugt werden kann. Dazu liefere ich Ihnen verschiedenste präventive Ansätze und Konzepte, die auf der individuellen Ebene, der Leadership- Ebene und der organisationalen Ebene Anwendung finden können. Der Schwerpunkt hierbei liegt besonders auf der individuellen Ebene, denn diese setzt genau bei den Bewältigungsstrategien (Bewertung 2) an, die ich Ihnen im Verlauf des zweiten Teils bereits nähergebracht habe. Dazu lernen Sie Arbeitsroutinen kennen, die Sie ohne großes Vorwissen für sich nutzen können. Auf der Leadership-Ebene wird besonders der transformationale Führungsstil eine zentrale Rolle einnehmen, der sich besonders gut für den Umgang mit digitalem Stress eignet. Im Sinne der systemischen Organisationsentwicklung stelle ich Ihnen zum Abschluss unterschiedliche Facetten vor, die im Fokus von Organisationsentwicklungsprojekten stehen können, weil sie einen präventiven Einfluss auf die Entstehung von digitalem Stress haben.

10 Wieso psychische Gesundheit im Kontext von digitalem Stress entscheidend ist

Digitaler Stress ist in einer digitalisierten Welt zwangsläufig vorhanden, denn wo immer es neue digitale Technologien und Entwicklungen gibt, ist auch digitaler Stress nicht weit. Im zweiten Teil dieses Buches habe ich Ihnen eine Einführung zu den verschiedenen Dimensionen geliefert, aus denen digitale Stressoren hervorgehen können. Vor diesem Hintergrund ist es für mich besonders wichtig, die individuelle psychische Gesundheit und Leistungsfähigkeit als Faktor für Erfolg in der digitalen Arbeitswelt herauszuarbeiten.

Nachfolgend führe ich ein Beispiel ein, das gut zeigt, wie alte Glaubens- und Verhaltensgrundsätze in der digitalen Arbeitswelt nicht mehr gelten. Sie brauchen Achtsamkeit und starke Bewältigungsstrategien (Bewertung 2), damit Sie sich vor persönlichen psychischen Erkrankungen schützen können.

Ich bin Mitglied in einer Organisation für Speaker und Berater, die regelmäßige Netzwerktreffen veranstaltet. Auf einem dieser Treffen im Februar 2023 erzählte mir einer der Berater, dass er auf einem exklusiven Event von Dirk Kreuter gewesen sei. Dirk Kreuter bezeichnet sich selbst als bekanntesten Vertriebstrainer Europas. Er berichtete mir, wie wichtig nach dessen Ansicht harte und aufforderungsvolle Arbeit sei. Beiläufig erwähnte er, dass Themen wie digitaler Stress da keinen Platz hätten. Es zähle nur die absolute Leistung. Man müsse sehr viel arbeiten und engagiert sein. Natürlich leben wir in einer Leistungsgesellschaft und sicherlich ist Engagement im Beruf wichtig, dachte ich mir. Doch was die Ausführungen meines bekannten Beraterkollegen vermissen ließen, war, dass die Anzahl der Arbeitsstunden nichts über die Effektivität und die dauerhafte Leistungsfähigkeit aussagen.

Wenn ein Mensch mit einer starken Erkältung aus dem Homeoffice arbeitet, was beunruhigend viele tun, wird er zwar Arbeitsstunden ableisten, aber kann weder so effektiv sein, wie er es normalerweise wäre noch sich von der Erkrankung angemessen erholen.

Dieses und weitere vergleichbare Beispiele verdeutlichen, dass es auf Dauer zu einer Beeinträchtigung Ihrer psychischen Gesundheit kommen kann, wenn Sie nicht anerkennen, dass Pausen, Regeneration und das echte Auskurieren einer Erkrankung notwendig sind.

Im Verlauf der digitalen Transformation zur Arbeitswelt 4.0 wird psychische Gesundheit eine noch viel wichtigere Rolle als heute einnehmen. Emotionale Erschöpfung und Burnout-Erkrankungen sind zwei häufige Folgen von digitalem Stress auf die ich im nächsten Kapitel noch genauer eingehen werde.

Der Fokus auf mehr Arbeit und Leistungsfähigkeit kann dazu führen, dass Sie Ihre langfristige psychische Gesundheit schädigen. Jene Plattitüden, die Dirk Kreuters Veranstaltung vermitteln, also dass man alles erreichen könne, wenn man nur hart genug und aufopferungsvoll dafür arbeitet, lassen sich gewiss gut vermarkten und verkaufen, das muss ich zugeben, aber immerhin ist er ja Europas bekanntester Verkaufstrainer. Nur teile ich diese These überhaupt nicht. Es bedarf der Achtsamkeit und einer – zumindest auf den ersten Blick – geringeren Leistungsbereitschaft.

Von meinem Umfeld werde ich häufig als sehr gewissenhaft beschrieben und vielleicht trifft das auch auf Sie zu. Das ist natürlich eine gute Charaktereigenschaft, doch führte sie bei mir dazu, dass ich z. B. jede E-Mail taggleich beantworten möchte, unabhängig davon, wie komplex der Sachverhalt ist und wie viel Zeit mich es kostet. Früher verließen bei mir E-Mails daher durchaus zwischen 06:12 und 22:47 Uhr mein Postfach. Doch irgendwann erkannte ich, dass diese Leistungsbereitschaft nicht immer die besten Arbeitsergebnisse mit sich brachte, es gab z. B. Tippfehler in E-Mails, vergessene Anhänge und wichtige Adressaten waren im E-Mail-Verteiler nicht berücksichtigt.

Heute versuche ich, meiner Leistungsbereitschaft klarere Grenzen zu ziehen – und bin damit produktiver und erfolgreicher als ich es in früher war.

Sie werden merken, dass – es klingt paradox – vermeintlich geringere Leistungsbereitschaft mit höherer Leistungsfähigkeit einhergeht.

Das Schlüsselwort ist hier: Effektivität vor Effizienz.

Im Verlauf dieses Buches habe ich Sie bereits häufiger mit Arbeitsroutinen und Arbeitsprozessen konfrontiert, die oftmals auf Effizienz getrimmt sind. Multitasking war dafür ein absolutes Negativbeispiel, das keineswegs als vorteilhafte Fähigkeit verstanden werden soll. In der schnelllebigen Arbeitswelt ist Effizienz für Unternehmen auch von Bedeutung, aber die entscheidende Frage ist, wie effektiv Ihr Einfluss auf diese Arbeitsprozesse ist.

Effektivität entsteht nur, wenn Sie aus dem Vollen Ihrer Leistungsfähigkeit schöpfen können. Und damit Sie Ihre volle Leistungsfähigkeit zur Verfügung haben, gilt es einiges dafür zu tun: Das beginnt bei regelmäßigen Schlafphasen und reicht bis zu einer klaren Trennung von Beruf- und Privatleben. Im Zentrum der Leistungsfähigkeit steht dabei, dass Sie gute Bewältigungsstrategien besitzen, mit denen Sie die Herausforderungen der digitalen Arbeitswelt meistern können. Deshalb ist es mir ein so großes Anliegen, Ihnen immer wieder Angebote zu machen, wie gute Bewältigungsstrategien potenziell aussehen könnten. Wie wirkmächtig diese dann für Sie sind, müssen Sie im beruflichen Arbeitsalltag erproben.

Kurzfristige Arbeitsergebnisse sind in der digitalen Arbeitswelt zwar oftmals erwünscht, dürfen jedoch nicht der mentalen Gesundheit untergeordnet werden. Was zunächst nachvollziehbar klingt, ist in der digitalen Welt jedoch nicht immer einfach, da der Anspruch vieler Unternehmen häufig ein anderer ist und Warnzeichen des eigenen Körpers nicht immer als solche interpretiert werden können.

Körperliche Beeinträchtigungen können Sie häufig schnell erkennen, auch wenn Sie die Beeinträchtigungen ohne Fachwissen häufig nicht diagnostizieren können.

Doch im Kontext der psychischen Gesundheit können Belastungen und daraus resultierende Beeinträchtigungen nur mit starker Achtsamkeit identifiziert werden. Wenn Sie die Stärkung Ihrer Achtsamkeit und Ihrer individuellen Bewältigungsstrategien als Investition in Ihre mentale Gesundheit verstehen, wird sich das positiv auf Ihre Leistungsfähigkeit auswirken.

Im Verlauf dieses Teils fokussiere ich mich auf die Tatsache, wie wichtig es ist, eine eigene digitale Arbeitsroutine und eine resiliente Haltung zu entwickeln, mithilfe derer Sie den Herausforderungen der digitalen Welt begegnen können.

11 Welche Auswirkungen und Konsequenzen digitaler Stress hat

11.1 Analoge und digitale Werkzeuge

Im zweiten Teil dieses Buches haben Sie alle wichtigen digitalen Stressoren kennengelernt und ein Verständnis dafür gewonnen, wie digitaler Stress entsteht. Die Auswirkungen von digitalem Stress sind vielfältig und vor allem differenzierter, als Craig Brod es im Jahre 1984, als er digitalen Stress als moderne Krankheit bezeichnete, wohl für möglich gehalten hat. Seine These war, dass der Umgang mit Technologien und digitalen Systemen nicht angemessen gelingt, womit er grundsätzlich recht behalten hat, hinzu kommt jedoch, dass die heutigen, immer kürzer werdenden Entwicklungszyklen dazu führen, dass kaum noch Zeit bleibt, den Umgang angemessen zu erlernen. Mit großer Sicherheit hat Craig Brod trotz seiner treffsicheren Prognosen vor 40 Jahren nicht annähernd gewusst, welche digitalen Herausforderungen auf die Gesellschaft einwirken.

Technologien und digitale Systeme am Arbeitsplatz können als Werkzeuge verstanden werden, die zur Erbringung von Leistungen beitragen. Und wie bei analogen Werkzeugen kann es bei falscher oder unsachgemäßer Nutzung zu Verletzungen und Schädigungen kommen. Darunter ist zu fassen, dass die Anwendung von Technologien und digitalen Systeme ohne das Vorhandensein der dafür notwendigen Bewältigungsstrategien (Bewertung 2) erfolgt. Der Werkzeugbezug lässt zudem die Verknüpfung mit einer handwerklichen Tätigkeit zu. Ein Handwerker, der sich an seinem Werkzeug verletzt, sieht unmittelbar, zu welcher Verletzung das Werkzeug beigetragen hat. Das führt zwangsläufig zu einer Sensibilisierung dafür, wie die Verletzung eingetreten ist. Deshalb wird dieser in Zukunft vermutlich besser vorbereitet bzw. geschult sein, wenn er erneut mit dem Werkzeug arbeiten muss.

Wie Ihnen das vorherige Kapitel verdeutlicht hat, ist es im digitalen Kontext deutlich schwieriger dieses Bewusstsein zu entwickeln. Werden digitale Werkzeuge genutzt, so ist eine vergleichbare Schädigung viel schwieriger zu erkennen. Ich gehe sogar so weit, die These aufzustellen, dass sehr viele Menschen an ihrem Arbeitsplatz – wenn auch in unterschiedlicher Intensität – von digitalem Stress betroffen sind, dabei aber gar nicht bemerken, dass es sich um digitalen Stress handelt. Sie empfinden vielleicht ein gewisses Maß an Belastung, aber können diese nicht genau zu ihrem Ursprung zurückführen, wie es ein Handwerker kann, der sich physisch verletzt hat.

Da der Ursprung der Belastung, nämlich die unterschiedlichen digitalen Stressoren, den meisten Menschen nicht direkt bekannt sind, können sie auch nichts an ihrem Arbeitsverhalten ändern oder einen bessern Einsatz der digitalen Werkzeuge einüben.

Die meisten Menschen sind nicht in der Lage, ihre Bewältigungsstrategien (Bewertung 2) spezifisch den für sie relevanten Stressoren anzupassen, und damit ihre Betroffenheit von digitalem Stress zu reduzieren. Besonders schlimm wird es, wenn die Belastungen durch digitale Veränderungen erst so spät erkannt werden, dass dauerhafte psychische Erkrankungen daraus erwachsen sind, die nicht mit einer Krankschreibung von ein- bis zwei Wochen geheilt werden können.

Ein Handwerker, der sich bei der Arbeit verletzt, und nachvollziehen kann, woher die Verletzung kommt, würde hoffentlich zunächst genesen wollen und daher erst mal nicht weiterarbeiten. Jemand, dessen digitaler Arbeitsplatz der Auslöser für psychische Verletzungen bzw. Beeinträchtigung ist, arbeitet oftmals weiter, bis ein Belastungslevel erreicht und die Schädigung so groß ist, dass er eine deutlich längere Zeit ausfällt. Sie erkennen daran, wie wichtig gute Kenntnisse über die digitalen Stressoren (Bewertung 1) und ein ausgeprägtes Bewusstsein über die Entstehung von digitalem Stress ist, das Sie im zweiten Teil dieses Buches erlangt haben. Auf dieser Grundlage ist es Ihnen möglich, im beruflichen Alltag achtsamer zu agieren.

11.2   Welche individuellen gesundheitlichen Auswirkungen von digitalem Stress ausgehen

Eine digitale Stressbelastung hat vielfältige individuelle Auswirkungen. Zumeist handelt es sich um mentale und psychische Erkrankungen oder Belastungen, aber auch körperliche Beeinträchtigung sind wissenschaftlich gut belegt. Da solche Auswirkungen Sie persönlich betreffen können, lege ich im Folgenden den Schwerpunkt drauf und klammere die betriebswirtschaftlichen Auswirkungen zunächst aus.

Wenn wir im Folgenden über mentale und psychische Auswirkungen sprechen, so gilt es zunächst anzuerkennen, dass psychische Auswirkungen aus wissenschaftlicher Perspektive sehr schwer nachweisbar sind, und dass das Forschungsfeld, auch wenn es bereits fast 40 Jahre alt ist, im Vergleich zur allgemeinen Stressforschung noch recht jung ist. Zudem ist das Forschungsvolumen hier in Relation gesehen deutlich geringer. Dennoch zeigen sich bereits heute einige interessante und wesentliche Parallelen zur Stressforschung.

Eine zentrale und oftmals stark unterschätzte Auswirkung ist die der emotionalen Erschöpfung. Sie kennen dieses Gefühl, wenn sie sich an eine Abitur-, eine Abschlussprüfung oder ein anspruchsvolles Vorstellungsgespräch erinnern. Sie fühlen sich mental erschöpft, können kaum noch einen klaren Gedanken fassen, was sich zudem auch auf Ihre körperliche Leistungsfähigkeit auswirkt. Ihnen fehlt die Energie. Besonders gefährlich kann es dann für Sie werden, wenn sich aus dieser temporären emotionalen Erschöpfung eine Burn-out-Erkrankung entwickelt.

Dänische Forscher analysierten in einer Meta-Studie die Ergebnisse von 35 verschiedenen Studien. Sie kamen zu der Erkenntnis, dass in 29 der 35 Studien die Nutzung von Kommunikationstechnologien im beruflichen Kontext mit Burn-out-Erkrankungen in Verbindung steht.

Zwei koreanische Forschende kommen in einer eindrucksvollen Studie, die in der renommierten Fachzeitung *Computers in Human Behavior* (*Computer und menschliches Verhalten*) veröffentlicht worden ist, zu dem Schluss, dass die übermäßige berufliche Nutzung des Smartphones nach offiziellem Arbeitsende ein nicht zu vernachlässigender Burn-out-Beschleuniger ist, auch wenn dann die Phasen des Krankheitsbildes sehr unterschiedlich ausfallen. Die Autoren empfehlen eine klare Verpflichtung, das berufliche Smartphone nach Arbeitsende ausschalten zu müssen.

Diese Empfehlung resultiert aus dem digitalen Stressor der *Entgrenzung von Beruf- und Privatleben*. In meinen Ausführungen in Kapitel 6 habe ich gezeigt, dass die ständige Erreichbarkeit und Handlungsfähigkeit zentrale Aspekte dieses Stressors sind, die durch die Möglichkeit zum ortsunabhängigen Arbeiten entstehen. Die Empfehlung einer klaren Verpflichtung, das berufliche Smartphone nach offiziellem Arbeitsende auszuschalten, mag zunächst drastisch wirken, aber ich gehe davon aus, dass viele Menschen ihr berufliches Smartphone aus Angst, in »*Notfällen*« nicht erreichbar zu sein, bewusst nicht ausschalten.

Wie ich in Kapitel 6 ebenfalls erläutert habe, wird zur Wahrheit vermutlich auch gehören, dass viele Menschen sich schlichtweg nicht trauen, diesen Schritt zur Begrenzung der Erreichbarkeit zu gehen, weil sie die Reaktion ihrer Vorgesetzten fürchten. Diesbezüglich habe ich Ihnen sehr ausführlich aus der im Sommer 2012 erschienen ARD-Sendung »*Hart aber fair*« mit Frank Plasberg berichtet. Darin ist deutlich geworden, wie wichtig es ist, dass eine Führungskraft die Empfehlung der koreanischen Forscher umsetzt, damit die Mitarbeiter vom Druck der stetigen Verfügbarkeit entlastet werden. Welch positiven Einfluss auf die Bewältigungsstrategien (Bewertung 2) der Mitarbeiter so eine Empfehlung hat, kann nicht genug betont werden.

Interessant ist auch, dass selbst Mediziner, deren Sensibilisierung für ihre eigene Gesundheit durch ihre medizinische Ausbildung schon grundsätzlich besser sein sollte, von digitalem Stress betroffen sind.

Eine amerikanische Studie kam zu dem Ergebnis, dass von 1792 befragten Ärzten 70 % an digitalem Stress leiden und sogar mehr als jeder Vierte mit Burn-out-Erkrankungen zu kämpfen hatte.

Darüber hinaus kommen deutsche Forschende zu der Erkenntnis, dass digitaler Stress Angstgefühle und Depressionen begünstigen kann, was bei den zuvor genannten Ausführungen über Burn-out nicht verwundert. Sie erkennen an dieser Stelle, welche vielschichtigen Belastungen aus digitalem Stress für Ihre Psyche resultieren können.

Neben den psychischen Erkrankungen ist zudem die Reihe körperlichen Einschränkungen und Belastungen gut erforscht. Hierzu zählen vor allem Muskelkrämpfe, Kopfschmerzen oder Gelenkschmerzen, aber auch Herz-Kreislauf-Erkrankungen und Atembeschwerden. Doch auch in den Schlafphasen zeigen sich negative Auswirkungen: Schlaflosigkeit und Schlafstörungen als Resultat von digitalem Stress konnten in Studien nachgewiesen werden. Gewissermaßen ist dies eine Art Teufelskreis, denn gute und tiefe Schlafphasen sind enorm wichtig für die menschliche Leistungsfähigkeit.

Für Deutschland veröffentlichte die *Techniker Krankenkasse* im Jahr 2017 die große Studie »*Schlaf gut, Deutschland*«. Auch wenn die Studie bereits über sechs Jahre alt ist, liefert sie interessante Erkenntnisse. Beruflicher und privater Stress sowie gesundheitliche Beeinträchtigungen verschlechtern die Schlafqualität. Eine schlechte Schlafqualität hat wiederum negative Auswirkungen auf den Alltag und kann die Gesundheit beeinträchtigen, was wiederum Einfluss auf die Schlafqualität nimmt. Die Studie zeigt darüber hinaus auf, dass der Einfluss digitaler Systeme und die Nutzung digitaler Endgeräte sich negativ auf das Einschlafen auswirken. Es wird Sie nicht überraschend, wenn ich Ihnen wärmstens ans Herz lege, ohne Smartphone und Fernsehen bzw. SmartTV oder Streaming-Dienste einzuschlafen. Gönnen Sie Ihrem Körper eine Pause von der visuellen Reizüberflutung, die tagsüber auf ihn einwirkt.

11.3   It's all about the money – wirtschaftliche Auswirkungen von digitalem Stress

Geld regiert die Welt, lautet ein plakativer Slogan. In einem kapitalistischen Wirtschaftssystem ist an dieser Sentenz jedoch viel Wahres. Für die meisten Unternehmen ist es zunächst das Hauptziel, wirtschaftlich gut aufgestellt und profitabel zu sein. Das ist natürlich ein richtiges und wichtiges Ziel, keine Frage.

Josef Ackermann, ehemaliger Vorstandsvorsitzender der *Deutschen Bank*, soll einmal gesagt haben, dass er nur seinen Aktionären verpflichtet sei, was impliziert, für diese möglichst viel Geld zu erzielen. Eine Haltung, für die er bereits in der damaligen Zeit kritisiert wurde und die heute eine wohl noch viel größere Kritik nach sich ziehen würde. Spätestens nach der Finanzmarktkrise seit dem Jahr 2008 ist die Reputation von Banken und ihre Wahrnehmung in der Öffentlichkeit eine andere. Banken sind Teil der kritischen Infrastruktur und deren Instabilität hätte schwerwiegende Auswirkungen für die gesamte deutsche, aber auch große Teile der internationalen Wirtschaft und Industrie. Denn heute stehen durchaus ergänzende Themen im Fokus, wie z. B. gesellschaftliche Verantwortung zu übernehmen, die Nachhaltigkeit von Geschäftsmodellen zu optimieren und die Organisation, also den Verbund aller Mitarbeiter, motiviert, engagiert und vor allem leistungsfähig zu halten. Auf dem Papier mag das stimmen, aber finanzieller Erfolg ist und bleibt noch immer das Zugpferd hinter diesen Ansprüchen. Umso wichtiger ist es aufzuzeigen, dass diese unterschiedlichen Unternehmensansprüche nicht in Konkurrenz zueinanderstehen. Nachfolgend erfahren Sie, welchen negativen Einfluss digitaler Stress auf betriebswirtschaftlicher Ebene haben kann. Diese Kenntnisse sind enorm wichtig, damit Unternehmensentscheider bis hin zum Geschäftsführer oder Vorstandsvorsitzenden die Dringlichkeit vernehmen, die digitale Belastung ihrer Mitarbeiter ernst zu nehmen.

Tatsächlich sind die betriebswirtschaftlichen Auswirkungen noch besser untersucht als die physischen oder physischen. Es liegt auf der Hand, dass die individuellen Auswirkungen auch einen Einfluss auf die gesamte Unternehmensorganisation haben. Einigkeit gibt es in der Wissenschaft darüber, dass digitaler Stress einen stark negativen Einfluss auf die Produktivität der Mitarbeiter hat. Ein Beispiel dafür habe ich Ihnen bereits im Kontext des digitalen Stressors der *Überladung* vorgestellt. Hier resultierte ein sehr großer Produktivitätsverlust aus einer Vielzahl von Unterbrechungen. Sie erinnern sich bestimmt an die Studie des Think Tanks *Next Work Innovation*, nach der es alle vier Minuten zu einer Unterbrechung und damit zu Produktivitätsverlusten von 14 % bis 24 % kommt.

Aber noch weitere Ursachen für geminderte Produktivität resultieren aus dem digitalen Stressor der *Überladung*. Wahrscheinlich haben Sie die Einführung neuer Technologie oder neuer digitaler Systeme an Ihrem Arbeitsplatz bereits persönlich erlebt. Vermutlich war der Umgang mit dieser digitalen Veränderung besonders zu Beginn zeitintensiv, da Sie die Neuerungen zunächst durchdringen mussten und erlernen mussten, wie sie die Anwendungen bestmöglich einsetzen (digitaler Stressor der *Komplexität* und *Ungewissheit*). Oftmals kostet die anfängliche Phase enorm viel Zeit. Ihre Arbeitsleistung wird dadurch zunächst reduziert.

Solche Produktivitätsverluste sind bei der Implementierung neuer Technologien normal und mit eingepreist. In der Theorie sollten diese jedoch mit der Zeit immer kleiner werden, sodass ab einem bestimmten Punkt sogar Produktivitätsgewinne erzielt werden und sich die Implementierung wirtschaftlich rechnet. Doch zwischen Theorie und Praxis liegt ein großer Unterschied. Oftmals können sich Mitarbeiter die anfänglichen Zeitverluste schlichtweg nicht leisten, weil sie enorm viel Arbeit »*auf dem Tisch haben.*« Der wahrgenommene zeitliche Abarbeitungsdruck und die Arbeitsbelastung intensivieren diese Situation. Solche Rahmenbedingungen sind problematisch, wenn neue Technologien oder digitale Systeme in den beruflichen Alltag integrieren werden sollen.

Letztlich führt diese Situation dazu, dass die neuen Technologien oftmals nur partiellen genutzt werden. Die Mitarbeiter nutzen eine Technologie oder ein neues digitales System primär dann, wenn es nicht anders geht und alle anderen Wege des geringeren Widerstands oder der Zeitersparnis ausgeschlossen sind. Vereinfacht gesagt erledigen sie ihre Arbeit vermutlich in ähnlicher Art und Weise wie vor der Implementierung, weil ihnen diese Arbeitsweise vertraut ist und sie diese zeitlich optimiert haben.

Das bremst jedoch den Lernfortschritt aus und verhindert, dass sie in Zukunft besser und vor allem schneller mit der neuen Technologie und dem digitalen System arbeiten können. Daraus resultiert das Problem, dass wahrscheinlich nie das volle Potenzial der Innovation genutzt werden kann. Oftmals verpuffen nicht nur die theoretischen Produktivitätsgewinne. Durch den nicht optimalen Einsatz könnte die Umsetzung bestimmter Arbeitsschritte mit der neuen Anwendung sogar mehr Zeit kosten als Ihr routiniertes Vorgehen, das Sie optimiert haben, mit der alten Anwendung.

Ich selbst habe erlebt, wie die Einführung eines digitalen Systems meine Produktivität verringert hat. Im Jahr 2019 führten wir in meinem Team ein Kanban-Board ein. Dieses Hilfsmittel bietet eine digitale Übersicht aller Projekte und Aufgaben, die ein Team gemeinsam bearbeitet. Das kann hilfreich sein, weil es Transparenz hinsichtlich der Arbeitsstände schafft und bei Abwesenheiten wegen Urlaub oder Krankheit die Organisation der Vertretung erleichtert. So zumindest die Theorie. Die Praxis sah leider deutlich komplexer aus und führte bei mir nicht selten zu digitalem Stress (digitale Stressoren der *Überladung*, *Komplexität* und *Ungewissheit*). Die Dokumentation der Arbeitsstände und die Frage, wie detailliert die Dokumentation ausfallen solle, war für mich ein enormer Zeitfresser. Zudem wusste ich schlichtweg nicht, wie ich das Kanban-Board in allen Facetten zu bedienen habe. Daher befragte ich meine Teammitglieder lieber direkt telefonisch zu einem Arbeitsstand, was diese ebenfalls taten, statt auf das Board zu schauen. Parallel sollte ich jedoch das Board aktuell halten. Es entstand ein zusätzlicher Aufwand, der wöchentlich rund drei Stunden Zeit in Anspruch nahm, aber für mich und andere Teammitglieder einen Produktivitätsrückgang erzeugte. Das zeitliche Investment in die Pflege des Kanban-Boards hatte aber nicht nur negative Auswirkungen auf meine Produktivität, in der Folge minderte es auch die empfundene Arbeitsqualität, da ich zeitliche Ressourcen für etwas aufwenden musste, von dessen Mehrwert ich – in der damaligen Ausgestaltung – nicht überzeugt war. Verschlechtere Arbeitsqualität ist zudem eine weitere sehr gut belegte Konsequenz der digitalen Stressbelastung.

In meiner Wahrnehmung waren meine Arbeitsinhalte nach der Einführung des Boards weniger gehaltvoll als vorher, weil täglich mindestens eine halbe Stunde meiner Arbeitszeit mit Verwaltung und Pflege eines digitalen Systems verbunden waren, das ich nicht richtig durchdringen konnte (Bewertung 1: *Komplexität*) und bei dessen Bedienung ich unsicher war (Bewertung 1: *Ungewissheit*). Naheliegenderweise steht dies mit einer weiteren betriebswirtschaftlichen Auswirkung in Verbindung – der reduzierten Arbeitszufriedenheit.

In meiner Wahrnehmung war das Qualitätsniveau meiner Arbeit gesunken. Oftmals beeinträchtigt das Implementieren neuer Technologien oder digitaler Systeme (Bewertung 1 *Überladung*) auch die Arbeitszufriedenheit. Da nur ein digitales Projektmanagementtool an meinem Arbeitsplatz neu eingeführt worden war, sank meine Arbeitszufriedenheit deswegen nicht sonderlich. Während der Covid-19-Pandemie jedoch erlebten Millionen von Menschen deutlich umfangreichere Veränderungen hinsichtlich der Digitalisierung, die sie wahrscheinlich nicht alle begrüßten. Ich selbst treffe noch vereinzelt Kollegen, die bei einem Microsoft-Teams-Anruf ihre Kamera ausgeschaltet lassen. Daraus leite ich ab, dass sie die Bildübertragung, die das Videokonferenzsystem ermöglicht, ungern für sich nutzen. Auch das ist ein Beispiel für meine vorherigen Ausführungen. Es ist naheliegend, dass mit steigendem Digitalisierungsfortschritt die Belastung durch digitalen Stress zunimmt. Die bereits vorgestellten individuellen psychischen und physischen Belastungen sollten dann einen negativ verstärkenden Einfluss auf die ohnehin schon geminderte Produktivität, Arbeitsqualität und Arbeitszufriedenheit haben.

Neben diesen Befunden gibt es weitere interessante Forschungsergebnisse: So mindert digitaler Stress das organisationale Engagement. Mit organisationalem Engagement ist die Identifikation und Verbundenheit mit dem Arbeitgeber gemeint, denn die ist entscheidend, da sie zeigt, inwieweit ein Mitarbeiter bereit ist, seinen aktuellen Job für einen neuen aufzugeben. Das verminderte organisationale Engagement können Sie auch als eine innere Distanz zum Arbeitgeber verstehen. Je größer diese Distanz ist, desto geringer ist die Bereitschaft, die berüchtigte »Extrameile« für die Ausübung des eigenen Jobs zu gehen. Reduziertes organisationales Engagement kann in Kombination mit geminderter Arbeitszufriedenheit zu einer gefährlichen Ausgangslage für Unternehmen werden. Die Mischung kann dazu führen, dass Mitarbeiter Ihre berufliche Situation infrage stellen und nach Alternativen Ausschau halten. Sofern diese dann vorhanden sind und das Angebot attraktiv für sie ist, gibt es kaum noch Gründe, warum sie an Ihren bisherigen Arbeitgeber gebunden bleiben sollten. Das organisationale Engagement ist der Klebstoff, der sie an Ihren Arbeitgeber und dessen Organisation bindet.

Eine weitere Auswirkung stellen Rollenkonflikte dar. Diese sind insbesondere seit der Covid-19-Pandemie und dem Siegeszug des Homeoffice für viele Menschen zu einer erlebbaren Konsequenz geworden: Ihre Rollen als Arbeitnehmer und als Privatperson sind nicht mehr klar voneinander abgegrenzt. Besonders das berufliche Smartphone verschärft diesen Konflikt, weil es in jeder Lebensphase nutzbar ist (nach Feierabend, am Wochenende und im Urlaub) und eine dauerhafte Verbindung zur Rolle des Arbeitnehmers schafft. Ergänzende Ausführungen hatte ich Ihnen in Kapitel 6 vorgestellt.

Abschließend stelle ich Ihnen eine Auswirkung vor, die in der Wissenschaft grundsätzlich schon lange und gut fundiert erforscht ist, die jedoch im Kontext von digitalem Stress bisher kaum Betrachtung gefunden hat, aber langsam in den Fokus rückt. Ich spreche von einem Widerstandsverhalten, das aus digitalem Stress entsteht.

Als ich 2018 vor den ersten Überlegungen meiner Dissertation stand, schien es für mich naheliegend, dass die immer stärker digitalisierten Arbeitsplätze nicht für alle Mitarbeiter Anlass zur Freude sein werden. Widerstandsverhalten gegenüber Innovationen ist ein gutes und langes erforschtes Thema. Ein an Marx angelehntes Zitat fasst die Beziehung von Widerstand und Innovationen zusammen und stammt auf einem Klassiker des Innovationsmanagements: »*Die Historie von Innovationen ist eine unendliche Geschichte des Widerstands gegen sie.*« (Hauschildt, et al., 2016, S. 31) Diese Historie in der betriebswirtschaftlichen Disziplin des Innovationsmanagements reicht bis in das Jahr 1912 und dem Werk von Joseph Schumpeter *Theorie der wirtschaftlichen Entwicklung* zurück. Schumpeter schreibt, »*die modernste Unternehmung hat einen Beharrungswiderstand gegen Veränderung.*« (Schumpeter, 1912, S. 108). Auch in der betriebswirtschaftlichen Disziplin des Changemanagements – dicht beim Innovationsmanagement angesiedelt – ist Widerstandsverhalten in Veränderungsprozessen ein zentrales Thema, das erstmals 1948 thematisiert wurde. Doch trotz dieser beiden gut erschlossenen Forschungsfelder fand sich zu Beginn meiner Forschungen keine Studie, welche die Frage stellte, ob digitaler Stress für Widerstandsverhalten entscheidend ist. Heute existieren neben meinen eigenen Studien weitere Forschungsarbeiten, die das Thema behandeln und meine erstmaligen Überlegungen aus dem Jahr 2018 stützen.

Widerstandsverhalten ist eine direkte Auswirkung von digitalem Stress und um diesen auflösen oder reduzieren zu können, muss gezielt herausgearbeitet werden, was diesen Widerstand im Detail auslöst. Die Antwort habe ich Ihnen im zweiten Teil dieses Buches geliefert. Die unterschiedlichen Stressoren, die fast alle wissenschaftlich messbar sind, müssten auch in Organisationen gemessen werden, damit deutlich wird, welche digitalen Stressoren vorliegen und mit welcher Intensität sie Treiber für das Widerstandsverhalten sind.

Eine für mich prägende Geschichte, die diese theoretischen Ausführungen zum Leben erweckte, erzählte mir ein Trainer bei einer Weiterbildung, die ich 2023 absolvierte. Interessanterweise moderiert dieser Trainer am Vormittag seit mehr als 15 Jahren die Morning Show des HR 3, einer der erfolgreichsten Radiosender in Hessen. Am Nachmittag ist er dann als Trainer, Coach und Berater tätig. Besagter Trainer berichtete von einem Beratungsprojekt bei einem mittelständischen Unternehmen während der Covid-19-Pandemie. Der dortige Geschäftsführer lehnte über lange Zeit die Nutzung verschiedener Videokonferenzsysteme ab, die das Unternehmen während der Pandemie notwendigerweise implementiert hatte. Erst nach vielen Monaten begann er, sie zu nutzen. Er offenbarte diese Widerständigkeit dem Trainer in einem persönlichen Gespräch. Er erzählte ihm, dass er über lange Zeit die Videokonferenzsysteme in ihrer Komplexität nicht durchdrungen hatte und sich unsicher in der Handhabung fühlte.

Wahrscheinlich macht es bereits jetzt bei Ihnen »*klick*«: Sie erkennen die digitalen Stressoren der *Komplexität* und *Ungewissheit* (Bewertung 1) und sehen, wie diese zur Ablehnung der digitalen Veränderung führten.

Für den Geschäftsführer war hier besonders sein persönliches Schamgefühl wichtig. Seine Befürchtung, dass die Mitarbeiter seiner Firma ihn in einer Videokonferenz erleben und sehen könnten, wie er Unsicherheit bei der Bedienung der Videokonferenzanwendung zeigt – Bildschirm teilen oder Einstellungen vorzunehmen –, erzeugte ein Schamgefühl, das letztendlich dazu führte, dass er regelmäßig Ausreden fand, wieso er nicht bei solchen Terminen dabei sein konnte. Erst als er sich persönliche Unterstützung bei einem Coach holte, der ihm half, digitale Kompetenzen aufzubauen und damit die Bedienbarkeit der Videokonferenzsysteme erleichterte, also seine Bewältigungsstrategien (Bewertung 2) verbesserte, nahm der Geschäftsführer an den Videokonferenzen teil.

Was Sie aus diesem Beispiel lernen können: Widerstandsverhalten ist nicht zwangsläufig dadurch charakterisiert, sich aktiv auf einer Straße festzukleben und seinen Protest möglichst öffentlich wirksam kundzutun, er tritt (zumindest in Organisationen) viel häufiger in einer passiven Form auf. Das Verhalten, digitale Stressoren durch Ausreden oder Krankheitstage zu umgehen, ist nur schwer als Widerstandsverhalten zu erkennen. Das macht es auch kompliziert, dagegen anzugehen.

Dennoch ist es notwendig dagegen zu wirken, denn Veränderungsprojekte scheitern sehr häufig am Widerstand der Menschen, die von der Veränderung betroffen sind. Warum sollte es bei digitalen Veränderungsprojekten anders sein? Und wenn viele digitale Veränderungsprojekte scheitern, kann die digitale Transformation des Unternehmens, ohne die es in einer digitalisierten Arbeitswelt kaum überleben kann, überhaupt gelingen? Sie erkennen, welch enorme Auswirkung Widerstandsverhalten durch digitalen Stress für Unternehmen haben kann.

12 Präventionsmöglichkeiten auf individueller Ebene

12.1 Kontrolle und Einflussbereich

»*Wo gehobelt wird, da fallen Späne*«, lautet ein Ihnen wahrscheinlich bekanntes Sprichwort, das sich in die Kategorie der Sprichwörter mit wechselseitiger Erkenntnis einordnen lässt. Davon gibt es viele weitere Sprichwörter wie: »Kein Nachteil ohne Vorteil«, »Keine Rose ohne Dornen«, aber auch, »Wo Licht ist, da ist auch Schatten«. Ich würde gerne einen weiteren Satz ergänzen: »*Keine digitale Transformation ohne digitalen Stress*«. Dieser Satz ist eine Konsequenz der vielen Vorteile, die der digitale Fortschritt mit sich bringt.

Die entscheidende Frage ist daher, wie es gelingt, die Vorteile möglichst umfangreich für sich nutzen zu können und den digitalen Stress möglichst gering zu halten.

Wie Ihnen im Verlauf des Buches deutlich geworden sein müsste, liegt die Antwort in den Bewältigungsstrategien und somit in Ihrer Bewertung 2.

Ich habe bereits viele Beispiele angeführt, wie Sie Ihre Bewältigungsstrategien (Bewertung 2) ausbauen und schärfen können, die ich teilweise für diese Kapitel noch einmal zusammentrage und auf die ich näher eingehe. Darüber hinaus stelle ich Ihnen jedoch weitere umfangreiche Konzepte, Präventionsmittel und Arbeitsroutinen vor, die Sie für sich nutzen können.

Der erste wichtige Schritt, um das persönliche digitale Stresslevel zu verringern, liegt darin, ein Bewusstsein für die Herausforderungen der digitalen Arbeitswelt und digitalen Stress zu schaffen. Da Sie an dieser Stelle des Buches angekommen sind und ich zuversichtlich bin, dass Sie die vorherigen Kapitel aufmerksam gelesen haben, bin ich sicher, dass Ihr Bewusstsein geschärft ist. So haben Sie im Verlauf dieses Buches gelernt, wie individuell digitaler Stress ist. Wahrscheinlich ist das Wort *Bewertung* eines die meistgenutzten Worte in diesem Buch. Mir war es ein großes Anliegen, Ihnen das Spannungsfeld der beiden Bewertungen möglichst häufig vor Augen zu führen, damit Sie nicht nur die Individualität von digitalem Stress erkennen, sondern auch, warum Ihre Kollegen vielleicht weniger oder mehr digitalen Stress empfinden als Sie es tun.

Daraus leitet sich ab, dass nicht jede Bewältigungsstrategie (Bewertung 2) gleichermaßen wirksam ist. Im Gegenteil, es wird Ihre Herausforderung sein, zu erproben, welche Ihnen persönlich zugänglich und wirksam ist. Nur Sie persönlich wissen, welche digitalen Stressoren in Ihrem beruflichen Alltag einen Einfluss auf Ihr Wohlbefinden haben. Verstehen Sie die nachfolgenden Ausführungen daher als Angebot und wählen Sie die Bewältigungsstrategien (Bewertung 2) aus, die für Ihre digitalen Stressoren geeignet sind. Meine nachfolgenden Vorschläge, mit denen Sie Ihre Bewältigungsstrategien (Bewertung 2) verbessern, sind wissenschaftlich fundiert oder zumindest praktisch erprobt und sind von Stephan R. Coveys *Circle of Influence*-Theorie geleitet. Diese ist einfach und umfasst drei Kreise, die ich Ihnen in nachfolgender Abbildung 9 darstelle.

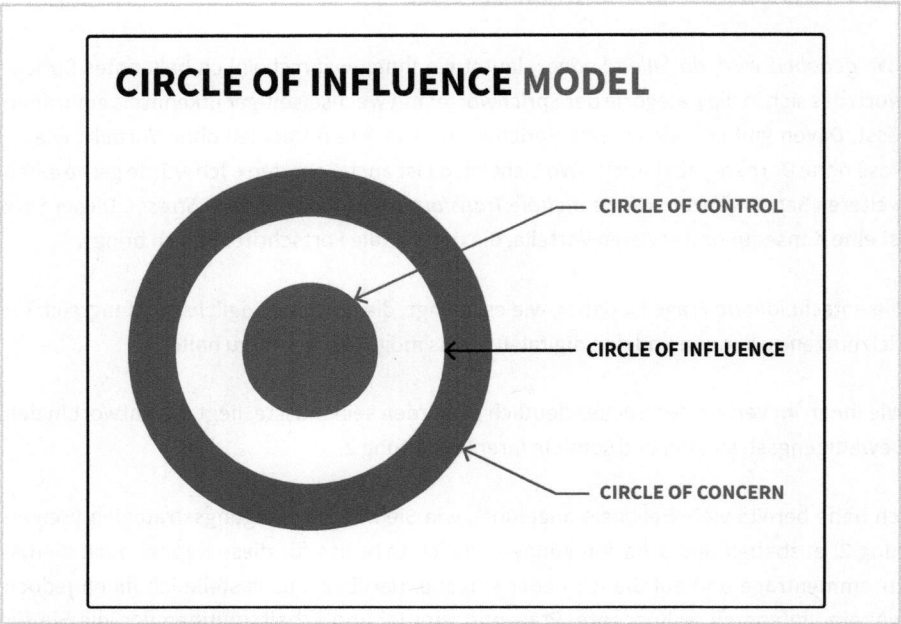

Abbildung 9: Circle-of-Influence-Modell

Der innerste Kreis wird als Circle of Control bezeichnet, während der Mittlere den Circle of Influence repräsentiert und der äußerste den Circle of Concern darstellt.

Coveys Theorie besagt, dass sehr viele Menschen sich darüber beklagen, dass sie auf ihr Leben nicht den Einfluss nehmen können, den sie gerne nehmen würden. Solche Sachverhalte charakterisieren den Circle of Concern und liegen außerhalb der direkten oder indirekten Beeinflussbarkeit. Daraus resultiert ein großes Maß an Frustration. Sie kennen sicherlich Situationen, in denen Sie den Eindruck hatten, eine Sache nicht verändern zu können, auch wenn Sie es mit vermeintlich aller Kraft versucht haben.

Dagegen liegt alles, was Sie direkt in Ihrem Umfeld beeinflussen können, im Circle of Control. Sie steuern den Ausgang eines Sachverhalts. Bis zu diesem Punkt ist die Theorie sicherlich noch eingängig.

Doch entscheidend ist der Circle of Influence, der zugleich Namensgeber der Theorie ist. Dieser Bereich charakterisiert Ihren unmittelbaren und indirekten Einfluss. Sie haben zwar keine direkte Kontrolle über ihn, aber können ihn gezielt ausweiten.

Stephan R. Covey erklärt dazu, dass die meisten Menschen ihre Energie auf Sachverhalte konzentrieren, die im Circle of Concern liegen. Das schafft wie zuvor gesagt Frustration und Unzufriedenheit. Deshalb ist es nach Covey viel wichtiger, den Fokus auf die Aspekte zu lenken, die sich in Ihrem Circle of Control befinden. Je wirksamer Ihnen das gelingt, desto umfassender wird dieser und vergrößert damit Ihren kontrollierbaren Bereich.

Das spannende an dieser Theorie ist, dass sich die Kreise gewissermaßen wellenhaft ausweiten und damit visualisieren, dass Ihr Einfluss auf bestimmte Sachverhalte mit der Zeit steigt. Das zeigt sich unter anderem auch daran, dass Ihre Meinung mehr Gehör bei bestimmten Entscheidungen findet, die im Circle of Influence liegen.

Wer Veränderungen erzielen möchte, sollte deshalb immer zunächst in seinem direkten Einflussbereich (Circle of Control) beginnen. Auf Dauer wird sich diese Vorgehensweise auszahlen.

Es gibt vielfältige Beispiele, auf die diese Theorie anwendbar ist. Am häufigsten höre ich Erzählungen aus der Politik, die dazu sehr gut passen. Nehmen wir z. B. den Familienvater, der sich über bestimmte Missstände auf kommunaler Ebene beklagt und sie gerne verändern möchte. Er engagiert sich auf eben jener politischen Ebene und wird in seiner Partei Kreisvorsitzender von Schleswig-Flensburg. Nach nur zwei Jahren Parteizugehörigkeit wird er Landesvorsitzender in Schleswig-Holstein. Einige Jahre später wird er stellvertretender Ministerpräsident des Landes und weitere 10 Jahre später ist er Vizekanzler der Bundesrepublik Deutschland. Eine Kurzbiografie von Robert Habeck, der eher zufällig in die Politik gekommen ist, statt eine politische Karriere über Jahrzehnte anzustreben. Das Beispiel zeigt, wie Habeck es geschafft hat, seinen Circle of Control und Circle of Influence enorm auszuweiten. Sicherlich gibt es noch immer Dinge in seinem Circle of Concern, aber seine Möglichkeiten, diesem etwas entgegenzusetzen, sind heute viel größer als vor seinem Parteieintritt bei *Bündnis 90/Die Grünen.*

Nachdem Sie die Theorie des Circle of Influence kennengelernt haben, versuchen Sie diese auf den Kontext Ihrer Bewältigungsstrategien (Bewertung 2) zu übertragen. Sie können gewisse digitale Stressoren nicht an ihrer Erscheinung hindern, genauso sind nicht alle Wege der Prävention für Sie nutzbar, doch dieses Buch stellt Ihnen ein umfangreiches Repertoire an Möglichkeiten und Ansätzen zur Verfügung, dessen Erprobung ich Ihnen nahelege. Die nachfolgenden Kapitel betrachten deshalb die Präventionsmöglichkeiten auf individueller Ebene (Kapitel 12 und 13), auf Leadership-Ebene (Kapitel 14) und auf organisationaler Ebene (Kapitel 15).

Sie können sich immer über die digitale Transformation Ihres Arbeitgebers beschweren und darüber, dass Sie persönlich nicht dahinterstehen, aber dann sind Sie vollständig im Circle of Concern gefangen und Ihr digitales Stresslevel wird dadurch nicht geringer. Gleichzeitig können Sie (zu Beginn) vermutlich keine Präventionsmöglichkeiten auf organisationaler Ebene anstoßen, deshalb macht es viel mehr Sinn, zunächst mit Bewältigungsstrategien (Bewertung 2) auf der individuellen Ebene zu beginnen. Hier sind Sie meistens vollständig im Circle of Control und teilweise im Circle of Influence. Ihre Erfolgsaussichten, digitale Bewältigungsstrategien (Bewertung 2) zu erlangen, die Ihnen helfen können, stehen hier am besten. Dafür schlage ich Ihnen Präventionsmittel vor, die Sie sehr leicht in verschiedene Arbeitsroutinen übertragen können. Abbildung 10 visualisiert die Präventionsmittel, auf die ich im weiteren Verlauf eingehe.

Abbildung 10: Präventionsmittel als Arbeitsroutinen

Um in der Theorie des Circle of Influence zu bleiben, kann die Fokussierung auf Aspekte in Ihrem Circle of Control auf Dauer begünstigen, dass dadurch eine Lobby- oder Interessengemeinschaft entsteht. Ab einem gewissem Zeitpunkt und einer bestimmten Größe könnte diese Gemeinschaft dann sogar so wirkmächtig sein, dass sie Einfluss auf organisationale Entwicklungsprojekte nimmt (Kapitel 14), die digitalem Stress vorbeugen sollen. Was es dafür braucht, ist der Anfang im Circle of Control, doch bei allen Bewältigungsstrategien (Bewertung 2) und veränderten Arbeitsroutinen ist es wichtig, diesen etwas Zeit zu geben, denn veränderte Gewohnheiten brauchen Raum und Zeit, um wirksam zu werden.

12.2 Präventionsmittel 1: Reduzieren Sie die Kommunikationskanäle

Das Schöne an Präventionsmitteln ist, dass sie sich gut in Arbeitsroutinen übertragen lassen und zudem sehr effektive Bewältigungsstrategien (Bewertung 2) sein können, weil damit bestimmte digitale Stressoren (Bewertung 1) bestmöglich umgangen werden können. Erinnern Sie sich dazu an das Beispiel der kommunikativen Überladung (Kapitel 5). Kollegen und Führungskräfte kommunizieren per E-Mail, per Telefon, per Videokonferenz, per Chat und teils auch per WhatsApp oder vergleichbarem Messengerdienst mit Ihnen. Das bedeutet, Sie lassen eine Arbeitsroutine zu, bei der Sie alle Kanäle stets im Blick haben müssen.

Eine Studie des Think Tank *Next Work Innovation* kommt zu dem Ergebnis, dass das Risiko steigt in Arbeitsprozessen unterbrochen und belastet zu werden, je mehr digitale Tools Sie im beruflichen Alltag nutzen. Die gute Nachricht: Das muss so nicht sein. Zunächst einmal ist vollkommen legitim, wenn WhatsApp und Co nur für die private Kommunikation dient. Allein aus Datenschutzgründen sollte die dortige Kommunikation nicht für berufliche Inhalte verwendet werden. Die Deutsche Bank musste im Jahr 2022 wegen kundendatenbezogener Kommunikation über WhatsApp 200 Millionen Dollar Strafe zahlen. Für die einfache Kommunikation lohnt sich bei wichtigen Arbeitsinhalten die gezielte Fokussierung auf zwei Kanäle, z. B. E-Mail und die Telefonfunktion eines Videokonferenzsystems. Natürlich können per Chat oder Messengerdienst auch das Mittagslunch oder weniger relevante Themen besprochen werden, aber für alles Wesentliche fokussieren Sie Ihre Kommunikationsaktivitäten auf zwei Kanäle und bleiben Sie hier klar in Ihrer Anwendung.

Mit der Zeit wird das Kommunikationsaufkommen auf Ihren beiden gewählten Kanälen höher. Es ist wichtig, dass Sie hier eine klare Kommunikationsstrategie entwickeln, die zu Ihrer Arbeitsweise passt.

Identifizieren Sie die Kollegen oder auch die Führungskraft, die noch immer versucht, über andere Kanäle mit Ihnen zu kommunizieren. Bitten Sie diese, Ihnen wichtige schriftliche Inhalte oder Dokumente ausschließlich per E-Mail zu senden und nicht per Chatsystem bspw. in Microsoft Teams, da Sie diese dort deutlich schlechter wiederfinden.

Gleiches gilt zudem bei der Ablage von Dokumenten. Bestimmen Sie einen Ablageort, damit Sie sicherstellen können, welche Version die aktuelle ist. Sehr häufig wird mir berichtet und zuweilen erlebe ich es selbst, dass Arbeitsdateien von einem Kollegen auf dem lokalen Unternehmensnetzwerk abgelegt werden und andere Kollegen dies in Microsoft Teams oder auf einem SharePoint tun. Das führt nach kurzer Zeit stets zu großer Verwirrung, da unklar ist, welche Version einer Datei den neusten Stand hat. Versuchen Sie, diese Arbeitsroutine gar nicht erst entstehen zu lassen. Die meisten Kollegen können diese Problematik nachvollziehen und haben für Ihr Bedürfnis einer Reduktion der Kommunikationskanäle Verständnis. Ich bin diesbezüglich sogar etwas plumper und radikaler. Ich schalte meine digitale Telefonanlage schlichtweg aus, sodass man mich nur über Microsoft Teams anrufen kann. Natürlich kann ich mein berufliches Smartphone während der Arbeitszeit nicht ausschalten, denn darüber nehme ich entsprechende Anrufe in Microsoft Teams an.

Meine konsequente Haltung hat aber dazu geführt, dass klassische Anrufe auf dem Smartphone innerhalb meiner Organisation nur noch sehr selten vorkommen. Es gibt Wochen, da erhalte ich über diesen Kanal keinen einzigen Anruf, weil meine Kollegen wissen, Sie erreichen mich nur in Microsoft Teams. Sie sehen: Durch die Abschaltung meiner digitalen Telefonanlage und Einführung der Arbeitsroutine, nur noch über Microsoft Teams zu telefonieren, verringere ich nicht nur eingehende Anrufe auf der digitalen Telefonanlage, auch eventuelle Chatnachrichten über dieses System erreichen mich ebenfalls nicht. Klassische mobile Anrufe, damit in Verbindung stehende Mailbox- oder SMS-Nachrichten gehen auch gegen null.

Was drastisch klingt, hat noch nie dazu geführt, dass ich Informationen verpasst habe. Ich hatte einmal einen Kollegen, der hat Nachrichten während seines Urlaubs grundsätzlich gelöscht – frei nach dem Motto, wenn es wichtig ist, dann meldet sich die Person nach meiner Rückkehr erneut. Zugegeben, das würde selbst ich Ihnen nicht empfehlen, aber wenn jemand Sie kontaktieren will, dann braucht es einen, maximal zwei Kanäle, auf denen Sie wirklich gut zu erreichen sind. Stellen Sie dies sicher, können Sie viele weitere ausblenden. Versuchen Sie es.

12.3   Präventionsmittel 2: Setzen Sie Outlook und E-Mail-Programm effektiv ein

Die bewusste und zielgerichtete Nutzung von Outlook oder einem vergleichbaren E-Mail-Programm kann Unterbrechungen und die Kommunikationsflut während der Arbeit deutlich reduzieren. Dazu habe ich bereits im Kapitel zum Stressor Überladung (Kapitel 5) aufgezeigt, dass per Einstellung die Ansicht eingehender E-Mails oder Termine steuerbar ist. Auch andere E-Mail-Programme bieten vergleichbare Einstellungsmöglichkeiten. Ob Sie E-Mails stündlich in Ihrem Postfach erscheinen lassen oder nur die Pop-up-Meldungen reduzieren, liegt dabei in Ihrer Hand.

Ina Grombach hat dafür Ihr Unternehmen *Grombach-Office-Coaching* gegründet und bietet als Trainerin Kurse und Coaching für effiziente Büroorganisation an. Ich bin überzeugt, ein solches Coaching würde Ihre Bewältigungsstrategien (Bewertung 2) gegenüber verschiedenen digitalen Stressoren begünstigen, doch meiner Meinung nach braucht es ein solches Coaching eigentlich nicht. Einen Großteil der Tipps und Tricks, wie Sie Outlook und Co. optimieren, lässt sich einfach selbst recherchieren oder mithilfe guter YouTube-Videos aneignen. Diesbezüglich werden Sie viele professionell erstellte Videos finden. Ich verspreche Ihnen, dort sind Einstellungsoptionen dabei, die zu Ihren individuellen Bedürfnissen passen.

Ob Sie E-Mail-Automatisierungspotenziale mit QuickSteps nutzen, farbliche Kalendereinstellung mit eigehenden E-Mails thematisch verknüpfen oder viele weitere interessante

Impulse aufnehmen, alles kann Ihnen helfen, Ihre Kommunikationsschaltzentrale für Sie besser nutzbar zu machen. Ich selbst habe dort viele hilfreiche Impulse gefunden, wie ich die verschiedenen Kommunikationskanäle (Präventionsmittel 1) in Outlook zusammenführe, indem ich entsprechende E-Mail-Ketten, Notizen und Aufgabenlisten anlege und so einen besseren Überblick meiner Arbeitsinhalte bekomme. Den größten Einfluss hatte dabei ein Video aus dem Kanal *Digitale Profis*, in dem 18 Tipps vorgestellt werden.

12.4 Präventionsmittel 3: Nutzen Sie Kalendereinstellungen und Fokuszeit wirksam

Vielleicht mag die nachfolgende Bewältigungsstrategie zunächst banal klingen, aber meine Erfahrungen zeigen, dass sehr viele Menschen die Funktionen und Möglichkeiten ihrer Arbeitskalender nicht voll ausschöpfen.

Eine effektive Nutzung beginnt damit, einen Arbeitsstart- und Arbeitsendeblocker als wiederkehrenden Serientermin einzustellen.

Konkret bedeutet das: Wenn Sie gegen 8:30 Uhr mit der Arbeit beginnen, tragen Sie sich dort zwischen z. B. 8:00 und 9:00 Uhr als abwesend ein. Das wird in 95 % der Fälle dazu führen, dass umsichtige Kollegen Ihnen vor 9:00 Uhr keinen Termin einstellen und Sie Zeit haben, erste E-Mails zu lesen und sich auf Termine vorzubereiten.

Gleiches Prinzip findet beim Feierabend Anwendung. Wenn Sie wissen, dass Sie Ihre Kinder um 17:00 Uhr aus der Kita abholen müssen oder einen anderen Termin haben, dann setzen Sie zwischen 16:00 und 17:00 Uhr einen Abwesenheitsblocker. Dieser ermöglicht es Ihnen, letzte Aufgaben abzuschließen und noch genügend Fahrzeit zu haben. Und wenn Ihr Kollege keinen Terminslot findet, können Sie immer noch anbieten, dass es bis 16:30 Uhr bei Ihnen möglich wäre. Diese Vorgehensweise ist so einfach wie wirksam. Einen Termin zu später Arbeitsstunde abzusagen ist für viele Menschen unangenehmer, als im Kalender einen Abwesenheitsblocker zur selben Zeit zu haben.

Eine weitere wirksame Nutzung des Kalenders besteht darin, dass Sie sich persönliche Fokuszeiten schaffen. Neuere Outlook-Einstellungen bieten dafür auch wertvolle Einstellungsoptionen (Viva Insight). Doch auch ohne diese sollten Sie händisch Fokuszeiten einplanen. In gewisser Weise sind diese das Gegenstück zu zeitlichen Phasen, in denen Sie zu Multitasking neigen. Und auch, wenn die Versuchung des Multitasking immer wieder besteht – geben Sie dieser nicht nach. Denn unser Gehirn ist nicht dafür ausgelegt, mehr als zwei konzentrationsbedürftige Arbeitsinhalte parallel zu erledigen. Es findet hier zu schnell eine Überforderung statt, auch wenn wir sie selbst zunächst nicht direkt wahrnehmen. In der Konsequenz leidet darunter die kognitive Leistung, was sich auf wichtige Kompetenzen wie die Fehlererkennung oder Entscheidungsfindung auswirkt. Das macht die Nutzung von Fokuszeiten besonders wertvoll. Sie werden merken, dass Sie in diesen viel kreativer sind und produktivere Arbeitsinhalte erstellen. Doch diese Zeit müssen Sie sich persönlich nehmen und in Ihrem Kalender »freiblocken« (außer sie nutzen bereits Viva Insight »ruhige Stunden«), denn oftmals kommt dieser Impuls nicht vom Unternehmen, maximal von Ihrer Führungskraft.

Wenn Sie dann meine Impulse aus dem Präventionsmittel 1 anwenden, können Sie oftmals ohne große Unterbrechungen arbeiten.

Gleichzeitig sollten Sie sich mit den Einstellungsoptionen Ihrer Kommunikationsprogramme vertraut machen und unnötige Benachrichtigungen grundsätzlich ausschalten.

Wichtig ist auch, dass Sie diese Einstellungen auf allen Geräten synchronisieren, sonst verpufft der Effekt. Ich persönlich nutze diese Einstellungsoptionen häufig und setzte mir regelmäßig zeitliche Blocker für die Erledigung meiner Arbeitsinhalte, was dazu beiträgt, dass mein Kalender oftmals sehr voll wirkt und das wiederum neue Terminanfragen und dreiste Termineinstellungen reduziert oder diese zumindest aufschiebt, was eine bessere Verlagerung meiner Zeit in Meetings ermöglicht.

Doch auch die Länge und Taktung stellt eine Herausforderung dar, die erst seit der Covid-19-Pandemie bedeutsam geworden ist. Sicherlich gab es auch davor viele Telefonkonferenzen, aber die Taktung virtueller Termine ist stark gestiegen und führt oftmals dazu, dass sich Termin an Termin reiht und manchmal zwischen zwei Terminen nicht einmal eine kurze Pause vorhanden ist. Diese wäre aber besonders wichtig, um sich auf den neuen Termin vorzubereiten und Ihrem Gehirn eine kurze Verschnaufpause zu ermöglichen. Was früher oftmals durch Termine begünstigt wurde, wo Sie eine kurze Wegstrecke einplanen mussten, fällt heute im Homeoffice komplett weg. Deshalb ist es wichtig, in der Terminerstellung keine Termine aneinanderzuhängen, auch wenn das in der Praxis nicht immer einfach ist. Bereits 5 Minuten Pause zwischen zwei virtuellen Terminen sind enorm wertvoll. Wenn Ihnen das jedoch nicht gelingt, sollten Sie zumindest nach 120 Minuten durchgängiger virtueller Videokonferenzen eine 15-minütige Pause einlegen, da Ihre Produktivität ohnehin unter endlosen Videokonferenzen leidet. Deutschland ist zudem ein Land der Meetingkultur, was große Nachteile hat, worauf ich nochmals vertieft in Kapitel 14 eingehe.

12.5 Präventionsmittel 4: Schaffen Sie eine individuelle kommunikative Abgrenzung

Das umfangreiche Kapitel 6 thematisierte die Entgrenzung von Beruf- und Privatleben. Es ist für mich ein sehr persönliches Thema, weil ich eine ungenügende Abgrenzung während der Covid-19-Pandemie zwischen beruflicher sowie forschender Tätigkeit und meinem

Privatleben erlebt habe und daher weiß, wie belastend das sein kann. Heute bin ich fest davon überzeugt, dass bereits die kommunikative Abgrenzung als Prävention essenziell ist und es gut ist, daraus eine Arbeitsroutine zu entwickeln.

Sie müssen für sich festlegen, zu welchen Zeitpunkten Sie eine solche Grenze zwischen Arbeit und Privatleben ziehen. Dass eine Grenze wichtig ist, aber nur ausreichend gelebt wird.

Eine Studie aus Österreich kommt zu dem Ergebnis, dass jeder dritte Arbeitnehmer zu jeder Zeit erreichbar ist. Auch der Digitalverband Bitkom kommt zu einer spannenden, aber beunruhigenden Erkenntnis: Zwei Drittel der befragten Arbeitnehmer behaupten, dass sie über ihren Sommerurlaub erreichbar bleiben. Wenn Sie sich in den Ergebnissen der Studien wiedererkennen, dann wissen sie, dass sie zwar nicht allein sind, aber dass dies im Sinne Ihrer mentalen Gesundheit kein wünschenswerter Zustand ist.

Ich möchte Ihnen nicht vorgeben, zu welchen Zeitpunkten am Tag, für das Wochenende oder den Urlaub Sie Ihre Abgrenzung vornehmen, denn das ist individuell und natürlich auch von Ihrer Position im Unternehmen abhängig. Für manche Menschen stellt es eine Selbstverständlichkeit dar, das berufliche Smartphone zum offiziellen Feierabend auszu-schalten. Das ist das gute Recht eines jeden Arbeitnehmers, denn letztendlich wird er nur für seine Arbeitszeit bezahlt. Jedoch ist das im Kontext von Vertrauensarbeitszeit leider nicht ganz so einfach, aber umso wichtiger. Dabei stellt ein Urteil des Bundesarbeitsge-richts aus dem Jahr 2023, nach dem alle Unternehmen die Arbeitszeit ihrer Angestellten erfassen müssen, für Arbeitnehmer eine Hilfestellung dar.

Für manche Arbeitnehmer liegt diese Grenze bspw. unter der Woche abends bei 20:00 Uhr und beginnt morgens nicht vor 08:00 Uhr: Wenn sich der Arbeitnehmer damit wohlfühlt, dann ist das in Ordnung. Um dies kurz zu konkretisieren: das bedeutet natürlich nicht, dass die Person 12 Stunden täglich arbeitet, sondern dass Sie in jedem Fall nach 20:00 Uhr und vor 08:00 Uhr nicht mehr erreichbar ist. In den meisten Berufen wird nicht am offenen Herzen operiert und eine selbst hoch priorisierte E-Mail um 21:00 Uhr kann in fast allen Fällen mit gutem Gewissen am nächsten Morgen bearbeitet werden.

Ich bin zum Beispiel jemand, der versucht, dieses Modell von 8:00 bis 20:00 Uhr zu leben, dafür ist meine Abgrenzung sehr klar am Wochenende und im Urlaub.
* Freitags nach 20:00 Uhr und bis Montag 08:00 Uhr möchte ich keine berufliche Kom-munikation erhalten.
* Ähnlich sieht es im Urlaub oder bei einer Erkrankung aus. Sobald ich Urlaub habe oder krankgeschrieben bin, greift die zuvor genannte Regel; so, als wäre Urlaub oder Krank-heit ein ausgedehntes Wochenende.

Diese kommunikative Abgrenzung funktioniert bei mir bisher bis auf wenige Ausnahmen sehr gut, sie ist meinen Kollegen bekannt. Sie wissen, dass mir das wichtig ist, und kontaktieren mich nur im äußersten Notfall über einen privaten Kanal, denn Smartphone oder Laptop sind in dieser Zeit bewusst ausgeschaltet. Sie merken, dass Sie hier Ihren Modus Operandi finden müssen. Dieser wird in der digitalen Arbeitswelt unerlässlich, denn abseits der Arbeit füllen Sie Ihre Energiereserven auf, die unerlässlich sind, damit Sie beruflich leistungsfähig bleiben. Ich gehe zu einem späteren Zeitpunkt im Kontext der persönlichen Resilienz noch einmal näher darauf ein.

12.6 Präventionsmittel 5: Optische und körperliche Abgrenzung können Sie unterstützen

Optische und körperliche Abgrenzung ergänzen die kommunikative Perspektive. Es ist wichtig, dass Sie Rituale in der hybriden Arbeit für sich finden, die Ihnen helfen, diese vom privaten Lebensbereich zu trennen. Als Beispiel habe ich Ihnen die Cooling-off-Periode vorgestellt, die ich aus dem Kontext von Vorstandswechseln auf die Arbeit im Homeoffice überführt habe. In meinem Beispiel hatte diese Periode die Form eines kurzen Spaziergang angenommen. Natürlich kann es etwas ganz Anderes sein, wie ein Kaffeetrinken auf dem Balkon oder das Spielen mit den Kindern. Was auch immer Sie für sich wählen, versuchen Sie es regelmäßig nach dem Ende der Arbeit im Homeoffice einzusetzen, damit Ihr Gehirn lernt, das mit der täglichen Cooling-off-Periode die Arbeitszeit beendet ist.

Ein weiteres Ritual betrifft die Kleidung im Homeoffice. Vermutlich wird niemand von Ihnen erwarten, dass Sie im Homeoffice vollständig Bürokleidung tragen. Obwohl ich tatsächlich jemanden kenne, der auch zuhause Anzug und Krawatte trägt. Die Person macht das tatsächlich freiwillig und zieht sich nach Arbeitsende vollständig um. Wenngleich dieser Kleidungswechsel drastisch wirkt, repräsentiert er ein wirkungsvolles präventives Ritual zur Trennung von Arbeit und Privatem von Homeoffice und Home.

Bereiten Sie sich für die Arbeit im Homeoffice in vergleichbarem Maße vor, als würden Sie im Büro arbeiten. Das bedeutet, Sie nutzen einen zeitlich vergleichbaren Ablauf am Morgen, wie wenn Sie sich für einen Bürotag vorbereiten. Doch auch wenn Sie auf das perfekte Businessoutfit im Homeoffice verzichten, kann der Effekt vergleichbar ausfallen, wenn Sie eine Hose oder einen Rock, Hemd oder Bluse tragen und beides nach Ende der Arbeit gegen freizeitlichere Kleidung tauschen.

Verführerisch ist das Motto »Oben hui, unten pfui«, was in diesem Kontext schlicht bedeutet, z.B. oben ein Hemd aber unten Jogginghose zu tragen. Das mag klingen und aussehen, als hätten solche Personen die Kontrolle über ihr Leben verloren, um es mit Karl Lagerfeld zu sagen, aber ich denke, viele Menschen tragen im Homeoffice genau das.

Doch das bequemere Arbeitsoutfit trägt eben auch dazu bei, dass die Grenze zwischen Privat- und Berufsleben aufgeweicht wird.

Für mich persönlich nimmt die optische Trennung durch meine Arbeitskleidung eine wichtige Rolle ein. Allerdings ist das weniger wirksam als der Effekt der Cooling-off-Periode, die ich, wann immer zeitlich möglich, einsetze. Ich kann Sie daher nur ermutigen, zu testen, welcher der beiden Präventionswege Ihre Bewältigungsstrategien (Bewertung 2) begünstigt.

12.7   Präventionsmittel 6: Visualisieren Sie digitale Arbeitsschritte wo möglich

Das Konzept der Visualisierung ist ein wirksames Werkzeug, das seit Jahrzehnten in Mentalsportarten Anwendung findet. Darunter wird das Durchleben einer bestimmten Situation oder eines Ereignisses in Gedanken verstanden, mit dem Ziel einer Antizipation und Vorbereitung auf künftige Ereignisse. I

Ich bin ein großer Fan des Dartssport und für mich sind die letzten zwei Wochen eines jeden Jahres immer ein großes Highlight. Nicht ausschließlich, weil dort großartige Feiertage und der Jahresabschluss anstehen, sondern weil dann jedes Jahr die PDC Darts WM im legendären Alexandra Palace ausgetragen wird. Seit mehr als einem Jahrzehnt fasziniert es mich, mit welcher Präzision die besten Dartsspieler der Welt mit drei Pfeilen die Maximalpunktzahl von 180 erzielen, vor allem auch, mit welcher Konstanz sie das tun. Visualisierung ist im Dartssport ein erster Schritt, der hilft, in einen quasi-automatisierten Prozess zu gelangen. Manchmal kommt es vor, dass Michael Smith, Dartsweltmeister von 2023, nach seinem ersten Pfeil die beiden Weiteren, mit einer Schnelligkeit hinterherwirft, dass die Kameraeinstellungen gar nicht so schnell auf die veränderten Zielfeldern wechseln kann. Natürlich stellt sich die Frage, wie dieses Beispiel zur Linderung von digitalem Stress beitragen kann.

Der emeritierte Professor Stephan Kosslyn von der *Stanford University* und einer der einflussreichsten US-Psychologen für visuelle Wahrnehmung und Kognition, berichtete, dass seiner Meinung nach vieles dafürspricht, dass die bloße Vorstellung, wie man eine bestimmte Aufgabe erfüllt, dieselben Hirnareale aktiviert, die auch bei der tatsächlichen Durchführung einer Aufgabe beteiligt sind.

Deshalb ist es sehr hilfreich, das Konzept der Visualisierung in einen arbeitsbezogenen Kontext zu überführen. Übertragen Sie dies auf ein wichtiges virtuelles Meeting oder einen Arbeitsinhalt. Sie visualisieren, wie der Termin optimalerweise ablaufen soll oder wie Sie den Arbeitsinhalt erledigen. Zwangsläufig führt Ihre Vorstellungskraft Sie an Fragestellungen heran, z. B. was Sie unternehmen, sollte das Videokonferenzsystem ein technologisches Problem haben oder das Arbeitspaket Sie vor ungeplante technologische Herausforderung stellen. Beides sind wichtige Überlegungen, und es lohnt sich, sie weiter zu durchdenken.

Manch einer würde sagen, es mache keinen Sinn, sich über ungelegte Eier Gedanken zu machen, aber das sehe ich komplett anders. Wenn Sie visualisieren, was ein digitales Ereignis beeinträchtigen könnte, führt das dazu, dass Sie im tatsächlichen Fall weniger überrascht sind und sich besser darauf vorbereiten können.

Mit dem Konzept der Visualisierung nehmen Sie Einfluss auf beide Bewertungen des digitalen Stresses.

- Die Bewertung 1 wird vermutlich aufgrund des nicht vorhandenen Überraschungseffektes geringfügiger ausgeprägt sein, weil Sie die Unzuverlässigkeit des Videokonferenzsystems gedanklich durchgespielt haben.
- Die Bewertung 2, also die Ihrer Bewältigungsstrategien, werden umfangreicher ausfallen, da Sie im Vorfeld überlegen, was Sie gegen die Unzuverlässigkeit unternehmen können.

Ich selbst führe deshalb wenige, aber enorm wichtige virtuelle Termine ausschließlich im Büro durch, weil dort die WLAN-Stabilität besser sichergestellt ist und ich im Ernstfall schneller Hilfe vom technischen Support bekommen kann als im Homeoffice. Meine Visualisierung geht im digitalen Kontext häufig vom schlimmsten Szenario aus. Ich versuche dann, alle Faktoren, die ich im Vorfeld proaktiv minimieren oder ausschließenden kann, zu berücksichtigen.

Im Dartssport ist das Ziel, mit möglichst hohen Würfen von 501 Punkten Richtung 0 zu spielen. Das Spiel muss mit genau 0 Punkten beendet werden. Und als wäre das nicht anspruchsvoll genug, muss der letzte Pfeil in einem Doppelfeld landen. Das ist der kleine äußere Kreis einer Dartscheibe, in dem die Punkte doppelt zählen. Wenn Michael Smith, als Dartsweltmeister von 2023, bei einem Restpunktestand von 40 im entscheiden Moment das Feld der Doppel-20 nicht trifft und sein Pfeil im normalen 20-Punkte-Feld landet (Restpunktestand 20), dann geht der nächste Wurf innerhalb von Sekunden Richtung Doppel-10. Er überlegt gar nicht erst, sondern weiß intuitiv, was zu tun ist. Seine vorherige Visualisierung und sein Training haben ihn gelehrt, welche Vorgehensweise in einer solchen Situation zielführend ist.

Stürzt mir im Homeoffice das WLAN ab, ist mein erster Gang der zum Router. Ich schalte diesen aus und wieder an. Für mich ein Automatismus, wie der Wechsel von Doppel-20 auf Doppel-10, wenn es notwendig wird.

Sie merken, die Visualisierung und ihre Vorstellungskraft können zu mächtigen Verbündeten werden. Die Antizipation des Umgangs mit digitalen Systemen und Anwendungen ist ein wichtiger und vor allem pragmatischer Weg, mit digitalem Stress umzugehen. Wann immer Sie zu dem Entschluss kommen, etwas könnte in Ihnen bestimmte digitale Stressoren bedienen, die Sie Dank des zweiten Teils dieses Buches erkennen, sind Sie in der Lage, proaktiv darauf einzugehen. Das kann ganz banal bedeuten, dass Sie für den ersten Einsatz einer neuen Technologie, die für Sie aktuell noch komplex ist und bei der Sie in der Handhabung unsicher sind, einen vertrauten Kollegen um Support bitten. Sicher, das würden Sie vermutlich sowieso tun, aber wenn Sie sich im Vorfeld darauf einstellen, welcher Kollege das sein kann und abstimmen, dass dieser auch Zeit für die Unterstützung hat, wird das die Bewertung 1 der digitalen Stressoren abschwächen und zudem Ihre Bewältigungsstrategien (Bewertung 2) stärken.

12.8   Präventionsmittel 7: Wie Ihnen eine kognitive Neubewertung helfen kann

Die kognitive Neubewertung oder auch kognitive Umbewertung ist ein in der Psychologie wirkungsvoller Mechanismus, den ich bereits in meinen Ausführungen in Kapitel 6 zur Überwachung am Arbeitsplatz eingeführt habe. Bestimmt kennen Sie nachfolgende Situation oder können sich zumindest gut in diese hineinversetzen: Sie fahren am Morgen zur Arbeit oder zu einem wichtigen Termin, sind etwas angespannt, weil der Tag für Sie durchaus fordernd wird. Sie bereiten sich während der Autofahrt mental darauf vor und gehen nochmals alle relevanten Aspekte in Gedanken durch. Anders gesagt, Sie visualisieren den Tag. Plötzlich rast ein Auto hinter Ihnen heran, gibt Ihnen ggfs. sogar eine Lichthupe und nötigt Sie zu beschleunigen, indem das Auto sehr nah auf Ihres auffährt. Diese wenigen Sekunden lassen Ihren Puls stark ansteigen und versetzen Sie in eine klassische Stresssituation, bei der Ihr Gehirn in der Regel zwischen der Reaktion Kampf oder Flucht abwägt.

Womöglich würden Sie in diesem Kontext zu letzterem neigen, da Sie pünktlich zu Ihrer Arbeit oder dem wichtigen Termin erscheinen wollen, aber mit Sicherheit wird Sie das Erlebnis noch einige Zeit gedanklich begleiten und Sie werden sich über diesen »*Idioten*« ärgern. Wahrscheinlich würden Sie auch mit anderen Menschen darüber sprechen wollen, weil das Erlebte Sie aufgewühlt hat. Haben Sie eine solche Situation bereits erlebt?

Doch was wäre, wenn der Fahrer des Autos auf der Rückbank sein bewusstloses oder verletztes Kind ins nächstliegende Krankenhaus fährt? Für ihn würde es in diesem Moment um nichts Geringeres als das Wohlbefinden des eigenen Kindes gehen. Wenn Sie diese zusätzlichen Informationen nun hätten, würden Sie Ihnen noch immer als »*Idioten*« bezeichnen? Würde der Mann für Sie noch immer ein vergleichbares Ärgernis darstellen? Die Antwort wird sicher sein, dass Sie den vollständigen Sachverhalt nun in einem anderen Licht sehen, was dazu führt, dass er Sie emotional weniger aufwühlt.

Dieses Beispiel, das ich erstmals in einem Werk von Olivia Fox Cabane, einer begnadeten Autorin, gelesen habe, verdeutlicht die kognitive Neubewertung.

Sie können die kognitive Neubewertung auf die digitalen Stressoren der Überwachung (Kapitel 6) und der Jobunsicherheit (Kapitel 9) übertragen.

Wenn Sie besorgt sind, Ihr Vorgesetzter könnte Sie mittels digitaler Leistungsüberwachung kontrollieren, dann bewerten Sie diese Situation kognitiv für sich neu. Hat Ihr Vorgesetzter nicht Besseres und Wichtigeres zu tun, als jeden Tag Protokolle über die Anzahl der Mausklicks oder die besuchten Seiten zu lesen? Wird dieser nicht zu beschäftigt sein, um regelmäßig zu überprüfen, wann und für wie lange Ihr Status in Microsoft Teams gelb (abwesend) war? Sie merken, bei einer realistischen kognitiven Hinterfragung dieser vermeintlichen Bedrohung wird der digitale Stressor der Überwachung meist sehr klein.

Die Beispiele für die kognitive Neubewertung müssen aber nicht nur von Ihrem Vorgesetzten ausgehen. Ihr Status in Microsoft Teams wird vielleicht gelb, weil Sie in einem Präsenzmeeting sind und somit 30 oder 60 Minuten nicht die Maus bewegen. Das Analyseprotokoll der Mausklicks (was es zu 98 % nur in der Theorie gibt) ist deshalb für bestimmte Tage niedrig, weil ein Präsenztermin auf den nächsten Präsenztermin folgt oder weil Sie in einem virtuellen Termin lieber aufmerksam zugehört haben, statt parallel Mails abzuarbeiten. Die möglichen Erklärsätze sind schier endlos und geben mittels kognitiver Neubewertung genug Material die Luft aus dem digitalen Stressor der Überwachung zu lassen.

Ähnlich sieht es bei dem digitalen Stressor der Jobunsicherheit aus. Mögliche Gefahren der Jobunsicherheit wegzureden, in dem die Ausgangssituation, die digitale Transformation, möglichst ignoriert wird, ist langfristig nicht zielführend. Doch es hilft, diesen digitalen Stressor realistisch zu betrachten. Eine kognitive Neubewertung kann dazu beitragen, die wahrgenommene Intensität des digitalen Stressors der Jobunsicherheit zu reduzieren.

Ich berichtete Ihnen von meinem Vater, der nicht mehr in seinem mittelständischen Unternehmen tätig ist und beruflich noch einmal vollständig umgeschult hat. In seinem neuen Arbeitsumfeld ist er sehr glücklich und sein neuer Job erfüllt ihn. Heute ist er, mit Ende 50, Fahrdienstleiter bei einem Bahnbetrieb und koordiniert den Zugverkehr aus der Zentrale des Unternehmens. Durch meine Affinität für die digitale Transformation von Unternehmen und deren Prozessen kam er relativ schnell dahinter, dass auch sein neuer Arbeitsplatz noch deutlich weiter digitalisiert werden könnte und vermutlich auch wird. Deshalb stieg sein digitales Stresslevel wieder an. Um dieses zu reduzieren und ihn zu beruhigen, nutze ich eine kognitive Neubewertung, indem ich den digitalen Stressor der *Jobunsicherheit* zu großen Teilen entkräftete. Ja, das Digitalisierungspotenzial für dieses Arbeitsumfeld ist vorhanden. Die Koordinierung des vollständigen Zugverkehrs lässt sich bestimmt schon heute durch einen intelligenten Algorithmus und Künstliche Intelligenz sehr gut steuern, sodass es zumindest deutlich weniger Fahrdienstleiter bedürfte als aktuell im Unternehmen beschäftigt sind. Doch so weit ist die Transformation des Bahnbetriebs noch lange nicht. Das wird noch einige Jahre Zeit in Anspruch nehmen. Wie lange genau, kann auch ich zum gegenwärtigen Zeitpunkt nicht exakt abschätzen. Ich bin jedoch sicher, dass mein Vater nicht mehr von diesen Veränderungen betroffen sein sollte, da er dann kurz vor dem Renteneintritt stehen würde oder sich sogar schon im Rentenalter befindet. Mit dieser differenzierten kognitiven Neubewertung der vermeintlichen Sorge, den Arbeitsplatz verlieren zu können, fühlte er sich deutlich entspannter.

Die kognitive Neubewertung hinsichtlich des Stressors Jobunsicherheit lässt sich aber auch auf Arbeitsumgebungen und Menschen überführen, die noch mitten in ihrer Erwerbslebensphase sind. Allein die Verdeutlichung, dass niemand von heute auf morgen seinen Arbeitsplatz verlieren wird, schafft Planungssicherheit.

Zudem sind Unternehmen in der Pflicht, den digitalen Strukturwandel sozialverträglich zu gestalten. Das bedeutet, es wird zunächst analysiert, wie Mitarbeiter für den digitalen Wandel befähigt werden können, um andere Arbeitsplätze im Unternehmen ausüben zu können.

Die demografische Entwicklung und der Fachkräftemangel spielen ebenso in immer mehr Berufen den Mitarbeitern in die Karten, dass Unternehmen auf gut ausgebildete Mitarbeiter angewiesen sind und diese gerne aufnehmen. Sehr häufig sind berufliche Umschulungen nicht nur möglich, sondern auch gerne gesehen, wie das Beispiel meines Vaters verdeutlicht.

Diese und viele weitere Begründungen helfen, den digitalen Stressor der Jobunsicherheit und der damit eingehenden existenziellen Bedrohung entgegenzuwirken. Ja, die vermeintliche Bedrohung kann real sein und es wird immer Menschen geben, die als »Verlierer« aus der digitalen Transformation hervorgehen, doch die kognitive Neubewertung und differenzierte Auseinandersetzung dieser Bedrohung in Verbindung mit lebenslangem Lernen, auf das ich nachfolgend eingehe, reduzieren das digitale Stresslevel.

13 Power-Ressourcen auf individueller Ebene

Nachdem ich Ihnen wichtige und wirksame Präventionsmittel vorgestellt habe, die sich in einfache Arbeitsroutinen umsetzen lassen, geht dieses Kapitel darüber hinaus und befasst sich mit großen ganzheitlichen Aspekten der individuellen digitalen Stressprävention. Diese nenne ich Power-Ressourcen, weil sie einen immensen Einfluss auf Ihr mentales Wohlbefinden haben und damit die Grundlage für die Nutzung effektiver Bewältigungsstrategien (Bewertung 2) darstellen.

Wenngleich ich den Begriff der Power-Ressourcen für dieses Buch entwickelt habe, so steckt dahinter eine Sammlung verschiedenster Forschungsbelege, Stressbewältigungstechniken und Resilienzansätzen, die ich aus anderen hochwirksam Kontexten auf das Thema des digitalen Stresses adaptiert habe. Für mich sind das *die* entscheidenden Power-Ressourcen, die Sie sich für die digitale Arbeitswelt zueigen machen sollten. Sicherlich werden Ihnen einige bekannt sein, aber das Kapitel wird zeigen, wieso die Power-Ressourcen gerade im Kontext der digitalen Stressbewältigung von großer Bedeutung sind.

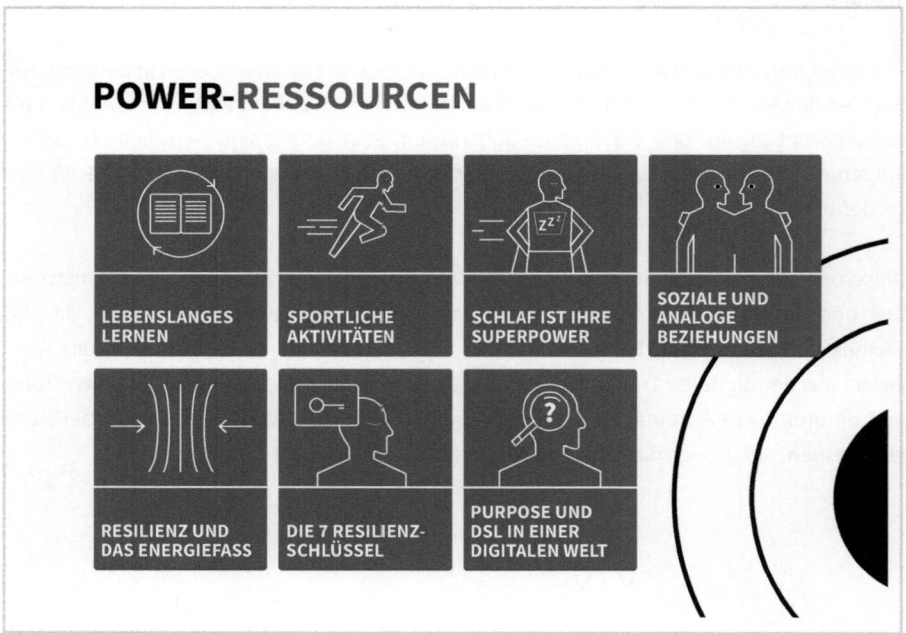

Abbildung 11: Power-Ressourcen

13.1   Power-Ressource 1: Lebenslanges Lernen wird Ihr Erfolgsfaktor

Wie klingt lebenslanges Lernen für Sie? Wahrscheinlich haben Sie den Ausdruck in den letzten Jahren immer mal wieder gehört. Und tatsächlich stehen ein Konzept und eine Grundhaltung hinter dem Begriff, die bereits seit den 1970er-Jahren erforscht wird. Natürlich können Sie sich unter dem Begriff ziemlich genau das vorstellen, was auch zum Ausdruck kommen soll, nämlich kontinuierlich zu lernen und sich nicht auf dem Schulabschluss, der Ausbildung oder dem Wissen aus dem Studium auszuruhen. Doch was einfach gesagt ist, ist in der Umsetzung anspruchsvoller, denn es bedarf einer eigenen Lernkompetenz, dass Menschen überhaupt in der Lage sind, eigenständig und selbst gesteuert zu lernen.

Lernen ist etwas, was vielen Menschen nicht leicht fällt, wenn der didaktische Rahmen und antreibende Lehrer, Ausbilder oder Professor das Lernen nicht anleiten.

Hier liegt die erste Herausforderung, der sich Mitarbeiter, vielleicht auch Sie selbst, unbedingt stellen sollten, denn der Aufbau digitaler Kompetenzen wird eine zentrale Herausforderung auf dem Weg zur Arbeitswelt 4.0 darstellen.

Sie müssen also zunächst die Kompetenz des selbst gesteuerten Lernens entwickeln, damit Sie beim Aufbau digitaler Kompetenzen am Ball bleiben. Bereits heute sind digitale Kompetenzen für Sie enorm wichtig, doch wird deren Bedeutung in Zukunft noch ansteigen. Digitale Kompetenzen sind auch nicht irgendwann vollständig vorhanden, sodass Sie sich gewissermaßen zurücklehnen können, nein, Sie müssen fortlaufend aktualisiert und erweitert werden. Das verdeutlicht ziemlich gut, wieso lebenslanges Lernen einen großen Stellenwert hat.

Mein Verständnis digitaler Kompetenzen fasst diese in drei Ebenen:

Erste Ebene: Zunächst müssen Sie ein digitales Verständnis entwickeln, also ein Mindset bekommen, was digital überhaupt transformierbar ist.

Zweite Ebene: Darauf aufbauend müssen Sie in der Lage sein, digitale Tools, Prozesse und Systeme anzuwenden bzw. zu steuern.

Dritte Ebene: Die letzte Ebene ergänzt, dass Sie strategische und digitale Entwicklungen erkennen und für Ihr Unternehmen nutzen können. Das bedingt auch, dass Sie die Vor- und Nachteile digitaler Veränderungen einschätzen können und diese in einem gesamthaften Kontext verstehen.

Die dritte Ebene ist die Königsdisziplin: Das Niveau der digitalen Kompetenz wird dann erwartet, wenn sie eine Karriere in der Arbeitswelt 4.0 im Management anstreben.

Für viele Menschen sind die ersten beiden Ebenen von zentraler Bedeutung, denn sie wirken auf nahezu alle digitalen Stressoren ein. Digitale Kompetenzen stellen somit die Basis für die Arbeits- und Leistungsfähigkeit in der Arbeitswelt 4.0 dar.

Wie ich Ihnen eingangs erläutert habe, bedarf es aber immer einer fortlaufenden Aktualisierung Ihrer digitalen Kompetenzen. Ich garantiere Ihnen, dass Ihnen dies deutlich leichter fällt, wenn Sie das eben beschriebene Fundament digitaler Kompetenzen erlangt haben. Dennoch ist es wichtig zu verstehen, dass phasenmäßiges Erlernen in einer sich immer schneller verändernden Welt nicht mehr ausreicht. Verstehen Sie es daher lieber so, dass es sich um eine permanente Lernphase handelt. Wenn Sie die Auffassung und Grundhaltung verinnerlicht haben, jeden Tag etwas neues Lernen zu können, dann verbessern Sie sich täglich.

Lebenslanges Lernen bedeutet nicht nur, dass das potenzielle Risiko der Jobunsicherheit geringer wird, nicht weil Ihr Job dadurch sicherer ist, sondern weil Sie in der Lage sind, viele andere Berufe auszuüben, sollte Ihr Arbeitsplatz im Zuge der digitalen Transformation gefährdet sein (Kapitel 9). Gleichzeitig hilft Ihnen lebenslanges Lernen aber auch, die Komplexität neuer Technologien besser zu durchdringen und Unsicherheit im Umgang abzulegen (Kapitel 7). Es kann Ihnen zudem auch helfen, mit potenzieller Unzuverlässigkeit technologischer Anwendungen oder Systeme umzugehen (Kapitel 8). Im zeitlichen Verlauf lernen Sie, warum eine technologische Störung auftritt und wie Sie deren Risiko möglichst umgehen oder das Problem eigenständig beheben können. Nutzen Sie daher die Möglichkeiten, die sich Ihnen bieten, um sich stetig weiter zu qualifizieren und Ihre digitalen Kompetenzen auf- und auszubauen.

Re- und Upskilling sind hierfür wichtige Aspekte, die ich Ihnen bereits vorgestellt habe. Doch so hip, wie sie auch klingen mögen, im Kern versteckt sich dahinter nichts anderes, als dass Sie willig sein müssen, sich weiterzuentwickeln. Unabhängig davon, ob Sie sich fort- und weiterbilden oder vollständig umschulen, ohne eine persönliche Anstrengung wird dies nicht gelingen. Keine Sorge, niemand hat die Erwartung, Sie zu einem Anwendungsentwickler für Künstliche Intelligenz umzuschulen, aber auch »weniger fordernde Berufsprofile« kosten Sie in der Erschließung viel Zeit und Energie. Dazu stehen Ihnen heute vielfältige Möglichkeiten zur Verfügung.

Beispielsweise könnte dazu gehören, dass Sie ein (weiteres) Studium beginnen. Wahrscheinlich irritiert Sie mein Vorschlag, denn Sie haben schlichtweg nicht die Zeit, unter der Woche im Vorlesungssaal zu sitzen. Doch das müssen Sie auch nicht. Es gibt ein breites Hochschulangebot z. B. mit technologieorientierten Studiengängen, die in Teilzeit und im Abendstudium oder auch remote per Videokonferenz absolvierbar sind. Das muss auch nicht zwangsläufig zum Abschluss führen, auch wenn ein formeller Abschluss in Deutschland leider oftmals höher bewertet wird, als das, was eine Person wirklich zu leisten imstande ist.

Im Kern soll es Ihnen aber darum gehen, Zugang zu Qualifikationsmöglichkeiten zu erlangen und damit Ihre Bewältigungsstrategien (Bewertung 2) gegenüber digitalem Stress zu begünstigen. Natürlich muss es kein Studium sein, denn auch Anbieter am Markt oder Ihre örtliche IHK bieten hier gute Ansätze. Zudem gibt es auch viele weitere Onlineanbieter wie bspw. LinkedIn Learning, die Ihnen ein vielfältiges Angebot an Onlinekursen zur Verfügung stellen. Und auch das YouTube-Angebot ist quasi unendlich. Elon Musk sagte einmal auf einer Podiumsdiskussion, dass heute niemand mehr eine Universität besuchen müsse, da alles, was man zu lernen brauche, kostenlos online abrufbar sei. An der Aussage ist sehr viel Wahres dran, wenngleich ich sie nicht vollständig teile, insbesondere seine radikale Haltung gegenüber Universitäten. Denn dort geht es nicht nur darum, Wissen zu erwerben, sondern auch methodische Kompetenzen zu erlangen. Doch seine Behauptung stützt meine vorherigen Erläuterungen dazu, dass Ihnen viele Möglichkeiten zur Verfügung stehen.

Erfolgsentscheidend ist die Frage, ob Sie sich diese zunutze machen. Denn auch wenn ich im Kapitel über die Arbeitswelt 4.0 erklärt habe, dass Bildung nicht immer vor dem Jobverlust schützt, so ist es noch immer der wirksamste Weg, für ein selbstbestimmtes und erfolgreiches Leben.

13.2   Power-Ressource 2: Wie Sie sportliche Aktivitäten gesundheitlich schützen

Es mag Sie einerseits verwundern, dass ich sportliche Aktivitäten als Bewältigungsstrategien (Bewertung 2) gegenüber digitalem Stress anführe, anderseits vielleicht auch nicht, weil Sie den positiven Effekt von Sport auf viele andere Lebensbereiche bereits kennengelernt haben. Sportliche Aktivitäten bieten einen starken Ausgleich für die mentale Belastung der digitalen Welt. In der Psychologie ist sportliche Betätigung ein gut erforschtes Therapiefeld für depressive Erkrankungen und deren Symptome. Der Einfluss von sportlichen Aktivitäten auf die mentale Gesundheit ist somit seit langer Zeit fundiert belegt.

In der digitalen Welt werden körperlich anspruchsvolle Tätigkeiten immer seltener, was ein großer Vorteil der Transformation ist. Deshalb nimmt die Bedeutung körperlicher Gesundheit gegenüber der mentalen Gesundheit etwas ab, was allerdings nicht heißt, dass nicht beides enorm wichtig ist. Vielmehr verschiebt sich lediglich der Fokus. Nicht umsonst sind Unternehmen seit der Covid-19-Pandemie viel stärker gefordert, die psychische Belastung ihrer Mitarbeiter im Rahmen der gesetzlichen geforderten Gefährdungsbeurteilung genau in den Blick zu nehmen. Während zuvor oftmals nur körperliche Belastungsfaktoren beachtet wurden, rücken digitaler Stress und die allgemeine mentale Gesundheit in das Zentrum der Aufmerksamkeit. Glücklicherweise besteht eine positive gegenseitige Abhängigkeit zwischen Sport und körperlicher sowie mentaler Gesundheit. Eine aktive Lebensweise ist hier die Basis und regelmäßige sportliche Aktivitäten unterstützen das allgemeine Wohlbefinden.

Die Betonung liegt hier jedoch auf der Regelmäßigkeit. Sport begünstigt Ihre mentale Leistungsfähigkeit, da dieser Ihren Körper auf eine Weise fordert, die komplett von unserer digitalen Arbeitsweise losgelöst ist. Welche sportliche Betätigung Sie wählen, ist zunächst nebensächlich, wobei Sport an der frischen Luft einen besonders positiven Einfluss hat. Es gibt nur wenige Momente, in denen die digitale Welt so wenig Einfluss auf Sie hat, wie bei sportlichen Aktivitäten. Doch auch wenn Sie Ihr Smartphone beim Joggen mit sich führen, weil Sie Musik oder einen Podcast hören, mindert das nicht den positiven Effekt auf Ihr mentales Wohlbefinden.

Ein Tipp, da ich beim Sport häufig Musik oder Podcasts höre: Laden Sie sich die Dateien herunter, damit Sie sie offline hören und den Flugmodus anschalten können, sodass Sie während sie an der frischen Luft Sport treiben ungestört sind. Natürlich gibt es auch spezifische Einstellungsmöglichkeiten, die Ablenkungen bestmöglich von Ihnen fernhalten, aber ich mache es mir hier gerne einfach und fahre damit außerordentlich gut.

Bereits kleine sportliche Alltagsroutinen helfen, eine körperlich positive Belastung zu erzielen. Nehmen Sie häufiger die Treppe statt den Fahrstuhl, kombinieren Sie Ihre Mittagspause mit einem Spaziergang, nehmen Sie sich die Zeit für eine Cooling-off-Periode und gehen Sie eine Runde mit dem Hund (des Nachbarn) nach dem Homeoffice. Trinken Sie während der Arbeit viel, das bedingt zwangsläufig, dass sie häufiger zur Toilette müssen und damit regelmäßiger vom Schreibtisch aufstehen. Das alles sind kleine Momente, die Ihren Kreislauf in Schwung bringen und zu Ihrer Aufnahmefähigkeit beitragen. So bilden Sie die Basis dafür, dass Ihre Bewältigungsstrategien (Bewertung 2) ihr volles Potenzial entfachen können.

13.3 Power-Ressource 3: Schlaf ist Ihre Superpower

Der offizielle TED-Youtube-Kanal veröffentlichte am 3.6.2019 eine der beeindruckendsten Aufzeichnungen eines Impulsvortrags in der langen Geschichte des TED-Formats. Die TED-Talks sind das Maß aller Dinge für jeden Vortragsredner. Wer es einmal auf die Bühne eines TED-Talks geschafft hat, muss im Vorfeld mit seinem Thema und seiner Expertise wahrlich überzeugt haben. Im Sommer 2019 gelang dies Matthew P. Walker, einem Professor der *Universität von Kalifornien*, der als Neurowissenschaftler und Psychologe einer der renommiertesten Schlafforscher unserer Zeit ist. Sein Impulsvortrag trägt den bescheidenen Titel *Schlaf ist Ihre Superpower* und ist bis heute über 10 Millionen Mal angesehen worden.

Die Quintessenz: Schlaf ist ein Lebenserhaltungssystem. Wer weniger schläft, lebt kürzer, wird häufiger krank und hat ein größeres Risiko für Krebserkrankungen. Zugleich macht er deutlich, dass 8 Stunden Schlaf notwendig sind, damit das Gehirn optimal aufnahme- und lernfähig ist.

Das ist auch der Anknüpfungspunkt zu unserem Thema digitaler Stress (auch wenn das kein direkter Bestandteil seines Vortrags war). Matthew P. Walker zeigt auf, wie sehr Schlafmangel und schlechte Schlafqualität die Gesundheit und das mentale Wohlbefinden verschlechtern. Doch guter Schlaf ist wichtig, damit Sie Ihre Bewältigungsstrategien (Bewertung 2) optimal entwickeln und nutzen können.

Im digitalen Zeitalter ist Ihr Gehirn ständig mit neuen Informationen überladen, durch Hunderte von E-Mails, aber auch durch private Nachrichten auf dem Smartphone. Das müssen nicht zwangsläufig Messenger-Nachrichten oder E-Mails sein, sondern schließt auch die Zeit in den sozialen Medien ein und alle erdenklichen Push-Meldungen, die Ihr Smartphone Ihnen zur Verfügung sendet. Ihr Gehirn ist unter Dauerfeuer. Matthew P. Walker zeigt, dass dem Gehirn bereits 6 Stunden Schlaf nicht ausreichen, um sich zu erholen.

Der Hippocampus ist wie ein informeller Posteingang, der, wenn er nicht genügend Schlaf bekommt, rund 40 % weniger neue Informationen aufnehmen und verarbeiten kann. Wenn Sie also von digitalem Stress betroffen sind und über einen längeren Zeitraum wenig schlafen, kann dies ein zentraler Faktor sein für geringere Leistungen, da Ihr Hippocampus den enormen Informationsfluss der digitalen Welt nicht mehr angemessen verarbeiten kann. Die Überladung von Informationen ist hierbei nicht nur als ein digitaler Stressor zu verstehen, sondern wirkt auf die Effektivität ein, mit der Sie Ihre Bewältigungsstrategien (Bewertung 2) für sich nutzen können.

Die Lösung des Problems ist so einfach wie anspruchsvoll. Erforderlich sind regelmäßige und gleichbleibende Schlafphasen um die 8 Stunden. Schaffen Sie das am Wochenende regelmäßig? Und auch unter der Woche? Mir gelingt es nicht, dieses Schlafpensum kontinuierlich in meinen Lebensrhythmus zu integrieren. Zwar lege ich großen Wert darauf, aber ich schätze, oftmals sind es zwei bis drei Nächte pro Woche, in denen mir es nicht vollständig gelingt. Doch wenn Sie zu den Menschen gehören, die regelmäßig weniger als 6 Stunden täglich schlafen, dann sollten Sie dies hinterfragen.

Menschen und Smartphones haben eine wichtige Gemeinsamkeit, sie müssen über Nacht laden. Ist die Ladedauer zu gering, wirkt sich das auf die Leistungsfähigkeit am nächsten Tag aus. Sie kennen sicherlich die Empfehlung, dass Sie das Smartphone nicht im Schlafzimmer oder gar am Bett laden sollen. Dem kann ich auch nicht widersprechen, aber meine Beweggründe sind vermutlich andere, da für mich nicht die potenzielle Strahlenbelastung das Thema ist. Meine Argumentation resultiert aus der notwendigen Entkopplung von der Informationsflut des Smartphones. Von morgens bis abends führen Sie Ihr Smartphone mit sich.

Generationsabhängige Studien haben ergeben, dass Menschen schnell über hundertmal täglich auf ihr Smartphone schauen. Die davon betroffenen neuronalen Bahnen im Gehirn stehen deshalb unter einer dauerhaften Beanspruchung. Ständig neue Informationen, egal welcher Art müssen vom Gehirn kategorisiert, bewertet und verarbeitet werden. Genau deshalb ist es wichtig, zwischen Abend und Morgen eine ausreichende Entkopplung zu gewährleisten. Je früher Sie also bereits vor dem Zubettgehen damit beginnen desto mehr wird Ihr Gehirn es Ihnen danken.

Streng genommen sollten Sie auch ohne SmartTV einschlafen, da auch dies Ihr Gehirn bis zum Einschlafen beansprucht. Gleichzeitig passiert in Ihrem Körper, wenn Sie noch auf einen Bildschirm schauen, biologisch etwas äußerst Interessantes, wenn auch Schlechtes. Die grellen Lichtquellen (insb. mit hohem Blauanteil) stören Ihren natürlichen Melatonin-Haushalt. Melatonin ist Ihr persönliches Schlaf-Wach-Hormon und steuert beide Phasen. Bildschirmzeit am Smartphone vor dem Schlafengehen oder das Einschlafen mit einem Smart-TV sollten daher vermieden werden.

Doch ich bin ehrlich, das gelingt auch mir nicht immer, aber wenn, dann merke ich es direkt an meiner Schlafqualität. Versuchen Sie beides einmal und testen Sie es über einige Wochen. Ich bin sicher, Sie werden spüren, dass Ihre persönlichen Akkus und die Qualität Ihres Schlafs sich verbessert.

13.4 Power-Ressource 4: Soziale Beziehungen auch analog pflegen

Die Pflege sozialer Beziehungen gerade auf analoger Ebene ist ein weiterer Aspekt, der Ihr Wohlbefinden verbessern kann und den Nährboden ihrer Bewältigungsstrategien (Bewertung 2) optimiert.

Eine Studie des *Fraunhofer Instituts* hat ergeben, dass die Unterstützung Ihnen nahestehender Personen eine wirksame Bewältigungsstrategie (Bewertung 2) ist. Zudem kommt Ihrem Gehirn auch die Entkopplung von Ihrem Smartphone zugute, wenn Sie im Kontakt mit Menschen stehen und dieses nicht benutzen.

Ein spielerisches Beispiel dafür ist der digitale Turm. Vielleicht haben Sie davon bereits gehört oder sie haben ihn in einem Restaurant oder einer Bar bereits gesehen. In meiner Wahrnehmung erfreut sich der digitale Turm steigender Beliebtheit, besonders wenn Gruppen sich analog treffen. Der Turm ist schnell gebaut – Bausteine sind die Smartphones der sich Treffenden, die im Vorfeld auf Stumm geschaltet werden. Die Bausteine werden mit dem Display nach unten übereinandergestapelt und dürfen fortan bis zum Ende des Abends nicht mehr genutzt werden. Manchmal verstärkt durch die drohende Sanktionierung, eine Getränkerunde bezahlen zu müssen, sollte jemand dem Bedürfnis erliegen, seine Nachrichten zu checken.

Die so simple Regel schafft es, die Überladung im privaten Bereich gegen 0 gehen zu lassen. Nachrichten über WhatsApp, Instagram, LinkedIn und Xing, SMS oder natürlich E-

Mails sowie Anrufe und Nachrichtenmeldungen kommen regelmäßig bei Ihnen auf dem Smartphone an. Wahrscheinlich ist die Kommunikationsflut privat kaum weniger oder sogar noch ausgeprägter als an Ihrem Arbeitsplatz. Doch im Privaten können Sie sich bewusst dafür entscheiden, Nachrichten und Anrufe temporärezu ignorieren und das Zusammensein und den Austausch mit Freunden und der Familie zu genießen und sich dem ganz zu widmen. Testen Sie das einmal nach einem digital anstrengenden Arbeitstag. Besonders Tage, an denen Sie aus dem Homeoffice gearbeitet haben und somit ausschließlich digital kommuniziert haben, sind hierfür besonders geeignet. Es ist wahrlich wohltuend für Ihre mentale Entspannung. Und genau die braucht Ihr Gehirn, damit es Phasen der Anspannung bewältigen kann.

In einer immer stärker digitalisierten Welt wird die Pflege der Beziehungen in der analogen Welt zunehmend wichtiger. Wahrscheinlich ist Ihnen das bereits während der Covid-19-Pandemie deutlich geworden. Zwar können Sie per Videotelefonie Ihre Freunde sehen, aber es befriedigt nicht das emotionale Bedürfnis, das eine echte Begegnung bieten kann. Sich aus der digitalen Welt auszuklinken und die sprichwörtlichen Akkus aufzuladen, hilft auch dazu, wieder Energie zu haben für die Arbeit in der digitalen Welt. Zudem errichtet das Ausschalten der Smartphones, das Ausklinken aus dem Digitalen eine wirkungsvolle mentale Mauer, die gegen den digitalen Stressor der Entgrenzung (Kapitel 6) helfen kann.

Bereits vor der Pandemie zeigte eine Studie der AOK-Krankenkasse, dass mehr als jeder dritte Befragte Schwierigkeiten hat, im Feierabend abzuschalten. Die Ablenkung durch den Kontakt mit Freunden und Familie kann hier, ähnlich wie im Sport, dazu beitragen, eine klare Grenze zwischen Beruf- und Privatleben zu ziehen. Verstärkt wird diese, wenn Sie Ihr berufliches Smartphone nach Ende der Arbeitszeit ausschalten.

Gleichzeitig kann der Austausch mit Freunden oder generell vertraute Personen dazu beitragen, offen über belastende Themen zu sprechen und auch über berufliche Inhalte. Vor einiger Zeit hatte ich mit meinen Kollegen und meiner Führungskraft ein privates Abendessen. Es war ein toller Abend. Wir haben viel gelacht und auch, wenn wir uns vorgenommen hatten, nicht über Arbeitsthemen zu sprechen, konnten wir unsere Rollen nicht vollständig ablegen. An einer Stelle sprachen wir über einen neuen digitalen Prozess, der für unsere Arbeit relevant geworden war. Es wurde deutlich, dass wir alle nicht wirklich wussten, wie dieser zu handhaben ist. Die offene Ansprache löste in mir eine gewisse Blockade. Ich war mir zuvor unsicher, wie ich mit der Neuerung umgehen soll und meine Kollegen scherzten gerne mal, dass ich als digitaler Stressexperte doch mit all diesen Dingen besser umgehen müsste. Dem ist sicherlich nicht so. Nur weil ich eine gewisse Expertise habe, bedeutet das nicht, dass ich frei von digitalem Stress bin: Im Gegenteil, es ist auch für mich ein stetiges Duell meiner beiden Bewertungen, weshalb ich zu Beginn auch sagte, dass ich Ihr Reiseführer, aber auch Ihr Reisegefährte bin. Gewissermaßen stellten meine Kollegen jedoch einen hehren Anspruch, den ich nicht erfüllen konnte. Somit war mein fehlendes Gespür für den Umgang mit diesem neuen Prozess für mich ein starker digitaler

Stressor (Bewertung 1). Das änderte sich an diesem Abend, weil ich merkte, es geht nicht nur mir so. Wir alle hatten unsere Probleme mit dem neuen Prozess.

Auch im privaten Umfeld kann es zu solchen Momenten kommen. Wenn einander berichtet wird, dass es neue digitale Systeme und Anwendungen gibt, deren Komplexität Sie nicht richtig durchdringen oder im Homeoffice eine technische Störung auftritt, die Sie selbst nicht lösen können. Wann immer solche Themen auf den Tischen kommen, bietet sich die Möglichkeit, Gleichgesinnte, um nicht Leidensgenossen zu sagen, zu finden. Digitaler Stress betrifft uns alle unterschiedlich stark und dieses Gemeinschaftsgefühl kann dazu beitragen, entspannter mit dem relevanten digitalen Stressor umzugehen.

Der analoge Kontakt ist deshalb aus zweierlei Gründen besonders wertvoll: zum einen, weil er einen digitalfreien Raum schafft und die Entkopplung wertvoll für Ihr Gehirn ist. Zum anderen, weil in persönlichen Begegnungen offener und nahbarer gesprochen werden kann als virtuell. Das ist eine Herausforderung, auf die ich in Kapitel 13, wenn es um die Führungsebene geht, noch zu sprechen komme. Dieser Abschnitt soll Sie daran erinnern, dass es trotz digitaler Möglichkeiten bedeutsam ist, sich persönlich zu begegnen, selbst wenn es aufwendiger ist als zum Smartphone zu greifen. Ihre mentale Gesundheit und Ihre Bewältigungsstrategien (Bewertung 2) werden es Ihnen danken.

13.5 Power-Ressource 5: Die Macht der Resilienz und wie Ihnen Ihr Energiefass helfen kann

Resilienz ist als Begriff seit einigen Jahren in aller Munde, besonders, seit sich unsere Gesellschaft in gewisser Weise im Krisenmodus befindet. Erst belastete die Covid-19-Pandemie uns alle stark und als wir diese soweit möglich unter Kontrolle hatten, folgte der russische Angriffskrieg auf die Ukraine und der daraus resultierende Energiekonflikt, der die hiesigen Öl- und Gaspreise steigen ließ. In solchen Zeiten ist Resilienz besonders wichtig, und das gerade da, wo Menschen mit Veränderungen umgehen müssen.

Wie Sie in Kapitel 1 erfahren haben, bedingt die digitale Transformation zur Industrie- und Arbeitswelt 4.0 unzählige Veränderungen. Fälschlicherweise verstehen viele unter Resilienz, dass ein Individuum solche Veränderungen nicht mehr als stressend und belastend empfindet. Aber das ist ein Irrglaube. Resiliente Menschen durchleben solche Phasen genauso wie andere, aber sie überstehen diese Zeiten ohne psychische Beeinträchtigungen.

Hendrik Wahler, ein promovierter Resilienz-Trainer berichtete in einem Resilienz- Vortrag, dass man sich resiliente Menschen wie einen Fußball vorstellen soll, der von Christiano Ronaldo gegen eine Betonwand geschossen wird. Der Ball prallt hart an der Wand auf, aber er geht nicht daran kaputt und auch wenn er im Moment des Einschlags sich temporärer verformt, so nimmt er gleich darauf seine ursprüngliche Form wieder an.

Sicherlich haben Sie die Metapher bereits verstanden: Die Betonwand repräsentiert eine Krise, an der Sie, gleich dem Ball an der Wand, allerdings nicht zerbrechen. Resilienz kann somit ein wesentlicher Hebel sein, der Sie in Krisen oder in Zeiten vor Belastung schützt.

Eine gute Resilienz braucht aber Training. Das Energiefass, manchmal auch Energiekonto genannt, ist hierfür eine gute Übung, weil es wertvolle visuelle Unterstützung bietet. Wie bei einem Fass gibt es einen Zulauf und einen Ablauf und wenn eine gewisse Füllmenge unterschritten ist, dann sitzen Sie auf dem Trockenen. Bei einem Bankkonto ist das vergleichbar. Es gibt Ein- und Auszahlungen und gleichermaßen ist es nicht wünschenswert, wenn Sie zu lange im Dispo sind. Beide Darstellungen lassen sich visualisieren, wobei ich hier das Energiefass benutze und Ihnen dieses in Abbildung 12 visualisiere.

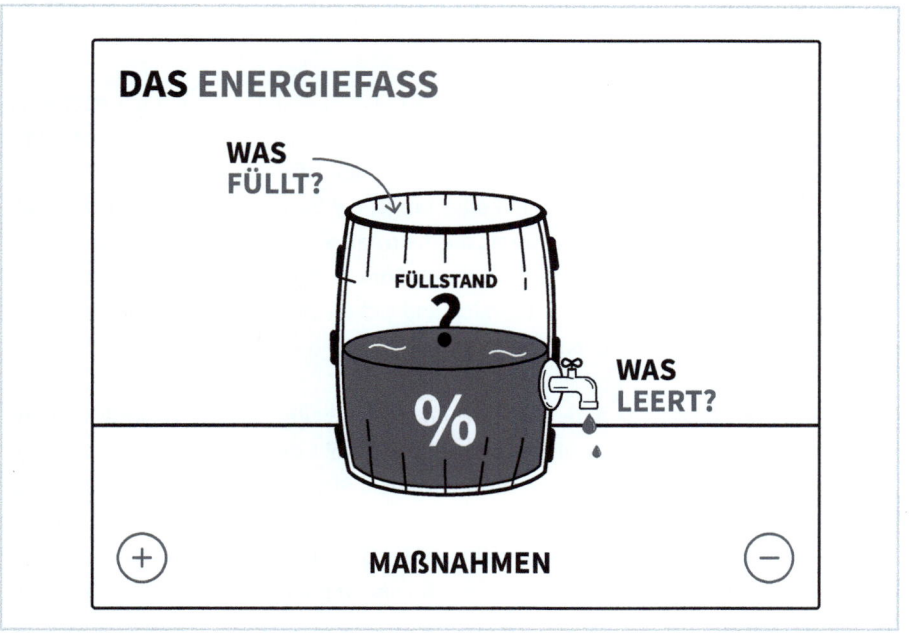

Abbildung 12: Das Energiefass

Die Abbildung zeigt die zentrale Frage sehr gut, was das Fass füllt und was es leert. Für ein resilientes Leben ist es wichtig, dauerhaft einen guten Füllstand zu haben, denn wenn eine Krise auf Sie zukommt oder Sie von einer Veränderung stark belastet sind, wird Einiges an Energie aus dem Fass ablaufen.

Zeichnen Sie ein Energiefass und überlegen Sie, was füllt Ihr Energiefass und was leert es – auch ohne Krisen und Veränderungen. Diese Übung hilft Ihnen, Vieles im Leben anschaulicher zu machen.

Was Menschen bei dieser Übung nennen, ist oft zunächst unkonkret: Familie, Partner, Sport füllen das Energiefass, die Arbeit und der Haushalt leeren es.

- Doch was genau füllt es? Zeit mit Ihrer Familie zu verbringen, mit Ihrer Tochter oder Ihrem Sohn zu spielen? Mit Ihrem Partner bzw. ihrer Partnerin zu kochen, ein gutes Gespräch zu führen, das Joggen im Wald?
- Und was es genau ist, das Ihr Energiefass leert, wohin fließt die Energie? Was genau ist es im beruflichen Alltag oder im Haushalt, das Ihnen Energie raubt?

Wenn Sie diese Fragestellungen beantworten können, identifizieren Sie natürlich weitaus mehr Bestandteile, als die zuvor von mir genannten Beispiele. Sie kontrollieren damit, soweit möglich, den Füllstand Ihres Energiefasses und wenn Sie merken, dass es aufgefüllt werden muss, greifen Sie auf die Dinge zurück, die das Fass füllen und versuchen die Dinge, die es leeren, möglichst zu vermeiden.

Was in der Theorie leicht klingt, war während der Covid-19-Pandemie deutlich erschwert. Mein Energiefass wird zum Beispiel, wie bei vielen anderen Menschen, durch den Kontakt mit Freunden und der Familie gefüllt. Gleichzeitig treibe ich regelmäßig Sport und liebe es, im Anschluss zu saunieren. Das sind alles Dinge, die besonders in Phasen des Lockdowns kaum möglich waren, die Faktoren, die mein damaliges Energiefass leerten, waren hingegen weiterhin existent. Meine Arbeit, meine Forschungen, die Sorge vor einer Covid-Infektion. Es war also eine Zeit, die für mich und sicherlich sehr viele andere Menschen auch mit einem niedrigen Füllstand einherging.

Zum Glück sind Sie heute in einer selbstbestimmteren Lage, den Zufluss Ihres Energiefasses zu steuern. Ein gut kontrolliertes Energiefass stellt deshalb eine enorm wichtige Bewältigungsstrategie für Sie dar, die Ihnen bei jedem Stressor helfen kann. Während der Covid-19-Pandemie habe ich diesbezüglich oft gesagt, dass eine gute Resilienz wie eine Covid-19-Impfung ist. Sie schützt zwar nicht vor der Erkrankung, in diesem Fall vor digitalem Stress, aber vor einem schweren Krankheitsverlauf oder den in Kapitel 11 beschrieben Auswirkungen.

13.6 Power-Ressource 6: Nutzen Sie die sieben Resilienz-Schlüssel

Neben der visualisierten Übung des Resilienz-Energiefasses können Ihnen auch die sieben Resilienz-Schlüssel helfen, eine resilientere Persönlichkeit zu entwickeln. Diese sind Akzeptanz, Optimismus, Selbstverwirklichung, Eigenverantwortung, Lösungsorientierung, Netzwerkorientierung und Zukunftsorientierung.

Die sieben Resilienz-Schlüssel lassen sich wunderbar auf den digitalen Stresskontext übertragen.

Resilienz-Schlüssel 1: Zunächst geht es um Akzeptanz: Sie müssen akzeptieren und annehmen, was Sie nicht ändern und beeinflussen können (Circle-of-Influence-Theorie).

Resilienz-Schlüssel 2: Naheliegenderweise ist Ihr Einfluss nicht weitreichend genug, um die digitale Transformation aufzuhalten, daher sollten Sie zunächst die Akzeptanz dieser digitalen Veränderungen für sich annehmen und versuchen, dieser mit Ihrem Optimismus etwas Positives abzugewinnen. Die Entgrenzung von Beruf- und Privatleben hat gewiss negative Auswirkungen, doch die Arbeit aus dem Homeoffice schafft auch viele Vorteile und neue Möglichkeiten für die Vereinbarung von Beruf- und Privatleben. Versuchen Sie daher, in jeder digitalen Veränderung Ihres Arbeitsplatzes etwas Positives zu sehen.

Resilienz-Schlüssel 3: Zur Selbstwirksamkeit kommt es dann, wenn Sie davon überzeugt sind, mit diesen Veränderungen im Laufe der Zeit immer besser umgehen zu können. Das bedingt, dass Sie auf Ihre Kompetenzen vertrauen und Ihren Einfluss dazu wahrnehmen. Sie müssen die digitale Transformation zwar akzeptieren, aber in Ihrem *Circle of Control* liegt die Möglichkeit der Weiterqualifizierung und des lebenslangen Lernens. Das begünstigt Ihre Bewältigungsmöglichkeiten (Bewertung 2), stärkt Ihre Kompetenzen und festigt das Vertrauen in die eigenen Stärken.

Resilienz-Schlüssel 4: Zugleich versteht sich darunter auch die Eigenverantwortung, die Auswirkungen der digitalen Transformation nicht auf andere abzuwälzen, und sich auf das Positive zu fokussieren. Denn auch hier greift die altbewährte Weisheit: Es ist das, was man daraus macht – wobei Sie erneut bei Akzeptanz und Optimismus sind.

Resilienz-Schlüssel 5: Wer eigenverantwortlich handelt, sucht die Schuld nicht bei anderen, sondern ist lösungsorientiert und versucht, aktiv nach Wegen zu finden, wie er mit den digitalen Veränderungen an seinem Arbeitsplatz bestmöglich umgehen kann. Hier bieten Ihnen die zu Beginn dieses Kapitels genannten Präventionsmittel eine gute Quelle der Inspiration.

Resilienz-Schlüssel 6: Sollten Sie dennoch einmal Hilfe benötigen, dann kann Ihnen der Resilienz-Schlüssel der Netzwerkorientierung behilflich sein. Suchen Sie sich Ansprechpartner, die Sie proaktiv unterstützen können, aber bereits die Pflege analoger Beziehungen und der offene Austausch kann ein beruhigendes Gefühl vermitteln.

Resilienz-Schlüssel 7: Zuletzt kommt es auf eine positive Zukunftsorientierung an. Überlegen und planen Sie für sich, welche neuen Ziele Ihr digitaler Arbeitsplatz für Sie eröffnet. Das kann der Abschluss einer hilfreichen Weiterbildung sein, das Lesen dieses Buches, um die Thematik des digitalen Stresses besser zu verstehen, oder auch mehr Zeit mit Ihrer Familie zu verbringen, weil längere Fahrzeiten in Ihr Büro wegfallen.

Für die sieben Resilienz-Schlüssel ist es hilfreich, dass Sie Ziele definieren, die Sie auch messbar erreichen können, damit sich ein Erfolgsgefühl einstellen kann und Sie feststellen können, dass die digitalen Veränderungen für Sie mit einigen positiven Lebensveränderungen einhergehen.

Damit Sie die sieben Schlüssel der Resilienz kompakt auf einen Blick betrachten können, fasse ich sie in Abbildung 13 zusammen.

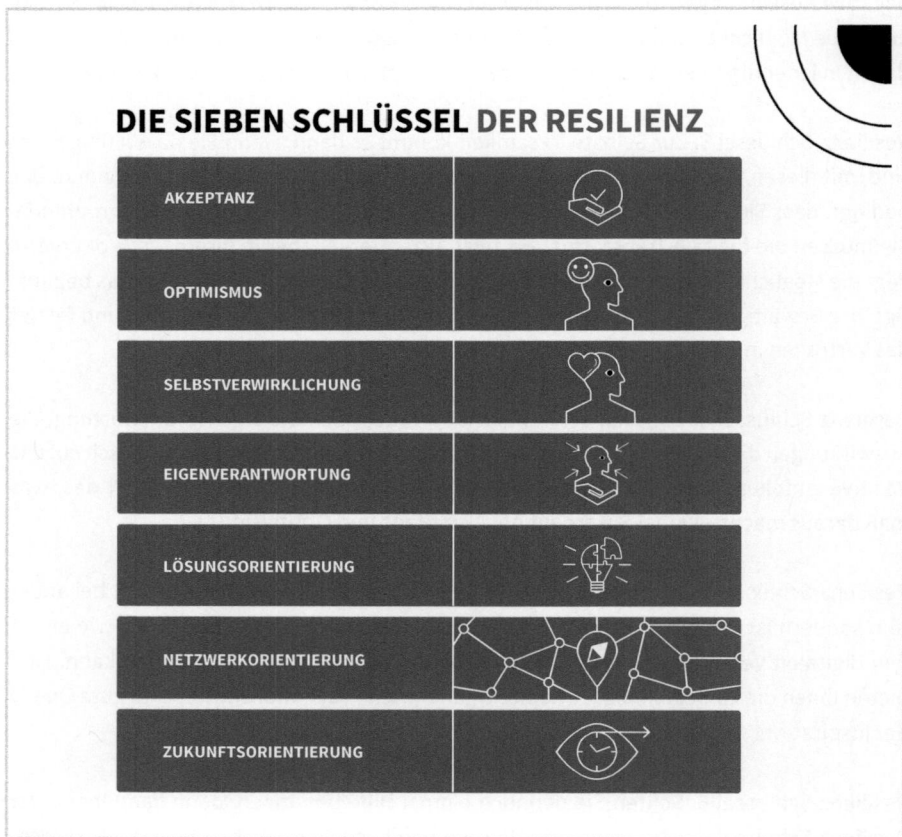

Abbildung 13: Die sieben Schlüssel der Resilienz

13.7 Power-Ressource 7: Mit Purpose und DSL in einer digitalen Welt leben

Zugegeben, einen Abschnitt über persönliche Sinnfindung hätte ich vor zwei Jahren wohl nicht in ein solches Buch mit aufgenommen. Mittlerweile halte ich es allerdings für enorm wichtig. Sinnfindung wird häufig in der Arbeitswelt mit dem Finden des eigenen und dem unternehmerischen »*Purpose*« beschrieben. Ein höheres Selbst, für das Sie morgens auf-

stehen, mag der Tag noch so voller Termine und Verpflichtungen sein. Wenn Sie Ihren Purpose oder wie John Strelecky, es in seinem Bestseller *The Big Five vor Life* nennt, den
Zweck der Existenz findet, dann kann daraus eine enorme persönliche Kraft entstehen.

Ich bin allerdings der Auffassung, dass es nicht den einen höheren Sinn geben muss, sondern, dass es im Verlauf des Lebens viele und temporäre sinnhafte Tätigkeiten und Lebensphasen gibt.

Nehmen Sie zum Beispiel dieses Buch. Mir wurde während der Monate, in denen ich es
anfertigte, von vielen Personen gesagt: »*Pass auf Deine Gesundheit auf, sei achtsam mit
dir, du arbeitest zu viel*«. Auf Außenstehende mag das tatsächlich so wirken, wenn man ein
solches Buch neben einer Vollzeitstelle schreibt und zeitgleich noch viele andere berufliche Dinge treibt. Doch das Buch zu schreiben war für mich keine Belastung, es befriedigt meinen Wunsch nach Sinnstiftung, viele Menschen mit dem Thema »digitaler Stress«
bekannt zu machen. Ich bin sehr wohl achtsam mit mir selbst und kenne meine Grenzen,
aber das Buch zu schreiben stellte für mich einen Ausgleich dar. Ich würde sogar so weit
gehen und behaupten, dass es mir – mit wenigen Ausnahmen – sogar Energie gegeben
hat und damit gleichzeitig meine Bewältigungsstrategien (Bewertung 2) erhöht. Das hilft
grundsätzlich für den Umgang mit Stress und somit auch für digitalen Stress. Die Arbeit
an diesem Buch füllte mein Energiefass regelmäßig, wovon ich in Zeiten mit digitaler Belastung zehren konnte.

Ich glaube, es ist daher von enormer Bedeutung sich in bestimmten Lebensphasen immer
wieder diese Sinnfrage zu stellen, denn wenn Sie diese für sich beantworten können, kann
daraus für viele andere Bestandteile des Lebens Kraft und Gelassenheit gezogen werden.
Martin Luther soll einmal gesagt haben, dass er an einem bestimmten Tag so viel zu tun
hat, dass er eine Stunde mehr auf Knien verbringen müsse. Für ihn waren der Glaube und
seine Gebete eine Kraftquelle. Für mich ist aktuell die Arbeit an dem Buch eine Kraftquelle.

Was ist für Sie eine Kraftquelle? Das können nur Sie persönlich beantworten, aber die
Möglichkeiten sind vielfältig und die Kraftquelle zu identifizieren ist von enormem Wert.
Somit hat die persönliche Sinnsuche zwar keinen direkten Einfluss auf die in diesem Buch
genannten digitalen Stressoren, aber es stellt Kraftreserven bereit, von denen Ihre Bewältigungsstrategien (Bewertung 2) zehren können und zugleich ist ein persönlicher gut
erschlossener Purpose das Fundament, auf dem ein kraftvolles Leitbild entstehen kann.

Was vielleicht für einige wenige nach Esoterik klingen mag, ist einer der bedeutendsten
Teile im Besteller *7 Wege zur Effektivität* von Stephan R. Covey. Ich habe diesen Ansatz auf
den Kontext des Buches übertragen, denn um in der digitalen Welt Anschluss zu finden,
braucht es einen DSL-Zugang. Doch ich spreche hier nicht von einer *Digital Subscriber Line*,
also einem digitalen Breitband-Übertragungsstandard mittels Telefonkupferleitung, sondern für mich steht DSL für ein *Digitales-Stress-Leitbild*. Ein Leitbild zu haben für digitalen

Stress ist gewiss nicht selbstverständlich, aber es stellt für mich ein wichtiges Werkzeug dar, wenn ich mich mit Fragen meiner digitalen Arbeitsweise und meiner Gesundheit beschäftige.

Mentale Gesundheit und psychische Gesundheit sind ein zentraler Erfolgsfaktor in einer digitalen Arbeitswelt. Die entscheidende Frage ist daher, wie Sie diese sicherstellen können. Das DSL kann Ihnen dabei hilfreiche Anknüpfungspunkte bieten. Ein allgemeines persönliches Leitbild versteht sich als Kompass, der Orientierung im Alltag bietet und hilft, nur die Entscheidungen zu treffen, die dem eigenen Leitbild entsprechen. Menschen, die nach Ihrem eigenen Leitbild leben, berichten von einer inneren Gelassenheit und Stabilität, aus der sie besonnen auf veränderte Gegebenheiten reagieren können. Ein DSL, wie ich es verstehe, überträgt diese Prinzipien auf den Kontext einer digitalen Arbeitswelt.

Der Kern meines DSL basiert auf einem persönlich identifizierten Purpose und besteht aus drei Dimensionen, die sowohl für den geschäftlichen als auch für den privaten Kontext Anwendung finden können. Im Privaten finde ich Fragestellungen zu Vision und Mission nicht optimal und übersetze diese eher mit Selbstverständnis, Zielen und Grundsätzen. Diese drei Dimensionen können Ihnen helfen, Ihr persönliches Profil in der digitalen Arbeitswelt zu schärfen.

Dimension 1: Welches Selbstverständnis haben Sie von sich und Ihrer Rolle als Individuum in einer digitalen Arbeitswelt?

Dimension 2: Welches Ziel verfolgen Sie, etwa möglichst schnell die Karriereleiter zu erklimmen oder liegt Ihr Fokus auf Ihrer Familie und Ihrem Privatleben?

Dimension 3: Und welche Grundsätze digitaler Arbeit legen Sie für sich und Ihre Zusammenarbeit mit anderen Menschen fest?

Das wirkt im ersten Moment gewiss unzulänglich, deshalb erläutere ich es nachfolgend mit einer persönlichen Ausführung.

Mein Selbstverständnis oder, besser gesagt, mein persönliches Profil in einer digitalisierten Arbeitswelt soll davon gekennzeichnet sein, dass ich stets imstande bin, mein Leben selbstbestimmt zu gestalten und es nach meinem Purpose auszurichten. Das erfordert, dass ich meine digitalen Kompetenzen regelmäßig auf den neusten Stand bringe und das Risiko, dass mein Arbeitsplatz im Zuge des Digitalisierungsfortschritts verloren geht, für mich nicht zu einem digitalen Stressor wird. Deshalb nehme ich mir bewusst Zeit für die Weiterbildung und für das Lernen.

Mein Ziel ist keine klassische Karriere, wie Sie viele andere Menschen in meinem Alter anstreben. Im Sinne der Ihnen vielleicht bekannten Bedürfnispyramide des renommierten

US-amerikanischen Psychologen, Abraham Maslow, ziehe ich meine Selbstverwirklichung (Spitze der Pyramide) aus meinem Drang, Menschen zu digitalem Stress und den Herausforderungen der digitalen Arbeitswelt zu sensibilisieren und zu unterstützen. Gleichzeitig ist es mein Ziel, körperlich und mental leistungsfähig zu sein. Das bedeutet auch, dass ich möglichst umfangreiche Bewältigungsstrategien (Bewertung 2) entwickle, die mir im Duell mit den digitalen Stressoren (Bewertung 1) bestmöglich zur Seite stehen.

Außerdem erhoffe ich mir zum einen, dass ich diese Entwicklung der Bewältigungsstrategien durch das Selbstverständnis meiner Rolle unterstützen kann, aber auch durch meine Grundsätze der digitalen Arbeit. Das bedeutet für mich auch, mindestens dreimal pro Woche Sport zu treiben, und wenn es nur eine halbe Stunde Joggen am frühen Morgen ist. Einen weiteren Teil meiner Grundsätze habe ich Ihnen bereits vorgestellt: Wochenende und Urlaubszeiten sind arbeitsfreie Zeiten und wenn mich ein Arzt krankschreibt, dann arbeite ich auch nicht aus dem Homeoffice. Zugegeben, das musste ich selbst für mich auch erst lernen. Bei Tagen aus dem Homeoffice nutze ich so oft wie möglich meine Cooling-off-Periode, um eine Trennung verschiedener Lebensbereiche zu erzielen. Trotzdem bin ich für mein Umfeld unter der Woche, wenn auch nicht jeden Tag, von 06:30 Uhr bis 20:00 Uhr erreichbar, was mir ein produktives Fenster schafft, meine Ziele zu erreichen und meinem Selbstverständnis gerecht zu werden. Ich bin bestrebt, meine Smartphone-Bildschirmzeit zu kontrollieren und im Wochendurchschnitt nicht über 2,5 Stunden pro Tag zu ansteigen zu lassen. Wobei ich selbst diese Grenze als fast schon zu hoch empfinde. Zugleich versuche ich, stets acht Stunden täglich zu schlafen, aber nie weniger als sechs Stunden. Zuletzt nehme ich mir vor, an mindestens zwei Abenden analoge Kontakte zu pflegen, sei es Zeit mit meiner Partnerin zu verbringen oder Freunde und Familie zu treffen.

Die drei Dimensionen Selbstverständnis, Ziele und Grundsätze bilden mein Digitales-Stress-Leitbild (DSL), mit dem ich bisher gesund und leistungsfähig durch den Alltag gekommen bin, weil ich sehr viele meiner Entscheidungen danach ausrichte und meine Aktivitäten mit meinem selbst identifizierten Purpose in Einklang stehen.

Wie Ihr DSL aussehen kann, können nur Sie und Ihr engstes Umfeld beeinflussen, aber mit Blick auf die Transformation der Arbeitswelt lohnt es sich, ein solches Leitbild zu erstellen. Ich glaube auch nicht, dass ein DSL einmal und für alle Zeiten entwickelt werden kann, sondern dass es, je nach Lebensphase, Anpassungen benötigt. So gehe ich davon aus, dass ich, wenn ich einmal eine Familie gründen sollte, eine Verschiebung in allen Dimensionen vornehmen müsste.

14 Präventionsmöglichkeiten durch Leadership

14.1 Führung macht den Unterschied

Nachdem ich Ihnen unterschiedliche Präventionsmittel, die Sie in Arbeitsroutinen überführen können sowie Konzepte aus der allgemeinen Stressforschung, Resilienz-Werkzeuge und das Digitale-Stress-Leitbild vorgestellt habe, richte ich den Blick auf das, was eine Führungskraft im Unternehmen für ihre Mitarbeiter unternehmen kann, um diese vor digitalem Stress in der Arbeitswelt zu schützen. Sollten sie selbst Mitarbeiter führen, hoffe ich, dass dieses Kapitel Sie inspiriert und Sie meine Vorschläge in Ihren beruflichen Alltag überführen können.

Meine Ausführungen zielen besonders auf den transformationalen Führungsstil ab, da dieser für die Arbeitswelt 4.0 von großer Bedeutung ist. Stacy Boyer-Davis, eine Professorin der *Northern Michigan University,* veröffentliche 2018 einen bemerkenswerten Artikel, in dem Sie den Einfluss von digitalem Stress auf Führungskräfte untersuchte. Der Fokus der Studie lag darin, zu verstehen, ob bestimmte Führungsstile eine unterschiedlich starke persönliche Betroffenheit von digitalem Stress aufweisen. Neben dem transformationalen Führungsstil betrachtete sie auch den transaktionalen Führungsstil und den Laissez-faire-Führungsstil.

Der Laissez-faire-Führungsstil beschreibt ein Führungsverhalten, das von Lockerheit geprägt ist und dem Mitarbeiter großen Handlungsspielraum und viele Entscheidungsmöglichkeiten einräumt. Das mag zunächst positiv klingen, ist aber innerhalb der digitalen Transformation mit all den vielfältigen und schnellen Veränderungen wenig hilfreich und sogar schädigend. Oftmals wünschen sich Mitarbeiter in diesen Zeiten eine starke Führung, was der Laissez-faire-Führungsstil allerdings kaum bietet. Es ist, als würde der Kapitän eines Schiffes, das im 19. Jahrhundert in einen starken Sturm geraten ist, sagen *»macht ihr mal, das wird schon irgendwie funktionieren.«* Es wird immer auch Berufe geben, für die ein solcher Führungsstil nicht zielführend ist, zum Beispiel in der Bundeswehr.

Die transaktionale Führung wird sehr häufig durch ein Tauschverhältnis erklärt. Der Mitarbeiter leistet seine Arbeitszeit ab und wird dafür entlohnt. Vereinfacht gesagt, Arbeitszeit gegen Geld. Diese Formel beschreibt ein Führungsverständnis, das das Wirtschaftssystem seit der Industrialisierung und besonders in den letzten Jahrzehnten maßgeblich geprägt hat. Transaktionale Führung stellt damit ein Führungsmodell dar, das noch immer in vielen Unternehmen den Alltag repräsentiert. Doch transaktionale Führung funktioniert dann am besten, wenn die richtigen Rahmenbedingungen gegeben sind. Dieser Rahmen ist von Stabilität und Planungssicherheit geprägt, also von Gegebenheiten, die, wie Sie im Verlauf dieses Buches gelernt haben, im digitalen Zeitalter mit immer schnelleren Veränderungszyklen kaum noch gegeben ist.

Der transformationale Führungsstil ist dagegen deutlich zukunftsorientierter und besser für die Arbeitswelt 4.0 geeignet. Er wird häufig durch vier Ebenen beschrieben:
- Vorbildfunktion,
- inspirierende Motivation,
- intellektuelle Anregung und
- individuelle Unterstützung.

Stacy Boyer-Davis belegte in ihrer Studie, dass der Einfluss von digitalem Stress besonders auf die beiden erstgenannten Führungsstile zu belegen ist. Und es heißt nicht umsonst, dass gute Führung bei dem Führenden selbst beginnt. Daraus leite ich folgende These ab: Wenn eine Führungskraft aus einem transformationalen Führungsverständnis heraus agiert, das für die Veränderungen der Arbeitswelt 4.0 besonders gut geeignet ist, und diese Führungskraft selbst digital stressresistent ist, weil sie gute Bewältigungsstrategien entwickelt hat, sollte diese Führungskraft dem digitalen Stress ihrer Mitarbeiter bestmöglich vorbeugen und dazu beitragen, diesen zu reduzieren.

Bekräftigt wird meine These durch türkische Studienergebnisse, die genau dies empirisch stützten. Wie das genau erfolgen kann, lässt sich sehr anschaulich über die zuvor genannten vier Ebenen beschreiben, die in Abbildung 14 dargestellt werden. Für das digitale Zeitalter gilt daher umso stärker eine alte Leadership Weisheit: Führende haben Folgende, hast Du keine Folgenden, bist Du kein Führender.

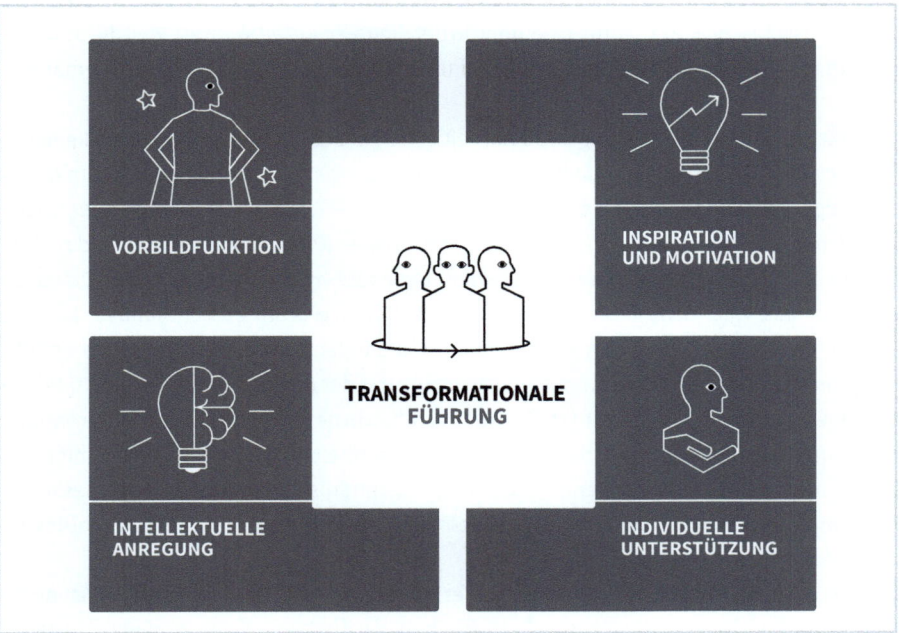

Abbildung 14: Transformationale Führung

14.2 Vorbildfunktion – Entstigmatisierung psychischer Erkrankungen

Das Verständnis des transformationalen Führungsstils ist von der Vorbildfunktion geprägt. Das kann im Kontext der digitalen Arbeitswelt damit verbunden sein, dass sich die Führungskraft der Herausforderungen der digitalen Transformation und potenzieller Belastung durch digitalen Stress bewusst ist. Die Vorbildfunktion beginnt damit, dass die Gesundheit der Mitarbeiter als wichtigste Ressource eingestuft wird. Auch wenn Gesundheit zwar nicht alles ist, ohne Gesundheit ist alles nichts, wie ein Wort von Arthur Schopenhauer verdeutlicht. Hierzu kann die Führungskraft Aspekte des betriebswirtschaftlichen Gesundheitsmanagements für sich priorisieren, die häufig in Unternehmen unausgeschöpft bleiben. Der Fokus sollte dabei im digitalen Zeitalter viel stärker auf mentaler Gesundheit und psychischer Gesundheit liegen, aber physische Aspekte natürlich nicht unberücksichtigt lassen. Somit spielen im transformationalen Führungsstil gesundheitliche Aspekte und die Akzeptanz krankheitsbedingter Auszeiten eine entscheidende Rolle, weil die Führungskraft erkennt, dass die eigenen Mitarbeiter das wertvollste Kapital sind.

Nach einem veralteten Führungsverständnis entstehen Krankheitstage fast ausschließlich durch körperliche Beeinträchtigungen. Erkältungen, grippale Infekte oder ein gebrochener Arm sind für viele Führungskräfte schon lange nachvollziehbar.

Aber wie sieht es mit emotionaler Erschöpfung und drohenden Burn-out-Risiken aus? Mentale und psychische Erkrankungen nehmen in der digitalen Arbeitswelt zu, weil die dortigen Belastungen andere sind. Es bedarf daher eines sensibleren Umgangs mit der Thematik.

Eine mir nahestehende Führungskraft fiel selbst länger aus. Zunächst kannte ich keinerlei Hintergründe. Als ich von der längeren Krankschreibung erfuhr, drückte ich ihr auf privatem Wege Genesungswünsche aus. Sie antwortete mir »(...) Ja, wir müssen alle aufpassen und eigene Grenzen nicht ignorieren, denn sonst streiken Kopf und Körper. Bin bald zurück. Die alte, nur etwas bewusstere (...).« Ich weiß bis heute nicht, was die genaue Diagnose war, aber ihre Nachricht ließ mich zumindest erahnen, worum es sich handeln könnte. Für mich war die Person schon vorher ein Vorbild und lebte ein transformationales Führungsverständnis, aber der authentische Umgang mit der eigenen Betroffenheit hat mich sehr bewegt. Wäre sie meine direkte Führungskraft, würde ich mich nun wohl eher trauen, meine mentale Belastung und digitale Stressbetroffenheit offenzulegen. Ich bin mir recht sicher, dass sie nach ihrer eigenen Erfahrung Verständnis hätte und die angemessenen Maßnahmen wählen würde, um mich vor den digitalen Belastungsfaktoren zu schützen.

Charakteristisch für die Vorbildfunktion einer transformationalen Führungskraft ist auch, dass sie authentisch mit der eigenen Betroffenheit von digitalem Stress umgeht und damit verdeutlicht, dass das nichts ist, wofür sich Mitarbeiter unzulänglich fühlen oder schämen müssen. Wenn sie digitalen Stress als belastenden Faktor in der Arbeitswelt anerkennt, liegt es an ihr als Führungskraft, die damit verbundenen und in ihrem *Circle of Influence* stehenden digitalen Stressoren zu reduzieren und diesen vorzubeugen.

Das bedeutet, dass die Führungskraft ihren Mitarbeitern zum einen das gute Gefühl gibt, dass von ihnen Erreichbarkeit nach Feierabend nicht erwartet wird, und zum anderen das auch zur Umsetzung anweist, sodass Mitarbeiter sich guten Gewissens auf diese Anweisung berufen können, was wiederum die Bewältigungsstrategien (Bewertung 2) stärkt.

Darüber hinaus sollte eine transformationale Führungskraft bestrebt sein, die Kommunikationsflut von ihren Mitarbeitern fernzuhalten und möglichst wenige bzw. möglichst gezielte Kommunikationskanäle für den persönlichen Kontakt zu nutzen. Diesbezüglich kann sie die zuvor genannten Präventionsmittel 1 bis 7 als Arbeitsroutinen auf ihr Team überführen.

Zudem bietet sich eine radikale Meeting-Inventur an: Sie kennen sicherlich Meetings oder gar Serien-Meetings, die nutzlos scheinen und darüber hinaus ineffizient ablaufen. Hier bestehende Muster aufzubrechen kann ein effektiver Weg sein, um die Kommunikations- und Meeting-Belastung zu reduzieren. Dies eröffnet Raum für gezielte Fokusarbeit.

Ein weitere Vorbildfunktion nimmt eine transformationale Führungspersönlichkeit dadurch ein, dass sie Kommunikationsdruck möglichst gering hält. Sie erinnern sich vielleicht an das Beispiel einer meiner Kolleginnen, die als HR-Business-Partnerin Führungskräfte betreut und sich digital sehr gestresst fühlte, weil sie über den Chat von Microsoft Teams in sehr enger Taktung Nachrichten erhielt, während sie in einer Videokonferenz war und deshalb nicht die Möglichkeit hatte, angemessen zu antworten. Es lässt sich leicht vorstellen, dass sich solche Verhaltens- und Reaktionsmuster auch bei den Mitarbeitern finden. Hier sollte eine Führungskraft effektive Kommunikation vorleben, statt ineffizient Nachrichten im Minutentakt zu versenden, bis die gewünschte Antwort eingeht.

In der Literatur, aber auch in der Praxis, ist oftmals die Rede von *walk the talk*. Das bedeutet in diesem Kontext, nicht nur vorzugeben, ein Vorbild für die Mitarbeiter zu sein, sondern tatsächlich eines zu sein und authentisch vorzuleben.

14.3   Inspiration und Motivation – Chancen der neuen Arbeitswelt wirksam vermitteln

Die zweite Ebene des transformationalen Führungsstils beschreibt, ob es der Führungskraft gelingt, eine inspirierende Motivation zu erzeugen. Im digitalen Zeitalter und im Umgang mit digitalem Stress kann das daran zu erkennen sein, dass eine Vision für die zukünftige Arbeitswelt geschaffen wird, die gleichzeitig von psychologischer Sicherheit gestützt wird. Eine Vision ist häufig positiv konnotiert, also etwas, das einen entsprechend positiven Einfluss auf die Mitarbeiter hat. Doch wie ich gemeinsam mit Alexander

Cisik und meinem Forschungsteam belegen konnte, fürchtet sich fast jeder Zweite vor der digitalen Arbeitswelt. Deshalb braucht es im Team ein Sicherheitsnetz, damit überhaupt Motivation für das digitale Zeitalter entstehen kann. Psychologische Sicherheit ist dazu ein immer wichtiger werdendes Thema.

In einem sehr aufschlussreichen Magazinartikel in der Süddeutschen Zeitung veröffent-lichte Michaela Haas ein Interview mit Matt Sakaguchi, einem Teamleiter von Google, in dem er von seinen Erfahrungen aus dem Google Projekt *Aristoteles* berichtet. Google hat in einer großen internen Studie untersucht, was die wichtigsten Faktoren sind, da-mit Teams erfolgreich sein können. Psychologische Sicherheit wird hier stets als erstes genannt. Sie beschreibt, wie aufgehoben und sicher sich Mitarbeiter im eigenen Team fühlen. Je ausgeprägter die psychologische Sicherheit im Team ist desto leichter fällt es, unsichere Entscheidungen zu fällen. Dies ist besonders für die Arbeitswelt 4.0 von großer Bedeutung, da es hier immer weniger stabile Entscheidungsgrundlagen gibt, weil die Ver-änderungszyklen so schnelllebig sind. Das hat maßgeblichen Einfluss auf verschiedene digitale Stressoren und auch auf den Umgang mit ihnen. Wenn psychologische Sicherheit gegeben ist, kann den digitalen Veränderungen anders begegnet werden.

Ein Beispiel: Die Komplexität und Ungewissheit im Umgang mit digitalen Anwendungen sind bekanntermaßen zwei große digitale Stressoren (Kapitel 7). Wahrscheinlich wird es nie vollkommen gelingen, die Komplexität bestimmter Technologien zu durchdringen oder deren Handhabung zu 100 % zu verinnerlichen. Es bedarf dennoch der Anwendungs-sicherheit. Wenn Sie besorgt sind, dass ihr Team erkennt, dass Sie unsicher sind, könnte dies die individuelle digitale Stress-Betroffenheit noch verstärken, weil es Ihre Bewertung 1 erhöht. Herrscht im Team aber ausreichend psychologische Sicherheit, dann fällt es Ih-nen wahrscheinlich deutlich leichter, mit den digitalen Anwendungen umzugehen, weil bei Ihnen kein oder nur wenig Schamgefühl entstehen muss. Das verbessert Ihre Bewälti-gungsstrategien (Bewertung 2) und ermöglicht ein höheres Motivationslevel für die Vision der digitalen Arbeitswelt. Gleichzeitig kann die durch transformationales Führungsver-halten geschaffene inspirative Motivation aber auch den Glauben verstärken, dass digi-tale Stressoren zwar zunehmen, Sie aber besser damit umgehen werden. Dies basiert auf der Selbstwirksamkeit, von der ich Ihnen im Kontext der Resilienz-Schlüssel erzählt habe, aber auch darauf, dass Sie individuelle Unterstützung von Ihrer Führungskraft erhalten. Auf Letzteres gehe in diesem Kapitel noch einmal vertieft ein.

Die Mitarbeitermotivation wird auch durch die Vermittlung von Sinn und Bedeutsam-keit erhöht. Ich habe Ihnen bereits in Kapitel 12.15 auf individueller Ebene berichtet, wie wichtig Sinn bzw. Purpose für die inneren Kraftquellen ist, damit genügend Energie und Leistungsvermögen seitens der Mitarbeiter abrufbar sind. Häufig wird die Motivation aber auch dadurch gestärkt, dass eine transformationale Führungskraft charismatisch wirkt. Wenn ich auf mein Beispiel der Führungskraft zurückkomme, von der ich Ihnen im Ab-schnitt zur Vorbildfunktion berichtet hatte, die stark von den digitalen Belastungen sowie der Entgrenzung von Beruf- und Privatleben betroffen war, dann hat diese durch ihren Umgang mit dieser Phase für mich enorm an Charisma gewonnen. An dieser Stelle lohnt es sich zu betonen, dass das Charisma-Geheimnis eigentlich gar keins mehr ist. Interessanterweise sind viele dieser Strategien und Wege enorm hilfreich, um auch eine authentischere transformationale Führungspersönlichkeit zu werden.

14.4   Intellektuelle Anregung – Ein gesundes Arbeitsumfeld schaffen

Nachdem ich Ihnen die Bedeutung psychologischer Sicherheit nahegebracht habe, ist Ihnen klar geworden, dass ein Team dadurch nicht nur besser mit digitalem Stress umgehen kann, sondern auch neue Perspektiven sieht. Eine transformationale Führungskraft sollte, wenn sie erwartet, dass Arbeitsplätze in ihrem Verantwortungsbereich gefährdet sein könnten, hier proaktiv mit betroffenen Mitarbeitern sprechen und gemeinsam aufzeigen, wo potenzielle Entwicklungsfelder liegen könnten. Dies würde dem digitalen Stressor der Jobunsicherheit entgegengewirkten.

Zugleich ermöglicht die dritte Ebene des transaktionalen Führungsstils, die intellektuelle Anregung, dass im Team Optimierungs- und Verbesserungsprozesse angestoßen werden. Das kann hilfreich sein, wenn das Team gemeinsam eine Meeting-Inventur durchführt oder über die verschiedenen Kommunikationskanäle spricht, die zum Stressor der Überladung führen (Kapitel 5). Gleiches gilt für die Frage, wie das Team in sich optimal der Entgrenzung von Beruf- und Privatleben vorbeugt (Kapitel 6). Hier kann eine transformationale Führungskraft genau die Inspiration stiften, die es braucht, um zielführende Arbeitszeitlösungen zu finden. Unter Überführung der Präventionsmittel 1 bis 7 in Arbeitsroutinen, die Sie alle bereits auf der individuellen Ebene kennengelernt haben, können Sie gemeinsam mit Ihrem Team ein Arbeitsumfeld schaffen, das präventiv gegenüber digitalem Stress wirkt.

14.5   Individuelle Unterstützung – Der Mensch im Fokus

Die wahrscheinlich wichtigste Ebene, die Einfluss auf digitalen Stress nehmen kann, ist die vierte Ebene des transaktionalen Führungsstils, die individuelle Unterstützung eines jeden Mitarbeiters im persönlichen Verantwortungsbereich der Führungskraft. Wie Sie in diesem Buch gelernt haben, ist digitaler Stress höchst individuell. Das macht einen individuellen Umgang damit erforderlich. Dazu muss eine transformationale Führungskraft auf die Bedürfnisse der Mitarbeiter eingehen.

Ein Geschäftsführer einer Münchner Leadership-Beratung, erzählte mir einmal, dass er während der Covid-19-Pandemie von einer seiner Mitarbeiterinnen zu jeder Tageszeit E-Mails bekam. Nach einigen Wochen suchte er das persönliche Gespräch mit ihr und sprach seine Beobachtung an. Die Mitarbeiterin war noch recht jung. Sie wirkte wohl sichtlich ergriffen und erzählte, dass es ihr in der Pandemie extrem schwer gelänge, eine klare Trennung von Beruf- und Privatleben zu vollziehen. Sie sei wegen der damals fehlenden Alternativen zunächst dankbar gewesen, viel arbeiten zu können. Doch gleichzeitig brachte sie dieser Fleiß und die Gewissenhaftigkeit in eine Situation, die für sie zur großen Belastung wurde. Der Geschäftsführer wusste, dass er seine Mitarbeiterin in gewisser Weise vor sich selbst schützen musste, und wies sie nicht nur an, nach einer bestimmten Uhrzeit nicht mehr zu arbeiten, er führte zu anfangs auch regelmäßige Care-Calls durch und erkundigte sich persönlich, ob seine Mitarbeiterin sich auf dem Weg in den Feierabend befindet.

Bernhard M. Bass, ein emeritierter Professor für Leadership an der *Binghamton University* in New York und eine wahre Koryphäe auf seinem Gebiet, beschreibt transformationale Führung auch mit den Worten *Berater, Coach, Lehrer* oder *Mutterfigur.* Ich denke, Letzteres ist im Sinne einer Vaterfigur auf die damalige Rolle des Geschäftsführers gut übertragbar.

Das Beispiel verdeutlicht, dass es zwar grundsätzlich wichtig ist, dass eine Führungskraft die klare Trennung zwischen Beruf- und Privatleben ermöglicht, aber dass es einzelne Mitarbeiter gibt, bei denen es eine individuellere Unterstützung braucht. Das Beispiel zeigt auch, wie stark besonders jüngere Menschen von der Entgrenzung betroffen sein können. Oftmals ist das Selbstverständnis, zur Not auch nach der Arbeitszeit erreichbar zu sein, deutlich ausgeprägter als bei älteren Menschen, die dies aus Zeiten vor der Nutzung eines beruflichen Smartphones noch anders kennengelernt haben.

Neben diesem Beispiel spielt aber auch die individuelle Befähigung der Mitarbeiter eine zentrale Rolle. Kein Mitarbeiter ist von seinem Qualifikationslevel vergleichbar. Das bedingt, dass es unterschiedliche Befähigungsformate braucht, welche die Bewältigungsstrategien (Bewertung 2) verbessern. Hier spielen viele Faktoren des transformationalen Führungsverständnisses mit ein. Es braucht die Vorbildfunktion und Inspiration der Führungskraft sowie die psychologische Sicherheit. Diese tragen dazu bei, dass sich ein Mitarbeiter überhaupt öffnet, sodass möglichst zielgerichtet Entwicklungswege erkannt und aufgezeigt werden können, welche dem Mitarbeiter helfen, mit der Komplexität und Ungewissheit umzugehen. Gleiches gilt, wenn es darum geht, Mitarbeiter für eine neue Perspektive zu qualifizieren, wenn der eigene Arbeitsplatz durch den digitalen Fortschritt bedroht ist.

Steven R. Covey erzählt von dem simplen, aber inspirierenden Beispiel seines Rasenmähers, der nach zwei Jahren guter Dienste plötzlich rund 50% seiner Motorleistung verloren hat. Er führt dazu aus, dass er in den ersten zwei Jahren nur auf den Output, die Effektivität, mit der sein Rasenmäher arbeitete, geschaut hat und nicht auf die Produktionskapazität, also was dazu nötig ist, diesen Output zu erzielen. Die Quintessenz dieser Geschichte ist leicht auf menschliche Arbeitsleistung zu übertragen. Er hatte die Wartung und Instandhaltung komplett vernachlässigt, was auf lange Sicht zu einem immer geringer werdenden Output führte. Dieser geht irgendwann gegen 0. Das ist sehr leicht auf Führungsverhalten zu übertragen, egal ob im beruflichen oder im privaten Kontext. Eine Führungskraft muss verstehen, dass im digitalen Zeitalter regelmäßige »*Instandhaltung*« und »*Wartung*« der Mitarbeiter unabdingbar sind. Das bedeutet, dass auf die Instandhaltung und Weiterentwicklung digitaler Kompetenzen wert gelegt werden muss. Was banal klingen mag, ist bei immer kürzeren Veränderungszyklen und immer schneller werdendem digitalen Fortschritt durchaus eine Herausforderung. Eine transformationale Führungskraft ist sich dieser Notwenigkeit bewusst und sorgt dafür, dass ihre Mitarbeiter langfristig Leistung bringen können und nicht nach rund zwei Jahren 50 % ihrer Leistung einbüßen.

15 Präventionsmöglichkeiten auf organisationaler Ebene

15.1 Wirtschaftliche Notwendigkeit und Dringlichkeit von digitalem Stress

Digitaler Stress kann in vielen Organisationen gut mit einem Eisberg im Meer verglichen werden: Das Thema und seine Herausforderungen sind im Jahr 2023 so wenig bekannt, dass in vielen Unternehmen nur die Spitze davon zu erkennen ist. Allerdings ist das Maß der Betroffenheit um ein Vielfaches größer.

In all meinen Impulsvorträgen, die ich zu dem Thema bisher gehalten habe, erziele ich eine enorme Resonanz. Ich schreibe das nicht meiner Rhetorik oder der Qualität des Vortrags zu, sondern den hochspannenden und greifbaren Inhalten, die ich präsentiere. Wie Ihnen im Verlauf des Buches deutlich geworden sein dürfte, sind die digitalen Stressoren allesamt verständlich. Die Quintessenz meiner rund 30-minütigen Impulsvorträge ist stets, dass meine Zuhörer die digitalen Stressoren in Ihren Alltagssituationen erkennen und in der Lage sind, »das Kind beim Namen zu nennen«. Was zuvor nur ein Gefühl der Belastung war, kann damit besser in Worte gefasst werden.

Der Eisberg ist somit bereits deutlich sichtbarer als zuvor und doch steckt der größte Teil noch unerkannt unterhalb der Wasseroberfläche. Um diesen zu erblicken, müssen Organisationen ein Bewusstsein für die Stressoren entwickeln. Es bedarf einer Messung des digitalen Stresses.

Das ist mithilfe wissenschaftlich fundierter Messverfahren bereits heute für sehr viele digitalen Stressoren umsetzbar. Bildlich können Sie sich dies so vorstellen, als ob mit einem Sonargerät der große Teil des Eisbergs unter Wasser erfasst wird. Das ist die Basis für eine nachhaltige Prävention und ermöglicht organisationale Entwicklungsprozesse. Diese sind unabdingbar, wenn Unternehmen ihre digitale Transformation erfolgreich umsetzen wollen. Ich habe in diesem Buch sehr häufig dafür plädiert, dass die Mitarbeiter das wertvollste Gut eines Unternehmens sind. Technologische Veränderungen scheitern selten an Technologien oder schlechten Prozessimplementierungen. Sie scheitern, weil die Menschen, die diese Technologien im Arbeitsalltag anwenden sollen, im Veränderungsprozess nicht angemessen begleitet werden. Dazu gehört, dass digitaler Stress als Belastungsfaktor Berücksichtigung findet. Nachfolgend gehe ich auf organisationale Bewältigungsstrategien (Abbildung 15), die für die Entwicklung der Organisation und die Prävention von digitalem Stress nützlich sein können.

ORGANISATIONALE BEWÄLTIGUNGSSTRATEGIEN

INNOVATIONSKULTUR

PSYCHOLOGISCHE SICHERHEIT UND FEHLERKULTUR

ENTSCHEIDUNGS-PROZESSE UND RADIKALE MEETING-INVENTUR

DIGITALE ZUSAMMENARBEITS-VEREINBARUNG

MINDSET UND PERSONAL-ENTWICKLUNG

BETEILIGUNGS- UND AUSTAUSCHFORMATE

TECHNOLOGISCHER SUPPORT UND DIGITALE-STRESS-PIONIER

Abbildung 15: Organisationale Bewältigungsstrategien

15.2 Eine Innovationskultur begünstigen

Die Forschung ist schon lange bestrebt zu identifizieren, was Organisationen helfen kann, um weniger von digitalem Stress betroffen zu sein. Eine aufschlussreiche südkoreanische Studie belegt hierzu, dass die organisationale Förderung einer Innovationskultur dazu beiträgt, digitalem Stress vorzubeugen. Was zunächst etwas widersprüchlich klingt, denn technologische und digitale Innovationen können bekanntermaßen zu digitalem Stress führen. Doch die Förderung der Innovationskultur ist vergleichbar mit jemandem, der erstmalig seine Laufleistung trainieren und verbessern will.

Eine solche Erfahrung habe ich im Sommer 2020 gemacht, nachdem ich lange Zeit durch einen Bandscheibenvorfall sehr eingeschränkt war. Meine erste Laufeinheit endete nach rund 4 Kilometern und meine Smartwatch zeigte mir einen durchschnittlichen Puls von 183 Schlägen pro Minute an. Bereits nach 2 Minuten lag dieser bei 157 Schlägen und stieg dann kontinuierlich an. Ich brauche kaum zu erwähnen, wie stark mich dies belastet hat. Über Monate trainierte ich viel; meine Laufstrecken wurden länger und ich schneller. In meiner Hochphase lief ich regelmäßig 13 Kilometer und mein durchschnittlicher Puls lag nur noch bei 159 Schlägen pro Minute. Zudem verbesserte ich meine Zeit pro Kilometer um fast 80 Sekunden auf rund 5 Minuten. Das Training hatte meine Fähigkeit, mit der körperlichen Belastung umzugehen, grundlegend verändert. Ein Prozess, der zwar viele Monate Zeit in Anspruch nahm, bis ich die zuvor genannten Veränderungen meiner Pulsfrequenz und Laufzeit erzielen konnte, doch meine Gesundheit und allgemeine körperliche Verfassung dankten es mir.

Die Förderung der Innovationskultur kann hier einen vergleichbaren Effekt haben. Eine Organisation, die keine oder nur eine sehr geringe Innovationskultur besitzt und plötzlich mit innovativen Veränderungen konfrontiert ist, wie zuzeiten der Pandemie nötig wurde, ist darauf schlecht vorbereitet.

Ein gutes Beispiel dafür ist das deutsche Schulsystem, in dem der Unterricht vor der Pandemie vielfach noch mehr von Overhead-Projektoren statt von digitalen Lernplattformen geprägt war. Durch den Föderalismus im Bildungssystem gleicht die Innovationslandschaft in vielen deutschen Schulgebieten einem ausgetrockneten Feld, das bei einem innovativen Funkensprung schnell entflammt. Es droht eine Überforderung im Umgang mit der Innovation, so wie mir ein Puls von über 180 Schlägen pro Minute drohte.

Organisationen mit einer guten und offenen Innovationskultur können Innovationen geübter in ihre Prozesse integrieren. Gewissermaßen wird das zuvor genannte ausgetrocknete Feld regelmäßig gepflügt, damit Neues entstehen kann. Während der pandemischen Ausnahmesituation führte das dazu, dass solche Organisationen besser mit den damaligen Innovationen umgehen konnten und weniger überfordert waren. Das ermöglicht es auch, längere Phasen mit zahlreichen digitalen Veränderungen zu meistern, was dazu führt, dass diese weniger stark als digitale Stressoren wahrgenommen werden (Bewertung 1). Deshalb ist die proaktive Förderung der Innovationskultur sehr bedeutend für den organisationalen Umgang mit digitalem Stress.

Eine Hilfestellung, wie Organisationen ihre Innovationskultur steigern können, kommt von John P. Kotter, einem emeritierten Harvard-Professor und dem wahrscheinlich renommiertesten Experten für Change- und Organisationsentwicklung unserer Zeit. In dem ins Deutsche übersetzte Artikel »*Die Kraft der zwei Systeme*« geht er darauf ein, wieso Organisationen ab einer gewissen Größe immer weniger innovativ und statisch werden, und vergleicht das mit der Innovationskraft von kleinen Start-ups. Er zeigt, dass es im 21. Jahrhundert zwei Betriebssysteme, man könnte auch sagen, zwei Organisationssysteme in einem Unternehmen geben sollte, damit der Innovationsgrad erhalten bleibt. Vereinfacht gesagt, funktioniert dies, indem Menschen aus unterschiedlichen Abteilungen in ein ergänzendes zweites organisationales Betriebssystem entsendet werden. Sie arbeiten dort in interdisziplinären Teams hierachie- und prozessfrei zusammen, was vergleichbar mit der Arbeit in einem Start-up ist. Die daraus gewonnen Ideen und Impulse überführen sie in das bestehende Betriebssystem, sodass dieses damit weiterarbeiten kann. John P. Kotter veröffentlichte dazu ein sehenswertes animiertes Video mit blockbusterähnlichem Titel, das Sie auf YouTube finden: »*Accelerate! The Evolution of the 21st Century Organization*«.

15.3   Psychologische Sicherheit und Fehlerkultur

Die Förderung der Innovationskultur geht Hand in Hand mit Aspekten rund um psychologische Sicherheit und auch mit einer echten Fehlerkultur.

Die Bedeutung der psychologischen Sicherheit habe ich Ihnen bereits im Zusammenhang mit dem Einfluss einer transformationalen Führungskraft erläutert (Kapitel 13.3). Sie wissen daher, wie wichtig psychologische Sicherheit im Team ist und natürlich lässt sich diese Bedeutsamkeit auch auf die gesamte Organisation übertragen. Nur wenn psychologische Sicherheit vorhanden ist, kann eine gelebte Fehlerkultur funktionieren.

Oftmals und für sehr lange Zeit funktionierten Organisationen nach dem Belohnungs- und Bestrafungsprinzip. Leistet ein Mitarbeiter gute Arbeit, bekommt er eine Gehaltserhöhung und wird vielleicht sogar befördert. Ist das nicht der Fall und er macht sogar Fehler, wird er dafür bestraft. Kommt es häufiger zu den Fehlern, folgt unter Umständen sogar eine härtere Sanktionierung oder gar die Kündigung.

Eine echte Fehlerkultur geht hier ganz anders vor und sieht in einem Fehler immer auch die Chance, etwas zu lernen und damit in Zukunft zu verbessern. Natürlich bedeutet das nicht, dass ein und derselbe Fehler vielfach wiederholt werden sollte, dann wird auch dies vermutlich Sanktionierung nach sich ziehen. Auch gibt es in jedem Unternehmen Bereiche und Situationen, wo keine Fehler vorkommen sollten. Doch sehr häufig entstehen große, wirklich folgenreiche Fehler durch viele kleinere vorangegangene. Herrscht keine psychologische Sicherheit in der Organisation und existiert keine angemessene Fehlerkultur, führt das häufig dazu, Fehler vertuschen zu wollen. Das mag kurzfristig noch gelingen, zieht jedoch meistens langfristig größere Fehler nach sich.

Ein Trainer erzählte mir (während meiner Ausbildung zum systemischen Organisationsentwickler) von einem Vortrag der deutschen Flugsicherung, den er besucht hatte, bei dem die dortige Fehlerkultur im Mittelpunkt stand. Salopp gesagt, wird dort auch noch der kleinste Fehler gefeiert. Ich dachte mir, okay, Fehlerkultur ist wichtig, aber man kann es auch übertreiben. Doch ich begriff zunächst nicht, warum dieses Feierausmaß so bedeutsam war: Große Fehler entstehen aus vielen kleinen vorherigen Fehlern, die vertuscht worden sind. Große Fehler kosten bei der deutschen Flugsicherung Menschenleben, weshalb es so wichtig ist, diese Fehlerketten gar nicht erst entstehen zu lassen. Ein für mich noch immer einprägsames Beispiel, das zeigt, wie wichtig der richtige Umgang mit Fehlern und dem punktuellen Scheitern ist.

Das sind Erkenntnisse, die für die digitale Transformation und den damit verbundenen digitalen Stress von enormer Bedeutung sind. Digitale Stressoren wie Komplexität oder Ungewissheit im Umgang mit Technologien oder digitalen Systemen werden meiner Meinung nach nur deshalb so stark, weil die Angst, einen Fehler zu machen, so groß ist. Doch wenn eine Organisation ihr Umfeld so gestaltet, dass diese Angst durch psychologische Sicherheit genommen wird und Fehler zu machen als normaler und wertvoller Teil eines Lern- und Entwicklungsprozesses verstanden wird, dann weist dieses Umfeld erhöhte Bewältigungsstrategien auf (Bewertung 2). Auf lange Sicht führt das auch dazu, dass technologische und digitale Veränderungen weniger stark als Stressoren wahrgenommen werden (Bewertung 1). Es kommt also erneut zu einer Rückkopplung von Bewertung 2 und Bewertung 1, die ich ihnen bereits in Kapitel 2 vorgestellt habe.

Natürlich stellt sich die Frage, wie eine solche Fehlerkultur erzielt werden kann. Hierfür gibt es keine einfache Antwort. Natürlich können Sie Fuck-up-Nights einführen, die sich bereits seit 5 Jahren in deutschen Unternehmen großer Beliebtheit erfreuen und deren Ursprung in der US-amerikanischen Wirtschaft liegt. Hier berichten Menschen, meist hohe Führungskräfte bis hin zum CEO, von ihren größten Fehlern und was sie daraus gelernt haben. Das Konzept soll den Umgang mit Fehlern enttabuisieren und ist sicherlich ein guter Einstieg, aber als alleinige Organisationsentwicklungsmaßnahme reicht das nicht. Letztendlich kommt es auf das täglich Erleben der Fehlerkultur an. Bestehende Fehlermuster müssen aufgebrochen werden. Dies beginnt beim Topmanagement und erstreckt sich auf alle Führungskräfte, da diese Teil des Systems sind. Fuck-up-Nights sind hierzu nur Impulse von außen, die diesen Organisationsentwicklungsprozess unterstützen können.

15.4 Die radikale Inventur von Meetings und Entscheidungsprozessen

Im Jahr 2022 erzielte eine vom Think Tank *Next Work Innovation* durchgeführte Tagebuchstudie große Aufmerksamkeit. In dieser sind 637 Beschäftigte aus 25 Unternehmen rund 3 Monate mithilfe eines Onlinefragebogens und einer webbasierten Tagebuch-App begleitet worden. Die Ergebnisse zeigen, wie große Produktivitätsverluste durch unnötige Meetings und mangelnde Fokuszeiten in Unternehmen entstehen. Den Ergebnissen nach ist jedes dritte Meeting nicht notwendig oder zielführend. Skaliert man dies auf alle deutschen Unternehmen, entsteht ein Schaden von rund 56 Milliarden Euro. Vor diesem Hintergrund sollten Unternehmen eine radikale Meeting-Inventur auf allen Organisationsebenen durchführen. Oftmals sind viele Meeting-Serien über Jahre angewachsen und die Teilnahme wirkt obligatorisch, was sie in den meisten Fällen jedoch nicht ist. In der Folge sind diese Meetings selten durch Produktivität und Innovativität charakterisiert.

Zudem muss berücksichtigt werden, wie und auf welcher Ebene bestimmte Entscheidungen in Organisationen getroffen werden. Häufig wird ein Problem, insbesondere in großen Organisationen, zur nächsthöheren hierarchischen Ebene getragen. Zum einen schafft das Frustration wegen mangelnder Autonomie und wahrgenommener fehlender Entscheidungskompetenz, zum anderen bedingt es aber auch, dass unterschiedliche Organisationsebenen sich alle mit derselben Frage- und Entscheidungssituation konfrontiert sehen. Sie merken, eine einzelne Fragestellung führt oftmals zu einer Folge an Meetings, bis eine abschließende Entscheidung getroffen ist. Doch damit die Entscheidungsprozesse neu aufgesetzt werden können, braucht es eine Vertrauens- und Fehlerkultur sowie psychische Sicherheit in Teams, von denen ich Ihnen zuvor berichtet habe.

Wie Daniel Kahneman in seinen Büchern verdeutlicht, gehen menschliche Entscheidungen immer Hand in Hand mit Urteilsfehlern. Es liegt dann in der Organisation, ob diese Fehler sanktioniert oder ob aus ihnen proaktiv für die Zukunft gelernt werden soll. Sie entnehmen meiner Formulierung, dass Letzteres empfehlenswert ist. Wenn die Entscheidungsprozess und die damit einhergehende Meetingkultur in einer Organisation neu aufgesetzt werden, reduziert das die kommunikative Überlastung, die zu digitalem Stress führt (Kapitel 5). Gleichzeitig würde das sicherlich auch den Druck vom digitalen Stressor der Entgrenzung von Beruf- und Privatleben (Kapitel 6) reduzieren.

Eine neue Studie von Microsoft zeigt zudem, dass aktuell mehr als die Hälfte der Arbeitszeit (57 %) für Meetings und Kommunikation aufgewendet wird. Bei diesem kommunikativen Aufwand ist oftmals noch keinerlei »*echte Arbeitsleistung*« erbracht worden.

Vor dem Hintergrund dieser Studie wäre die Schaffung von Fokuszeiten zulasten unnötiger Meetings auf allen Ebenen der Organisation zu empfehlen. Ich hoffe sehr, dass die praktischen Implikationen der zuvor genannten Studien einen möglichst großen und besonders nachhaltigen Einfluss in die Organisationsentwicklung deutscher Unternehmen findet.

Ein erstes positives Beispiel kommt aus Walldorf. SAP, Deutschlands wertvollstes Unternehmen führte jüngst den »Focus Friday« ein. Dieser sieht vor, dass freitags keine Meetings stattfinden sollen, sodass die gewonnene Zeit für produktive Projektarbeit und Fokuszeit genutzt werden kann. Kritiker eines solchen Tages würden wahrscheinlich behaupten, dass dies zu noch mehr E-Mails und Chat-Nachrichten führen wird, wenn der Austausch in Meetings wegfällt. Ich sehe dieses Risiko gelassen. Selbst wenn es zu vereinzelten Rückfragen zu Projekten und Arbeitsständen kommt, sollte die gewonnene Arbeitszeit bei Weitem ausreichen, um angemessen und mit weniger digitalem Stress auf eingehende Nachrichten reagieren zu können. Wichtig ist nur, dass dies nicht während der geplanten Fokuszeiten erfolgt.

15.5   Eine digitale Zusammenarbeitsvereinbarung entwickeln

Die Arbeitswelt ist hybrid geworden und diese Tatsache ist kaum wegzudenken oder schon gar nicht zurückzudrehen. Die Vorstellung, dass ein Unternehmen, das theoretische Möglichkeiten der ortsunabhängigen Arbeit bietet und diese dennoch nicht nutzt, wird seine Arbeitgeberattraktivität auf lange Sicht deutlich reduzieren. Das ist keine Prognose, sondern eine Tatsache, was sicherlich fast jedem Unternehmen oder zumindest immer mehr Unternehmen bewusst wird.

Was viele allerdings vernachlässigen, ist die Tatsache, dass die Art der Zusammenarbeit im digitalen Zeitalter einen neuen Rahmen braucht. Ich bezeichne dies gerne als digitale Zusammenarbeitsvereinbarung, die in einer Organisation entwickelt werden muss. Viele dafür relevante Fragen wird aktuell noch mit Antworten aus einer analogen Arbeitswelt begegnet. Erinnern sich dafür exemplarisch an die Präventionsmittel 1 bis 7, die zu Arbeitsroutinen werden können und die ich Ihnen für die individuelle Ebene vorgestellt habe (Kapitel 12.2 ff.). In der Vereinbarung sollten Fragen geregelt werden, wie:
- Wie und über welche Kanäle kommuniziert eine Organisation?
- Wie und über welche Wege sowie Hierarchien werden Entscheidungen getroffen?
- Wie ist die Erreichbarkeit organisiert?
- Soll es einen »Focus Friday« geben?

All das sind Fragen, auf die es keine selbstverständlichen Antworten gibt.

Ich möchte Volkswagen im Arbeitskontext zwar nicht als Vorbild präsentieren, da Extrempositionen nie die Lösung darstellen, aber zwischen 2012 und 2017, also noch lange vor der digitalen Transformation, ist dort eine Debatte geführt worden, die ein gutes Beispiel für die Vereinbarung zur digitalen Zusammenarbeit darstellt. In dieser Zeit setzten sich die Betriebsräte stark für die Löschung von E-Mails während der Abwesenheit ein und die damaligen Blackberry-Mobiltelefone bzw. Smartphones konnten zwischen 18:15 und 07:00 Uhr keine E-Mails empfangen. Das erinnert Sie vielleicht an die Kernarbeitszeit, die ich als Bewältigungsstrategie (Bewertung 2) eingeführt habe und die optimalerweise von der Führungskraft unterstützt wird, damit die Trennung von Beruf- und Privatleben besser gelingt. Doch ich bin kein Freund von Extremen. Es muss im digitalen Zeitalter punktuell die Möglichkeit geben, eine E-Mail auch nach 18:15 Uhr schreiben und lesen zu können, aber dies sollte dann auf der Entscheidung des Mitarbeiters beruhen, die er mit bestem Gewissen (durch die Unterstützung seiner Führungskraft) auch ablehnen kann. Doch das Beispiel von Volkswagen entbindet den Mitarbeiter von seiner Selbstverantwortung, doch diese wird in der digitalen Arbeitswelt immer bedeutsamer. Der Vorstoß von Deutschlands größtem Autobauer ist dennoch sehr wichtig, weil er eine Debatte repräsentiert, die jedes Unternehmen im digitalen Zeitalter für sich führen muss.

Die Digitale Zusammenarbeitsvereinbarung ist dafür ein wertvolles Werkzeug. Hier können auch kulturelle Aspekte einfließen. Ein Beispiel findet sich bereits heute in einigen E-Mail-Signaturen »*Meine Arbeitszeiten sind nicht deine Arbeitszeiten – ich respektiere deine Arbeitszeit und bitte dich, auch meine zu respektieren*«. Die genaue Ausformulierung variiert von Unternehmen zu Unternehmen, aber der Kern ist stets gleich.

Doch wie kann diese Akzeptanz in einer gesamten Organisation gelingen? Meine Antwort: In einem partizipativen Prozess, das heißt, in einem Prozess der Mitarbeiter, Führungskräfte und Geschäftsführung beteiligt, werden gemeinsam alle für wichtig erachtenden Aspekte der Zusammenarbeit festgehalten.

Durch diese gemeinschaftliche Verpflichtung schafft eine Organisation den Rahmen, in dem diese in einer hybriden Arbeitswelt erfolgreich zusammenarbeiten kann. Hier können auch Aspekte wie psychologische Sicherheit, Fehlerkultur oder die Innovationskraft eine wichtige Rolle spielen.

Ich möchte hier keine Checkliste aufführen, welche Themen in der Digitalen Zusammenarbeitsvereinbarung auf jeden Fall berücksichtigt werden müssen, denn die Vereinbarung ist vom Unternehmen abhängig. Vielmehr möchte ich die Idee vermitteln, wie wichtig ein solches gemeinsames Verständnis für die digitale Arbeit in einer hybriden Arbeitswelt ist. In fast allen Unternehmen ist ein Verhaltenskodex mittlerweile Standard und dessen große Bedeutung wird auch in der digitalen Arbeitswelt nicht geringer, aber es braucht eben eine Erweiterung, die den neuen Anforderungen hybrider Arbeitsmodelle Rechnung trägt.

15.6 Wieso Mindset und Personalentwicklung unabdingbar werden

Wie wichtige digitale Kompetenzen zur Vorbeugung von digitalem Stress sind, habe ich Ihnen bereits im Verlauf dieses Buches deutlich gemacht. Natürlich sollte das nicht nur der Verantwortung des Mitarbeiters überlassen werden. Ich bin vielmehr überzeugt, dass es für Unternehmen wichtig ist, ihre Mitarbeiter bestmöglich beim Prozess der digitalen Transformation zu begleiten. Dabei nimmt die Qualifizierung eine enorm wichtige Rolle ein. Re- und Upsklling-Programme sind dafür heute bereits in vielen, wenn auch oftmals nur in größeren Unternehmen vorhanden. Sie werden auch mit Steuergeldern gefördert.

Viele Studien haben gezeigt, dass die Mitarbeiterbefähigung digitalen Stress reduzieren kann. Betriebswirtschaftlich steht in vielen Unternehmen dafür die Personalentwicklung. Simon Sinek, einer der einflussreichsten Vordenker für Personalthemen und Leadership, prägte den Satz: «*You don't hire for skills, you hire for attitude. You can always teach skills.*» Ob dieser Satz tatsächlich von ihm ist, oder ob er diesen lediglich bekannt gemacht hat, ist nicht sicher. Übersetzt bedeutet seine Aussage nicht weniger, als dass Unternehmen bei der Einstellungsentscheidung eines Mitarbeiters nicht primär auf seine Fähigkeiten, sondern viel mehr auf sein Mindset und seine Persönlichkeit schauen soll, da man Fähigkeiten entwickeln kann.

Ich teile diese Auffassung, denn die digitale Transformation zur Arbeitswelt 4.0 führt dazu, dass unsere Fähigkeiten und unser Wissensstand immer häufiger überholt sein werden oder es in Teilen bereits sind. Wenn Sie diesen Gedanken auf die digitalen Veränderungen am Arbeitsplatz überführen, wird schnell deutlich, dass damit die Bewältigungsstrategien (Bewertung 2) maßgeblich fehlen oder schnell unzureichend vorhanden sind. Als Konsequenz können diese den digitalen Stressoren Ihrer ersten Bewertung nicht angemessen entgegenwirken.

Vor diesem Hintergrund bedarf es auf der einen Seite eines Mitarbeiter-Mindsets, das die Bereitschaft und Notwendigkeit des lebenslangen Lernens verinnerlicht. Auf der anderen Seite muss die Personalentwicklung ein Lernumfeld bereitstellen, in dem Mitarbeiter motiviert sind, sich weiterzuentwickeln (Stichwort: Reskilling) und digitale Kompetenzen aufzubauen sowie diese stets auf dem für ihre aktuelle Tätigkeit notwendigen Stand zu halten oder Möglichkeiten der persönlichen Umschulung für sich zu nutzen (Stichwort: Upskilling).

Beides begünstigt Bewältigungsstrategien (Bewertung 2), die den vielfältigen digitalen Stressoren entgegenwirken können.

Betrachten Sie zum Beispiel die Ausgangslage, dass ein Arbeitsplatz im Unternehmen durch den digitalen Fortschritt verloren geht. Wenn der Mitarbeiter das Mindset und Bereitschaft zum lebenslangen Lernen mitbringt und das Lernumfeld die bestmöglichen Qualifikationsbedingungen bietet, dann kann daraus eine kraftvolle Bewältigungsstrategie (Bewertung 2) entstehen, die den digitalen Stressor der *Jobunsicherheit* (Kapitel 9) Einhalt gebieten kann, da der Mitarbeiter perspektivisch eine andere Tätigkeit ausüben könnte. Zudem sind digitale Kompetenzen die wirksamste Bewältigungsstrategie (Bewertung 2), weshalb vom Standpunkt der digitalen Stressprävention der Fokus auf der Personalentwicklung liegen sollte. Die daraus resultierenden positiven Effekte bieten hilfreiche Implikationen für die digitalen Veränderungen am Arbeitsplatz und die gesamte digitale Transformation des Unternehmens und lindern damit vielfältige digitale Stressoren ab.

Wenn es also während der Rekrutierung und der Personalauswahl besonders auf das Mindset und die Persönlichkeit ankommen sollte, stellt sich natürlich auch die Frage, wie ein zukunftsfähiges Lernumfeld aussieht.

Meiner Meinung nach sind hier drei Bestandteile entscheidend:
*   das Lernangebot,
*   die Unterstützung der Führungskraft und
*   eine zeitliche Komponente.

Das Lernangebot sollte vielfältig sein, damit der Mitarbeiter eigenständig das lernen kann, was seine aktuelle Tätigkeit von ihm abverlangt. Ein Beispiel bieten hier Onlinekurse und Schulungen von LinkedIn Learning oder anderen vergleichbaren Anbietern. Hier stehen mehr als eine halbe Million Lerninhalte auf Abruf zur Verfügung und das Lernportfolio wird stetig ausgebaut.

Aber ein technisches Angebot allein reicht nicht aus. Unterstützung und Coaching durch die Führungskraft muss das Angebot ergänzen. Wie ich Ihnen im Kapitel der Leadership-Ebene vorgestellt habe, braucht es eine transformationale Führungspersönlichkeit, die auf die individuellen Bedürfnisse ihres Mitarbeiters eingeht und eine Coaching-Rolle übernimmt. Im Austausch mit dem Mitarbeiter muss eine Führungskraft in der Arbeitswelt 4.0 die Rolle übernehmen, die früher ein klassischer Personalentwickler innehatte. Über viele Jahre zeigte dieser auf, was ein Mitarbeiter lernen und können muss, damit er seine Tätigkeit optimal ausüben kann. Im digitalen Zeitalter ist das kaum noch möglich, weil die Veränderungszyklen der Arbeitswelt so schnell sind, dass kein Personalentwickler diesem Anspruch für alle Tätigkeiten im Unternehmen gewährleisten kann. Hier ist es daher besonders wichtig, dass die Führungskraft in diese Rolle schlüpft und im Dialog mit dem Mitarbeiter identifiziert, welche Qualifikationen er für die bestmögliche Erbringung seiner Arbeit benötigt. Das bedingt jedoch nur, wenn die Führungskraft ihm die dafür notwendigen zeitlichen Ressourcen zur Verfügung stellt.

Das führt mich zum dritten Bestandteil eines zukunftsfähigen Lernumfelds. Ich habe im Kapitel der individuellen Ebene dargelegt, dass lebenslanges Lernen ein entscheidender

Bestandteil zur Reduzierung von digitalem Stress ist. Diese Qualifizierung sollte aber nicht ausschließlich im privaten Bereich erfolgen, allein schon, damit die Trennung von Beruf und Privatleben nicht noch stärker aufweicht, als dies ohnehin schon der Fall ist. Dafür ist es wichtig, dass Unternehmen das Bewusstsein entwickeln, dass die Qualifikation ihrer Mitarbeiter noch mehr Arbeitszeit in Anspruch nehmen wird, als dies in der Vergangenheit der Fall war. In früheren Zeiten, in denen die Halbwertzeit von Wissen noch deutlich länger gegeben und die Veränderungsgeschwindigkeit nicht ansatzweise so hoch war, wie sie heute ist, genügte es, Mitarbeiter ein- bis zwei Tage pro Jahr auf ein Seminar zu schicken und dann zu erwarten, dass ein Lernfortschritt erzielt wird. Im digitalen Zeitalter ist dies nicht mehr möglich. Vielmehr braucht es kontinuierliche Weiterentwicklung und die Bereitschaft des Arbeitgebers, diese zu unterstützen. Letztendlich ist dieses Zeitinvestment der Unternehmen auf lange Sicht rentabel. Qualifikation und die Befähigung der eigenen Mitarbeiter werden zum wahrscheinlich wertvollsten Hebel, damit digitaler Stress möglichst gering gehalten wird und der Transformationserfolg nicht gefährdet ist.

15.7 Menschen mitnehmen – Beteiligungs- und Austauschformate schaffen

In Veränderungsprozessen spielt die Partizipation, also die Beteiligung der Mitarbeiter, seit Jahrzehnten eine wichtige Rolle. Dieses Konzept lässt sich gut auf den digitalen Transformationsprozess eines Unternehmens übertragen, muss allerdings größer gedacht werden. Wie Sie erfahren haben, besteht die digitale Transformation aus vielen kleineren technologischen und digitalen Veränderungen. Deshalb braucht es auch ein vielfältigeres Angebot an Beteiligungsformaten. Charakteristisch für diese ist, dass Mitarbeiter in verschiedene Phasen der jeweiligen Veränderungsprozesse eingebunden werden, damit diese bereits während der Planung wertvolle Impulse einbringen können oder in der Implementierungsphase aufzeigen, was besonders Berücksichtigung finden sollte.

Oftmals ist die Expertise der tatsächlichen Anwender eine deutlich andere als derer, die in einer zentralen Einheit des Unternehmens die Planung und Implementierung verantworten. Die Kunst ist es, beide Perspektiven zusammenzubringen.

Ein Beispiel, das mir recht häufig begegnet, ist, dass in zahlreichen Unternehmen viele digitale Anwendungen und technologiegestützte Softwaredienstleistung eingesetzt werden. Oftmals viel mehr als eigentlich notwendig wäre. Es ist effektiver und zielführender, sich auf die zentralen digitalen Anwendungen und Prozessabläufe zu fokussieren, die wirklich einen Mehrwert bringen oder mehrere kleinere digitale Anwendungen und Prozesse in einer größeren Softwaredienstleistung zu bündeln.

Da dies leider viel zu selten der Fall ist, führt das dazu, dass Mitarbeiter mit mehr Technologien am Arbeitsplatz arbeiten müssen als eigentlich für das vollständige Erbringen der

Tätigkeit notwendig wären. Das bedingt nicht nur die Überladung durch Technologien, diese müssen auch in ihrer Komplexität durchdrungen werden und es muss sichergestellt sein, dass den Mitarbeitern der richtige Umgang gelingt.

Doch wenn gezielt Beteiligungsformate zum Einsatz kommen, können frühzeitig die wirklich wichtigen Technologien erkannt werden und jene, die weniger verwendet werden, aussortiert werden.

Die daraus folgende Fokussierung spart zum einen Kosten, da nicht alles, was technologisch möglich und vermeintlich hilfreich ist, auch im Unternehmen eingeführt wird.

Zum andern entlastet es besonders die Anwender in der Nutzung, was die Bewältigungsstrategien (Bewertung 2) hinsichtlich der Überladung verbessert.

Damit solche Erkenntnisse jedoch gewonnen werden können, braucht es Austauschformate. Diese sind stellen einen essenziellen Bestandteil in der Entwicklung von Beteiligungsformaten dar. Doch Austauschformate können nicht nur als Mitarbeiterbeteiligung in der Planungsphase von Wert sein, sie können auch helfen, die Vernetzung von Mitarbeitern zu technologischen Veränderungen am Arbeitsplatz zu begünstigen.

Ich selbst bin über ein solches Austauschformat mit einer Kollegin in Kontakt gekommen, die mir sehr geholfen hat, die Komplexität einer neuen Software zu durchdringen und damit dazu beigetragen hat, dass ich diese besser bedienen konnte. Mein vorheriges digitales Stresslevel ist deutlich reduziert worden, da ich zuvor auch eine Ungewissheit hegte, wie ich die digitale Prozessanwendung angemessen durchführe. In meinem Team und in meinem direkten Umfeld konnte mir bei dieser digitalen Anwendung leider keiner helfen, meine Bewältigungsstrategien (Bewertung 2) zu stärken.

Auf die Bedeutsamkeit eines solchen Netzwerks gehe ich nachfolgend noch einmal näher ein, doch bevor ich dies tue, lassen Sie mich noch einmal auf die Beteiligungsformate zurückkommen. Beteiligungsformate können auch bedeuten, dass ein Erfahrungsaustausch zwischen Teams implementiert wird, also die Erfahrungen gesammelt weitergegeben werden. Die Regel in der Implementierung von neuen Technologien ist, dass ein Pilotprojekt eine neue Software oder digitale Anwendung erprobt. Die daraus gewonnenen Erkenntnisse sollten so breit wie möglich in der Organisation geteilt werden, damit andere Kollegen und andere Teams davon profitieren. Was in der Theorie einfach klingt, braucht gut konzipierte Austauschformate, die optimalerweise durch einen Moderator gelenkt werden. Glücklicherweise sind durch die technischen Möglichkeiten der Videokonferenzsysteme diese Austausch- und internen Vernetzungsmöglichkeiten heute viel einfacher umzusetzen als früher. Erinnern Sie sich an Präsenzveranstaltungen, die zwar noch immer einen enormen Wert haben und diesen wohl auch immer behalten werden, aber sehr aufwendig in der Vorbereitung und Planung waren. Das ist heute viel einfacher.

Zum Glück, denn die Notwendigkeit für hierachieübergreifenden Austausch wird in Organisationen immer wichtiger.

15.8 Unterstützung durch technologischen Support und Digitale Stress Pioniere

Einen letzten wirkungsvollen Hebel auf organisationaler Ebene habe ich Ihnen bereits kurz vorgestellt, als ich Ihnen in Kapitel 7 und 8 von meinem Erlebnis einer virtuellen Großguppenveranstaltung in Microsoft Teams und meiner dortigen Moderationsrolle berichtete. Ich habe Ihnen gezeigt, wie meine Bewältigungsstrategien (Bewertung 2) situativ durch die Kompetenz eines ausgebildeten Spezialisten begünstigt worden sind. Der Kollege damals war Teil unseres technischen Supports. Eine solche Einheit wird in anderen Unternehmen gerne auch als Helpdesk bezeichnet.

Die Mitarbeiter sind entsprechend ausgebildet und bringen oftmals gute digitale Kompetenzen mit. Meine persönliche Einschätzung ist zudem, dass diese Menschen aufgrund ihrer Ausbildung deutlich weniger digitalen Stress empfinden, da sie auf starke Bewältigungsstrategien (Bewertung 2) zurückgreifen können. Entscheidend für die Organisation ist jedoch, inwieweit Spezialisten des technischen Supports es schaffen, ihre Bewältigungsstrategien auf Mitarbeiter übertragen zu können, die von dem Serviceangebot Gebrauch machen.

In dem von mir geschilderten Beispiel funktionierte das sehr gut, allerdings habe ich selbst auch andere Momente erlebt, in denen dies weniger gut funktionierte. Wahrscheinlich fallen Ihnen Beispiele ein, in denen die Hilfestellung weniger von Erfolg gekrönt war, als Sie es gehofft hatten. Der Grund ist in diesen Momenten meistens derselbe: Das technologische Problem ist dem Spezialisten selbst noch nicht untergekommen, weswegen auch er keine direkte Lösung anbieten kann. Anders gesagt: Seine Bewältigungsstrategien (Bewertung 2) sind nicht auf Sie übertragbar.

Das ist ein Problem, was bei vielfältigeren Technologien und digitalen Systemen leider immer häufiger vorkommt. Für übliche Probleme – eine Software oder der Computer ist abgestürzt – kann der technische Support meistens gute Lösungsansätze bzw. Bewältigungsstrategien (Bewertung 2) bieten, doch für die wesentlichen Fragestellungen, die bis in die Tiefe einer neu implementierten Software reichen, fehlt zumindest flächendeckend das Erfahrungswissen.

Umso wichtiger ist es, dass Unternehmen ihren Support als strategisches Werkzeug betrachten. Das bedingt, dass hier bestmöglich ausgebildete Spezialisten vorhanden sein müssen, die über die im Unternehmen genutzten Technologien und digitalen Prozesse nicht nur informiert sind, sondern vollständig zu diesen beraten können. Je nachdem, wie umfangreich diese sind, braucht es natürlich finanzielle und personelle Ressourcen. Doch mit der zuvor genannten strategischen Betrachtung sollte die Notwendigkeit dieses Investment verstanden werden. Letztendlich stehen Mitarbeiter immer häufiger vor technologischen und digitalen Fragestellungen, die sie nicht beantworten können, womit dann auch deren Arbeitszeit nicht so effektiv und effizient genutzt werden kann, wie es theoretisch möglich wäre. Wenn es einem Unternehmen jedoch gelingt, seinen technischen Support so aufzustellen, dann begünstigt das die Bewältigungsstrategien einer gesamten Organisation.

Neben dem Hinweis auf den personellen technischen Support möchte ich etwas eigentlich Selbstverständliches ergänzen: den technischen Support der IT-Infrastruktur. Viele Unternehmen sind aus Kostengründen dazu gezwungen, Abstriche bei der Qualität der eingesetzten Technologien und Prozesse zu machen. Das wirkt sich früher oder später auf die Stabilität der IT-Systeme aus. Die beste IT-Infrastruktur ist jene, die man gar nicht bemerkt, weil sie reibungslos funktioniert. Und auch hier gilt der altbewährte Spruch: wer billig kauft, kauft zweimal, denn die Kosten ein dysfunktionales IT-System am Laufen zu halten sind hoch. Deshalb ist es auch notwendig, weniger digitale Systeme und (vermeintliche) technologische Innovationen zu implementieren, sondern solche, die wirklich effektiv sind und einen Mehrwert für die Arbeitsleistung der Mitarbeiter darstellen.

Unterstützung können hierzu auch die digitalen Stress-Pioniere bieten. Darunter verstehe ich Mitarbeiter, die bestens mit der Thematik des digitalen Stresses vertraut und darin ausgebildet worden sind. Optimalerweise findet sich in jedem Unternehmensbereich ein solcher Mitarbeiter. Dieser hat drei wesentliche Funktionen: Zum einen ist er das Bindeglied zwischen Mitarbeiter und dem Spezialisten des technologischen Supportes und begünstigt damit den Kommunikationsprozess.

Sie erinnern sich vielleicht daran, dass bereits das fehlende Fachvokabular digitalen Stress aufkommen lässt. Der digitale Stress-Pionier kann hier gewissermaßen übersetzen und so zur schnelleren Lösung beitragen.

Eine weitere Funktion besteht darin, für das Thema zu sensibilisieren und die Herausforderung deutlich zu machen. Dazu gehört auch der Dialog mit den Führungskräften, damit es diesen besser gelingt, einen transformationalen Führungsstil zu leben, der die digitale Stressbelastung der Mitarbeiter reduziert.

Auch könnte ein Stress-Pionier Austauschformate steuern, weil er die digitalen Veränderungen am Arbeitsplatz besser mit den digitalen Stress Herausforderungen in Verbindung setzen kann.

Eine letzte Funktion betrifft die strategischen Technologieprojekten, in denen er eine unterstützende Rolle einnehmen und sein Wissen über digitalen Stress einfließen lassen sollte. Das könnte dazu beitragen, dass der Fokus auf wenige wesentliche digitale Veränderungen gelegt wird, damit die IT-Infrastruktur nicht überladen wird und auch, dass es angemessene Beteiligungsformate gibt.

Immer häufiger zeigen Studien, dass die Überladung durch Technologien (Kapitel 5) eine immer größere Herausforderung wird. Hier kommt es darauf an, wenige, aber dafür die passenden digitalen Tools in einer Organisation zu implementieren. Diesen konstruktiv kritischen Blick kann der digitale Stress-Pionier einbringen, wenn sein Kontakt »zur Basis« vertrauensvoll vorhanden ist. Der digitale Stress-Pionier nimmt somit eine Rolle ein, die in Teilen vergleichbar mit der eines Change-Agents, eines Datenschutzbeauftragten oder eines medizinischen Ersthelfers ist. Nur das digitale Stress vielfältiger und somit für fast alle Mitarbeiter unterschiedlich einflussreich ist.

Zusammenfassung Teil 3

Im dritten und letzten Teil dieses Buches stand zunächst die große Bedeutung der psychischen Gesundheit im Mittelpunkt, die in einer digitalen Welt immer bedeutsamer wird. Leider findet der Aspekt der psychischen Gesundheit in der unternehmerischen Praxis noch nicht genug Beachtung. Wenn uns die digitale Transformation weitere körperlich anstrengende Tätigkeiten abnimmt, dafür aber viele neue digitale Tätigkeiten mit den damit verbundenen Herausforderungen entstehen, dann braucht es eine stärkere Fokussierung der psychischen und mentalen Gesundheit. Die Auswirkungen, die von digitalem Stress ausgehen, bekräftigen das. Insbesondere emotionale Erschöpfungszustände, depressive Verstimmungen und Burn-out-Erkrankungen sind exemplarische Beispiele, weshalb digitalem Stress vorgebeugt werden sollte. Aus betriebswirtschaftlicher Perspektive sind die Auswirkungen jedoch nicht weniger problematisch. Eine gut fundierte Studienlage zeigt, dass geringe Produktivität, Leistung und Bindung der Mitarbeiter durch digitalen Stress entstehen können. Zudem sollten die Auswirkungen auch systemisch, das bedeutet, in ihrer Gänze Betrachtung finden. All die Auswirkungen untermauern das Bild, nach dem durch die Betroffenheit von digitalem Stress auch Mitarbeiterwiderstand erwachsen kann. Dieser ist eine häufige Ursache dafür, dass digitale Transformationsprojekte ausgebremst werden oder gar scheitern.

Der zweite Schwerpunkt dieses dritten Teils lag darin, aufzuzeigen, wie digitalem Stress auf unterschiedlichen Ebenen präventiv entgegengewirkt werden kann. Sie haben erfahren, welche Präventionsmittel in Arbeitsroutinen umgewandelt werden können, sie haben Konzepte aus der Stressforschung und Werkzuge kennengelernt, aber auch, wie das Digitale-Stress-Leitbild Sie auf einer individuellen Ebene unterstützen kann, damit es Ihnen gelingt, Ihre Bewältigungsstrategien (Bewertung 2) zu stärken und auszubauen.

Darüber hinaus habe ich Ihnen gezeigt, dass besonders ein transformationaler Führungsstil für die Herausforderungen der Arbeitswelt 4.0 von Vorteil ist. Dieser weist die größte Stressresistenz auf und beschreibt, dass eine Führungskraft eine inspirierende, motivierende und intellektuell stimulierende Vorbildfunktion einnehmen und den Mitarbeiter individuell fördern muss.

Ergänzend stand es für mich im Zentrum, aufzuzeigen, welche Aspekte und Impulse der Organisationsentwicklung gegen digitalen Stress helfen können. Hierbei ist deutlich geworden, wie groß der Einfluss einer ausgeprägten Innovationskultur sein kann, wenn diese Hand in Hand mit einer gelebten Fehlerkultur geht. Damit das überhaupt gelingt, braucht es auch auf organisationaler Ebene psychologische Sicherheit. Während ich diese bereits auf der Teamebene unter dem Einfluss der Führungskraft thematisierte, bedarf es für die wirksame Fehlerkultur jedoch mehr. Alle Teams, Abteilungen und Bereiche einer Organisation müssen psychologische Sicherheit erfahren. Das kann Bestandteil der Digitalen Zusammenarbeitsvereinbarung sein, die Organisationen gemeinsam erarbeiten sollten, damit vielfältige Stressoren bereits an dieser Stelle isoliert und gar nicht erst zur Belastung für Mitarbeiter werden. Es kommt allerdings besonders darauf an, die Mitarbeiter angemessen und permanent zu befähigen. Dazu habe ich Ihnen verdeutlicht, welchen Wert Mitarbeiterbefähigung und die Rolle der Personalentwicklung in der Zukunft einnehmen wird, und auch, was eine zukunftsfähige Lernumgebung benötigt. Zudem kommt der Beteiligung der Mitarbeiter am digitalen Transformationsprozess eine entscheidende Rolle zu. Hier gilt es, Austauschformate und Partizipationsmöglichkeiten zu schaffen. Ein Beispiel stellt das *Digital-Pioneer*-Konzept dar. Zu vernachlässigen ist aber auch nicht, wie gut technischer Support auf organisationaler Ebene gegen digitalen Stress wirken kann.

Schlusswort

Als ich mich dazu entschloss, dieses Buch zu schreiben, war mir nicht klar, auf welche Reise ich mich begeben würde. Ich war nur davon überzeugt, dass das Thema bedeutsam für Millionen von Menschen ist, die bisher zwar eine digitale Belastung verspüren, aber dessen Ursprung nicht einschätzen können und denen damit auch nur eingeschränkte Bewältigungsstrategien für ihre digitale Belastung zur Verfügung stehen, doch reicht das aus, damit ein solches Thema es in ein Verlagsprogramm schafft und damit Millionen von Menschen zugänglich gemacht wird? Deshalb bin ich sehr glücklich darüber, dass gleich mehrere Verlage meine Auffassung teilten und dem Buch eine Chance geben wollten. Wie Sie gemerkt haben, hat der Haufe Verlag das Rennen gemacht und ich bin Dankbar für die Möglichkeit. Ich schreibe das jedoch nicht meiner Autorenleistung zu, sondern einzig und allein dem Thema, weil es aktueller kaum sein könnte und sehr greifbar für Menschen ist, da fast jeder eine persönliche – wenn auch unterschiedlich stark ausgeprägte – Betroffenheit damit hat. Das Thema digitaler Stress ist während der letzten Jahre und insbesondere durch dieses Buch für mich zu einem Herzensthema geworden. Ich bin davon überzeugt, dass es ein dauerhafter Bestandteil meines Lebens wird. Hoffentlich weniger durch meine eigene Betroffenheit, sondern vielmehr durch den Wunsch, anderen Menschen zu helfen, digitalem Stress vorzubeugen. Die digitalen Veränderungen im Beruflichen wie im Privaten werden in den kommenden Jahren noch deutlich ansteigen und es ist für mich kein Ende in Sicht. Deshalb macht die digitale Transformation zur Industrie- und Arbeitswelt 4.0 einen gesellschaftlichen und wirtschaftlichen Diskurs zu diesem Thema notwendig. Ich hoffe, meine Perspektive, die ich in diesem Buch geschildert habe, trägt seinen Teil dazu bei.

Das Verfassen dieses Buches neben zahlreichen beruflichen Tätigkeiten war sehr fordernd für mich. Doch gleichzeitig haben mir meine Tätigkeit jedoch immer auch Inspirationen gegeben, die ich in dieses Buch habe einfließen lassen. Ich hoffe, Ihnen den notwendigen Einblick in die digitale Transformation zur Industrie- und Arbeitswelt 4.0 vermittelt zu haben, weil dieser substanziell ist, um zu verstehen, wieso digitaler Stress zunehmend zur Herausforderung wird. Gleichzeitig wollte ich Ihnen aufzeigen, dass das Thema nicht erst seit der pandemischen Entwicklung untersucht worden ist, sondern unter dem Begriff *Technostress* seit den 80er Jahren erforscht wird. Doch ohne die Covid-19-Pandemie hätte das Thema wahrscheinlich nicht so schnell die praktische Bedeutung erfahren, die mich für dieses Buch motiviert hat. In dessen Konzeption war es mir wichtig, Ihnen eine Einführung in die allgemeine Stressforschung zu geben, damit Sie das transaktionale Stressmodell kennenlernen. Es stellt die wissenschaftliche Basis für die beiden Bewertungen dar, mit denen ich in fast allen Kapiteln dieses Buches gearbeitet habe. Ohne diese wäre es mir deutlich schwieriger gefallen, Ihnen zu erklären, wieso die Betroffenheit von digitalem Stress so individuell ausfällt. Mit dem Verständnis der beiden Bewertungen ist es Ihnen möglich, nicht nur sich selbst besser zu verstehen und digitale Stressoren zu erkennen,

Sie sind nun auch in der Lage, Ihrem Umfeld mit mehr Verständnis zu begegnen. Zudem habe ich versucht mithilfe der beiden Bewertungen, aufzuzeigen, wie digitaler Stress in den unterschiedlichsten Alltagssituationen entsteht und von welchen individuellen Faktoren er beeinflusst werden kann. Ich hoffe, Sie haben meine Beispiele und Ausführungen in diesem Buch mit eigenen Erfahrungen in Verbindung bringen können und sich darin wiedergefunden. Wie ich schon in der Einleitung schrieb, besteht ein Erfolgsfaktor meines Vorhabens darin, ob Sie das Wissen, das Ihnen dieses Buch vermittelt, in echte Verhaltensänderungen im beruflichen, wie auch im privaten Lebensbereich überführen können. Vor diesem Hintergrund ist es mir wichtig, dass Sie einen Eindruck bekommen haben, wie Sie digitalem Stress präventiv begegnen können und welch vielfältige Bewältigungsstrategien Ihnen dafür zur Verfügung stehen. Dafür habe ich in Kauf genommen, dass Sie den Begriff »Bewertung« ganze 284-mal lesen mussten. Das menschliche Gehirn lernt nachweislich durch Wiederholungen; ich wollte hier lieber auf Nummer sichergehen. Das ist deshalb so bedeutsam, weil wir unsere Bewertung 2 deutlich besser steuern und beeinflussen können als unsere Bewertung 1. Diese ist viel intuitiver und unkontrollierbarer als die Bewertung 2. Zudem lässt sich die Bewertung 2 mit gezieltem Training (Nutzung bestimmter Präventionsmittel bzw. bestimmter Arbeitsroutinen, Entwicklung digitaler Kompetenzen u.v.m.) stark beeinflussen, wie ich an unterschiedlichsten Stellen dieses Buches gezeigt habe.

Neben dem allgemeinen Verständnis der Entstehung und der Auswirkungen von digitalem Stress und des Einflusses der Persönlichkeit auf die Betroffenheit, stellt die Darstellung der digitalen Stressdimensionen im zweiten Teil den Kern dieses Buches dar. Ich hoffe, Ihnen ist deutlich geworden, dass die Zunahme von Technologien und digitalen Systemen an Ihrem Arbeitsplatz und die damit verbundene Informationsflut eine, wenn auch in Teilen unvermeidliche, enorme digitale Stressquelle darstellt. Diese dringt bis in den privatesten Lebensbereich vor und führt dazu, dass es zu einer Entgrenzung von Beruf- und Privatleben kommt, was durch die Popularität des Arbeitens aus dem Homeoffice begünstigt wird. Dieses Buch redet die vielen Vorteile ortsunabhängiger Arbeitsmöglichkeiten keineswegs klein oder beschneidet sie. Es sollte Ihnen vielmehr Hilfestellung leisten, dass Sie die vielen Vorteile für sich nutzen können und die negativen Aspekte für Sie möglichst gering bleiben.

Was dieses Buch auch thematisiert, ist die Herausforderung, die Komplexität einer Technologie zu durchdringen. Dies ist der erste Schritt zu einer angemessenen Bedienung. Ich erlebe jedoch immer wieder, dass gerade das für Menschen, die im letzten Drittel ihres Erwerbslebens stehen, oftmals schwierig ist. Leider gehe ich nicht davon aus, dass unsere Gesellschaft aus diesen digitalen Stressoren herauswächst. Es ist nicht zu erwarten, dass wenn die berüchtigte Generation der digitalen Immigranten, also Menschen, die vor 1980 geboren sind, den Arbeitsmarkt verlassen, auch die Stressoren der Komplexität und Ungewissheit (Kapitel 7) in den »Ruhestand gehen.« Das würde voraussetzen, dass diese digitalen Stressoren für die Generation der Digital Natives, also Menschen, die nach 1980 geboren sind, kein Problem darstellen. Doch ich gehe vielmehr davon aus, dass Komplexität und Ungewissheit im Umgang auch für junge Generationen noch deutlich herausfordernder werden. Die Generation der Digital Natives wird die Erste sein, die vollumfänglich den Einfluss Künstlicher Intelligenz im beruflichen Alltag erleben wird. Dies wirkt meiner Meinung nach wie ein Brandbeschleuniger für digitalen Stress, denn deren Komplexität kann das menschliche Hirn bereits heute kaum noch durchdringen und KI-Systeme werden eine neue Art der Ungewissheit im Umgang auslösen, nämlich eine, die das Vertrauen in diese Systeme und Anwendungen betrifft. Ein Anzeichen dafür, wie schnell Künstliche Intelligenz bereits in den Alltag von Millionen von Menschen vordringen konnte, liefert die Tatsache, dass Microsoft zum gegenwärtigen Stand 49% der Firmenanteile von OpenAI hält. Das ist jenes Unternehmen, das ChatGPT entwickelt hat. Es scheint naheliegend, dass Microsoft diese Entwicklungen für seine Produkte nutzen will. Erste Medienberichte, wie der Chatbot die Microsoft-Suchmaschine Bing unterstützen könnte, gibt es bereits. Doch damit dürfte meiner Meinung nach nicht Schluss sein: Nahezu jedes Microsoft-Programm kann durch Künstliche Intelligenz unterstützt werden. So würde es mich nicht wundern, wenn Outlook, PowerPoint, Word und andere bei zukünftigen Updates auf Künstliche Intelligenz zurückgreifen. Das sind unmittelbare Entwicklungen, die in den kommenden Jahren auf uns zukommen, aber die Fortschritte im Feld der Künstlichen Intelligenz werden stetig größer und vielfältiger – für mich ist kaum ein Ende in Sicht, besonders, wenn es gelingt, innovative Fortschritte in der Optimierung und Verbindung von Künstlicher Intelligenz und Robotik zu erzielen. Während ich dieses Abschnitt schreibe, laufen vor meinem geistigen Auge Szenen aus dem Film »*I Robot*« mit Will Smith ab, der vor 20 Jahren in die Kinos gekommen ist. In diesem steht das Zusammenleben von Menschen und intelligenten humanoiden Robotern sowie einer Künstlichen Superintelligenz im Mittelpunkt. Auch wenn unsere Arbeitswelt von solchen Szenarien noch weit entfernt ist, lässt der Film vermuten, wo unsere Entwicklung in Teilen hingehen könnte und warum insbesondere die digitalen Stressoren der Komplexität und der Ungewissheit bedeutsam bleiben werden, statt mit der Generation der digitalen Emigranten in den Ruhestand zu gehen. Die Entwicklung im Feld der Künstlichen Intelligenz müssen deshalb genau beobachtet werden, damit wir als Gesellschaft in der Lage bleiben, mit diesen neuen Formen von Komplexität und Ungewissheit umzugehen.

Ebenso erhoffe ich mir, dass die potenzielle Jobunsicherheit, die spätestens seit den Entwicklungen im Feld der Künstlichen Intelligenz für viele Menschen eine große Belastung darstellt, beherrschbar bleibt. Dafür braucht es ein Bewusstsein dafür, ob der aktuelle Arbeitsplatz potenziell von der digitalen Transformation verändert oder gar abgeschafft wird und eine Regulierung, die den Fortschritt zwar nicht bremst, ihn aber sicher und steuerbar macht. Unabhängig davon wird in Zukunft kein Weg an lebenslangem Lernen und dem Aufbau digitaler Kompetenzen vorbeiführen. Das wird jedoch nur bedingt dabei helfen, die Unzuverlässigkeit vieler Technologien und die damit einhergehenden Funktionsstörungen, die uns wohl immer in gewissem Maße begegnen werden, zu beseitigen. Doch ich bin zuversichtlich, dass Ihre digitalen Kompetenzen Ihnen für den Umgang mit diesem digitalen Stressor mehr Gelassenheit bieten und Ihre Bewältigungsstrategien stärken, wodurch Sie in die Lage versetzt werden, kleinere technologische Problemstellungen und Funktionsstörungen selbst beheben zu können.

Ich hätte dieses Buch nie geschrieben, wenn ich nicht beabsichtigt hätte, eine praktische Anwendbarkeit zu integrieren. Ich hoffe, dies ist mir durchgehend, aber insbesondere im letzten Teil gelungen. Dafür habe ich versucht, noch einmal die individuelle und die organisationale Ebene sowie den Leadership-Einfluss zu beleuchten. Ich hoffe, meine Impulse werden Ihre individuellen Bewältigungsstrategien verbessern. Auch hoffe ich, gezeigt zu haben, was Führungskräfte und Organisationsentwickler tun können, um digitalem Stress vorzubeugen. Ich denke, viele der von mir aufgeführten Punkte werden in der digitalen Transformation unerlässlich sein.

Meiner Meinung nach ist das Thema flächendeckend in deutschen Unternehmen noch zu unbekannt. Die digitalen Stressoren und Belastungsfaktoren existieren jedoch mit ziemlicher Sicherheit, aber viele Menschen können »dem Kind bisher keinen Namen geben«. Vor diesem Hintergrund ist es wichtig, dass die gesetzlich verpflichtete innerbetriebliche Gefährdungsbeurteilung digitalen Stress innerhalb der psychischen Faktoren berücksichtigt. Hier bin ich jedoch optimistisch. Sollte dies in den kommenden Jahren geschehen, würde dies eine Aufmerksamkeit auf das Thema lenken, die weitere Aufklärungsarbeit ermöglichen könnte. Bisher existiert hierzu keine mir bekannte Gruppierung oder Lobby, die für das Thema bundesweit Aufmerksamkeit erzeugt, wie es vergleichbaren Verbänden für Themen rund um allgemeines Stress- und Resilienzmanagement gelingt. Für mich wäre es eine große Freude und Bestätigung zu gleich, sollte eine solche Entwicklung geschehen und in den kommenden Jahren Früchte tragen. Die für uns noch neue digitale Arbeitswelt birgt so viele Möglichkeiten, die wir für uns nutzen sollten – doch wo Licht ist, da ist auch Schatten. Dieses Buch hat die verborgende Belastung ausgeleuchtet. Und wenn das Buch nur ein wenig dazu beigetragen hat, digitalen Stress als Schattenseite der neuen Arbeitswelt zu reduzieren, erfüllt mich das mit tiefster Zufriedenheit.

Danke

Damit ein solches Buch Wirklichkeit werden kann, bedarf es vieler Unterstützer. Ich bedanke mich sehr herzlich beim Haufe Verlag für das Vertrauen in mich, aber insbesondere in das Thema und die Möglichkeiten, die sie unternommen haben, damit digitaler Stress eine bessere Wahrnehmung in der Wirtschaft und Gesellschaft bekommt. Das trägt zur Entstigmatisierung bei und verdeutlicht den Stellenwert von mentaler Gesundheit in unserer neuen Arbeitswelt.

Ein besonderer Dank geht dabei an Mirjam Gabler, die als Produktmanagerin als Erstes mein Exposé und eine Textprobe vorliegen hatte und darin großes Potenzial gesehen hat. Nennen möchte ich an dieser Stelle auch Jessica Sonnenberg, in deren Verantwortung das Verlagsmarketing liegt und für die schnell klar war, dass dieses Buch ein passgenaues und effektives Marketingkonzept verdient, damit die Bekanntheit des Themas optimiert wird.

In enger Verbindung zu den Marketingaktivitäten des Verlags gehört auch die Medien und Kommunikationsdesignerin Janine Theißen genannt, die ich seit meinem Masterstudium kenne und die daher meine erste Ansprechpartnerin war, die ich bezüglich des Buchdesigns konsultiert habe und die dieses – wie ich finde – sehr ansprechende und großartige Cover gestaltet hat.

Des Weiteren danke ich Ulrich Leinz für sein qualitativ hochwertiges Lektorat und die Geduld, die er mit mir hatte. Als Autor mit Eigenarten, der neben einem Vollzeitjob dieses Buch geschrieben hat, habe ich es ihm nicht immer leicht gemacht.

Mein Dank gilt auch Dr. Sebastian Kuss, den ich während dieses Buchprojektes kennenlernen durfte und der nicht nur ein »echter« Facharzt ist, sondern ein absoluter Experte für mentale Gesundheit und in dieser Rubrik zu den ausgezeichneten LinkedIn Top-Voices gehört. Dass er mein Geleitwort geschrieben hat, erfüllt mich mit Stolz und Dankbarkeit.

Zuletzt möchte ich der wohl wichtigsten Person in Verlauf dieses Buchprojektes meinen unendlichen Dank aussprechen, meiner Partnerin, Mona V. Skark, die mich über Monate in jeder Hinsicht unterstützt hat, damit ich dieses Herzensprojekt »zu Papier bringen konnte«. Es bedarf viel Zeit und Energie, von einer Buchidee bis zum fertigen Manuskript. Ich danke ihr sehr, dass sie mich mit beidem unterstützt hat, auch wenn wir dafür weniger gemeinsame Zeit haben konnten, als Paare, die in einer vergleichbaren Lebensphase sind. Auch in Momenten des Zweifelns oder während Schreibblockaden, die jeder Autor wohl kennt, war sie meine Unterstützung auf dem Weg zum Ziel.

Literaturverzeichnis

Einleitung

Bonin, H., Gregory, T., & Zierahn, U. (2015). Übertragung der Studie von Frey/Osborne (2013) auf Deutschland (No. 57). ZEW-Kurzexpertise, Zentrum für Europäische Wirtschaftsforschung (ZEW).

Bughin, J., Batra, P., Chui, M., Manyika, J., Ko, R., Sanghvi, S. & Lund, S. (2017). Jobs lost, jobs gained: Workforce transitions in a time of automation. McKinsey Global Institute, 150, S. 1–160. https://www.mckinsey.com/~/media/BAB489A30B724BECB5DEDC41E9BB9FAC.ashx (Abrufdatum 11.08.2023).

Bundesministerium für Bildung und Forschung (2018). Zukunfts-Monitor IV: Wissen schaffen – Denken und Arbeiten in der Welt von morgen. http://www.kmu-digital.eu/de/publikationen/tags/wissen-kompetenz/77-2017-03-01-studie-bmbf-zukunftsmonitor-iv/file (Abrufdatum 11.02.2023).

Cisik, A. (2018). Die Zukunft der Arbeit Ergebnisse einer empirischen Studie. Cisik Consulting. http://www.cisikconsulting.de/wpcontent/uploads/2018/07/Cisik_Studie-zur-Zukunft-der-Arbeit_Management-Summary_März-2018.pdf (Abrufdatum 15.02.2023).

Doppler, K. & Lauterburg, C. (2019). Change Management: Den Unternehmenswandel gestalten. Campus Verlag.

Engels, B. (2020). Corona: Stresstest für die Digitalisierung in Deutschland. IW-Kurzbericht, 23/2020 https://www.iwkoeln.de/studien/barbara-engels-stresstest-fuer-die-digitalisierung-in-deutschland-463744.html (Abrufdatum 07.08.2023).

Frey, C. B. & Osborne, M. (2013). The Future of Employment. Oxford Martin School. https://sep4u.gr/wp-content/uploads/The_Future_of_Employment_ox_2013.pdf (Abrufdatum 04.03.2023).

Future of Life Institute (2023). Pause Giant AI Experiments: An Open Letter. https://futureoflife.org/open-letter/pause-giant-ai-experiments/ (16.04.2023).

Gimpel, H., Lanzl, J., Manner-Romberg, T. & Nüske, N. (2018). Digitaler Stress in Deutschland: Eine Befragung von Erwerbstätigen zu Belastung und Beanspruchung durch Arbeit mit digitalen Technologien. Hans-Böckler-Stiftung, https://www.econstor.eu/handle/10419/216026 (Abrufdatum 09.04.2023).

Gimpel, H., Bayer, S., Lanzl, J., Regal, C., Schäfer, R., Schoch, M. (2020). Digitale Arbeit während der COVID-19-Pandemie: Eine Studie zu den Auswirkungen der Pandemie auf Arbeit und Stress in Deutschland. Fraunhofer FIT, 2020, 39.

Hanif, A., Naeem, S. B. & Bhatti, R. (2021). Library Professional‹s Resistance to Innovation: An Empirical Examination of Technostress in Punjab's University Libraries. International Transaction Journal of Engineering, Management, & Applied Sciences & Technologies, 12(1), S. 1–8.

Harney, L. (2020). The Moderating Role of Work Engagement within Dispositional Resistance to Change and Technostress [Dissertation, Azusa Pacific University].

Statistisches Bundesamt (2022). Ein Viertel aller Erwerbstätigen arbeitete 2021 im Homeoffice, https://www.destatis.de/DE/Presse/Pressemitteilungen/Zahl-der-Woche/2022/PD22_24_p002.html#:~:text=24%2C8%20%25%20aller%20Erwerbstätigen%20in,an%20jedem%20Arbeitstag%20das%20Büro (Abrufdatum 05.04.2023).

Statista (2023). Anteil der im Homeoffice arbeitenden Beschäftigten in Deutschland vor und während der Corona-Pandemie 2020 und 2021, https://de.statista.com/statistik/daten/studie/1204173/umfrage/befragung-zur-homeoffice-nutzung-in-der-corona-pandemie/ (Abrufdatum 05.04.2023).

Statistisches Bundesamt (2022). Eckzahlen zum Arbeitsmarkt, Deutschland, https://www.destatis.de/DE/Themen/Arbeit/Arbeitsmarkt/Erwerbstaetigkeit/Tabellen/eckwerttabelle.html (Abrufdatum 05.04.2023).

Kapitel 1

Chong, D. & Shi, H. (2015). Big data analytics: a literature review. Journal of Management Analytics, 2(3), S. 175–201.

Cloots, A. (2020). Digitale Kompetenzen: Welche es braucht und wie man sie erlernt: Ein Forschungsbeitrag. Human Digital Work – Eine Utopie? Erkenntnisse aus Forschung und Praxis zur digitalen Transformation der Arbeit, S. 257–268.

Czernich, N., Fackler, T., Falck, O., Schüller, S., Wichert, S., Keveloh, K., & Vijayakumar, R. M. (2019). Digitale Kompetenzen – Ist die deutsche Industrie bereit für die Zukunft. Ifo Institut.

Dengler, K. & Matthes, B. (2018). The impacts of digital transformation on the labour market: Substitution potentials of occupations in Germany. Technological Forecasting and Social Change, 137, S. 304–316.

Deutsches Zentrum für Integrations- und Migrationsforschung (2023). ForschungsLabor »Machine Learning, Rassismus und Diskriminierung« https://www.rassismusmonitor.de/forschungsthemen/forschungslabor-machine-learning-rassismus-und-diskriminierung/ (07.05.2023).

Dodt, M. & Teichert, M. A. (2021). Mobilität – Quo vadis? Ein Ausblick in die autonome Zukunft. Mobility in a Globalised World 2020, 25, S. 17.

Deutsches Ärzteblatt (2023). ChatGPT besteht schriftliche medizinische Staatsexamina nach Ausschluss der Bildfragen. https://www.aerzteblatt.de/archiv/231005/ChatGPT-besteht-schriftliche-medizinische-Staatsexamina-nach-Ausschluss-der-Bildfragen. (Abrufdatum 06.05.2023)

Eldersch, T. (2023). Künstliche Intelligenz misst sich mit bayerischem Abitur: Schafft ChatGPT die eins vor dem Komma?. https://www.merkur.de/bayern/kuenstliche-intelligenz-bayern-abitur-chatgpt-br-test-experiment-noten-92078874.html (Abrufdatum 06.05.2023)

Frank, A. G.., Dalenogare, L. S. & Ayala, N. F. (2019). Industry 4.0 technologies: Implementation patterns in manufacturing companies. International Journal of Production Economics, 210, S. 15–26.

Friedrichsen, M., Wersig, W. (2020). Digitale Kompetenz – Notwendigkeit und Kerngedanken. In: Friedrichsen, M., Wersig, W. (Hrsg.) Digitale Kompetenz. Synapsen im digitalen Informations- und Kommunikationsnetzwerk. Springer Gabler.

Genner, S., Probst, L., Huber, R., Werkmann-Karcher, B., Gundrum, E., & Majkovic, A.-L. (2017). IAP Studie 2017: der Mensch in der Arbeitswelt 4.0. ZHAW Zürcher Hochschule für Angewandte Wissenschaften.

Hofmann, E., Sternberg, H., Chen, H., Pflaum, A. & Prockl, G. (2019). Supply chain management and Industry 4.0: conducting research in the digital age. International Journal of Physical Distribution & Logistics Management, 49(10), S. 945–955.

Hozdić, E. (2015). Smart factory for industry 4.0: A review. International Journal of Modern Manufacturing Technologies, 7(1), S. 28–35.

Institut für Arbeitsmarkt- und Berufsforschung (o.J.). Werden digitale Technologien Ihren Job verändern? https://job-futuromat.iab.de (Abrufdatum 20.04.2023).

Isenhardt, I., Solvay, A. F., Otte, T., Henke, C., Haberstroh, M. (2020). Rolle und Einfluss der Industrie 4.0 auf die Gestaltung autonomer Mobilität. In: Frenz, W. (Hrsg.) Handbuch Industrie 4.0: Recht, Technik, Gesellschaft. Springer.

Jiang, Y., Li, X., Luo, H., Yin, S., & Kaynak, O. (2022). Quo vadis artificial intelligence?. Discover Artificial Intelligence, 2(1), 4.

Jung, M. (2023). Wenn KI als Anwalt vor Gericht auftritt. https://www.faz.net/aktuell/wirtschaft/unternehmen/ki-als-anwalt-vor-gericht-robot-lawyer-soll-verteidigung-uebernehmen-18592087.html (Abrufdatum 21.04.2023).

Kahneman, D., Sibony, O., & Sunstein, C. R. (2021). Noise: Was unsere Entscheidungen verzerrt – und wie wir sie verbessern können. Siedler Verlag.

Lanz, M., Precht, R. D. (2023). Lanz & Precht Podcast. https://open.spotify.com/show/4bGWMQA1ANGTgcysDo14aX?si=2e5e8a9e109349a6 (Abrufdatum 03.07.2023).

La RoccaR. (2010). Soft Mobility and Urban Transformation. TeMA – Journal of Land Use, Mobility and Environment, 2.

Lasi, H., Fettke, P., Kemper, H. G., Feld, T. & Hoffmann, M. (2014). Industry 4.0. Business & information systems engineering, 6, S. 239–242.

Lobo, S. (2019). Realitätsschock. Zehn Lehren aus der Gegenwart. KiWi.

Meyer, A. (2022). Emoticon vor 40 Jahren erfunden – Die Geburtsstunde des Smileys. https://www.zdf.de/nachrichten/digitales/smiley-emoji-erfindung-fahlman-jahrestag-100.html (Abrufdatum 29.06.2023).

McKinsey Global Institute (2021). The future of work after COVID-19. https://www.mckinsey.com/featured-insights/future-of-work/the-future-of-work-after-covid-19#/ (Abrufdatum 23.06.2023)

Niedersächsisches Justizministerium (2023). Einsatz Künstlicher Intelligenz in der https://www.mj.niedersachsen.de/startseite/aktuelles/presseinformationen/einsatz-kunstlicher-intelligenz-in-der-223207.html. (Abrufdatum 27.07.2023).

Pierer, S. (2019). Digitale Personalvermittlung: Hilfe vom Robo-Recruiter. Wirtsch Inform Manag 11, S. 314–315.

Rotter, B. (2022). KI analysiert erstmals Röntgenbild ohne Radiologen. https://t3n.de/news/erste-autonome-roentgenanalyse-ki-eu-1464494/ (Abrufdatum 24.03.2023).

Rump, J., Eilers, S. (2017). Im Fokus: Digitalisierung und soziale Innovation. In: Rump, J., Eilers, S. (Hrsg.) Auf dem Weg zur Arbeit 4.0. IBE-Reihe. Springer Gabler, S. 79–84.

Rybka, J. (2023). ChatGPT Beispiele: Was kann man mit dem Tool alles machen?. https://blog. hubspot.de/marketing/chatgpt-beispiele (Abrufdatum 22.03.2023).

Schreiner, M. (2018). Künstliche Intelligenz schlägt Anwälte im Vertragsrecht. https://the-decoder. de/kuenstliche-intelligenz-schlaegt-anwaelte-im-vertragsrecht/ (Abrufdatum 27.07.2023).

Schäfer, E. (2017). Lebenslanges Lernen. Springer.

Seitz, J., & Seitz, J. (2018). Digitale Kompetenzen: New Work= New Human?. Arbeitswelt der Zukunft: Trends–Arbeitsraum–Menschen–Kompetenzen, S. 355–382.

Siderska, J. (2020). Robotic Process Automation—a driver of digital transformation?. Enginee-ring Management in Production and Services, 12(2), S. 21–31.

Stearns, P. N. (2020). The industrial revolution in world history. Routledge.

Universität Bern (2020). KI-Röntgenbilderanalyse erkennt Covid-19 zuverlässiger als der Mensch. https://www.unibe.ch/aktuell/medien/media_relations/medienmitteilungen/2020/ medienmitteilungen_2020/ki_erkennt_covid_19_bei_roentgenbildern_zuverlaessiger_als_ der_mensch/index_ger.html (Abrufdatum 24.03.2023).

Zarbo, R. J., & D'Angelo, R. (2006). Transforming to a quality culture: the Henry Ford Production System. Pathology Patterns Reviews, 126(suppl_1), S. 21–29.

Zdfheute Nachrichten (2023). Wer am Schreibtisch arbeitet, sollte dieses Video gesehen haben, https://www.youtube.com/watch?v=oyZ87y38zsI (Abrufdatum 03.05.203).

Kapitel 2

Bundesministerium für Bildung und Forschung (2018). Wissen schaffen – Denken und Arbeiten in der Welt von morgen. ZukunftsMonitor IV. http://www.kmu-digital.eu/de/publikationen/ tags/wissen-kompetenz/77-2017-03-01-studie-bmbf-zukunftsmonitor-iv/file (Abrufdatum 14.08.2023).

Cannon, W. B. (1914). The Interrelations of Emotions as Suggested by Recent Physiological. The American Journal of Psychology, 25(2), S. 256–282.

Cisik, A. (2018). Die Zukunft der Arbeit Ergebnisse einer empirischen Studie. Cisik Consulting. http://www.cisikconsulting.de/wpcontent/uploads/2018/07/Cisik_Studie-zur-Zukunft-der-Arbeit_Management-Summary_März-2018.pdf (Abrufdatum 15.02.2023).

Kahneman, D. (2012). Schnelles denken, langsames Denken. Siedler Verlag.

Kim, M. S. & Duda, J. L. (2003). The coping process: Cognitive appraisals of stress, coping strate-gies, and coping effectiveness. The sport psychologist, 17(4), S. 406–425.

Lazarus, R. S. (1966). Psychological stress and the coping process. McGrwa Hill.

Lazarus, R. S. & Folkman, S. (1984). Stress, appraisal, and coping. Springer.

Lazarus, R. S. & Launier, R. (1978). Stress related transactions between person and environ-ment. In: Pervin, L. A. & Lewis, M. (Hrsg.) Perspectives in interactional psychology (S. 287–327). Springer

Myers, D. G. (2014). Psychologie, Aufl. 3, S. 525. Springer.

Tarafdar, M., Tu, Q., Ragu-Nathan, B. S. & Ragu-Nathan, T. S. (2007). The impact of techno-stress on role stress and productivity. Journal of Management Information Systems, 24(1), S. 301–328. https://doi.org/10.2753/MIS0742-1222240109.

Zapf, D. & Semmer, N. K. (2004). Stress und Gesundheit in Organisationen. In: Schuler, H. (Hrsg.) Enzyklopädie der Psychologie. Hogrefe, S. 1007–1091.

Kapitel 3

Bichteler, J. (1987). Technostress in libraries: Causes, effects and solutions. The Electronic Library, 5(5), S. 282–287.

Brod, C. (1984). Technostress: the human cost of the computer revolution. Addison-Wesley.

Engels, B. (2020). Corona: Stresstest für die Digitalisierung in Deutschland. IW-Kurzbericht, 23/2020. https://www.iwkoeln.de/studien/barbara-engels-stresstest-fuer-die-digitalisierung-in-deutschland-463744.html (abgerufen am 15.01.2023)

Gimpel, H., Bayer, S., Lanzl, J., Regal, C., Schäfer, R. & Schoch, M. (2020). Digitale Arbeit während der COVID-19-Pandemie: Eine Studie zu den Auswirkungen der Pandemie auf Arbeit und Stress in Deutschland. Fraunhofer FIT.

Hickey, K. D. (1992). Technostress in libraries and media centers: Case studies and coping strategies. TechTrends: Linking Research and Practice to Improve Learning, 37(2), S. 17–20.

Kupersmith, J. (1992). Technostress and the reference librarian. Reference Services Review, Vol. 20 (2), S. 7–50.

Medienpädagogischer Forschungsverbund Südwest (2016). JIM Studie 2016 Jugend, Information, (Multi-) Media Basisstudie zum Medienumgang 12- bis 19-Jähriger in Deutschland, S. 52–54.

Statistisches Bundesamt (2022). Ein Viertel aller Erwerbstätigen arbeitete 2021 im Homeoffice, https://www.destatis.de/DE/Presse/Pressemitteilungen/Zahl-der-Woche/2022/PD22_24_p002.html#:~:text=24%2C8%20%25%20aller%20Erwerbstätigen%20in,an%20jedem%20Arbeitstag%20das%20Büro (Abrufdatum 05.04.2023).

Statista (2023). Anteil der im Homeoffice arbeitenden Beschäftigten in Deutschland vor und während der Corona-Pandemie 2020 und 2021, https://de.statista.com/statistik/daten/studie/1204173/umfrage/befragung-zur-homeoffice-nutzung-in-der-corona-pandemie/ (Abrufdatum 05.04.2023).

Statistisches Bundesamt (2022). Eckzahlen zum Arbeitsmarkt, Deutschland, https://www.destatis.de/DE/Themen/Arbeit/Arbeitsmarkt/Erwerbstaetigkeit/Tabellen/eckwerttabelle.html (Abrufdatum 05.04.2023).

Tarafdar, M., Tu, Q., Ragu-Nathan, B. S. & Ragu-Nathan, T. S. (2007). The impact of technostress on role stress and productivity. Journal of Management Information Systems, 24, S. 301–328.

Thiemann, D. (2021). Technostress im Homeoffice: Wenn digitale Arbeit zur Belastung wird. International School of Management. https://idw-online.de/de/news763650 (Abrufdatum 04.04.2023).

Kapitel 4

Bausch, D. (2022). Technologieinduzierter Stress und Mitarbeiterwiderstand im Zuge der digitalen Transformation: Eine empirische Analyse von Widerstandsformen und Gegenmaßnahmen [Dissertation, Universität Koblenz-Landau].

Cattell, R. B., Eber, H. W. & Tatsuoka, M. M. (1970). Handbook for the Sixteen Personality Factor Questionnaire (16PF). IPAT.

Eysenck, H. J. (1947). Dimensions of Personality. Methuen.

Fuglseth, A. M. & Sørebø, Ø. (2014). The effects of technostress within the context of employee use of ICT. Computers in Human Behavior, 40, S. 161–170.

Gimpel, H., Lanzl, J., Manner-Romberg, T. & Nüske, N. (2018). Digitaler Stress in Deutschland: Eine Befragung von Erwerbstätigen zu Belastung und Beanspruchung durch Arbeit mit digitalen Technologien. Working Paper der Hans-Böckler-Stiftung, Nummer 101.

Jackson, P. H. (2019). Technostress in Nursing and the Big Five [Dissertation, Nova Southeastern University].

John, O. P., Angleitner, A., & Ostendorf, F. (1988). The lexical approach to personality: A historical review of trait taxonomic research. European journal of Personality, 2(3), S. 171–203.

Kahneman, D. (2012). Schnelles denken, langsames Denken. Siedler Verlag.

Korzynski, P., Rook, C., Florent Treacy, E. & Kets de Vries, M. (2020). The impact of self-esteem, conscientiousness and pseudo-personality on technostress. Internet Research, 31(1), S. 59–79.

Krishnan, S. (2017). Personality and espoused cultural differences in technostress creators. Computers in Human Behavior, 66, S. 154–167.

Maier, C., Laumer, S., Wirth, J. & Weitzel, T. (2019). Technostress and the hierarchical levels of personality: a two-wave study with multiple data samples. European Journal of Information Systems, 28(5), S. 496–522.

McCrae, R. R., & Costa, P. T. (1987). Validation of the five-factor model of personality across instruments and observers. Journal of personality and social psychology, 52(1), 81.

Ormel, J. & Wohlfarth, T. (1991). How Neuroticism, Long-Term Difficulties, and Life Situation Change Influence Psychological Distress: A Longitudinal Model. Journal of Personality and Social Psychology, 60(5), S. 744–755.

Ragu-Nathan, T. S., Tarafdar, M., Ragu-Nathan, B. S. & Tu, Q. (2008). The consequences of technostress for end users in organizations: Conceptual development and validation. Information Systems Research, 19(4), S. 417–433.

Strelecky, J. (2009). The big five for life. dtv.

Srivastava, S. C., Chandra, S. & Shirish, A. (2015). Technostress creators and job outcomes: Theorising the moderating influence of personality traits, Information Systems Journal, 25(4), S. 355–401.

Tarafdar, M., Tu, Q., Ragu-Nathan, T. S., & Ragu-Nathan, B. S. (2011). Crossing to the dark side: Examining creators, outcomes, and inhibitors of technostress. Communications of the ACM, 54(9), S. 113–120.

Wang, K. & Shu, Q. (2008). The moderating impact of perceived organizational support on the relationship between technostress and role stress. Proceedings – International Workshop on Database and Expert Systems Applications, S. 420–424.

Kapitel 5

Addas, S. & Pinsonneault, A. (2015). The many faces of information technology interruptions: a taxonomy and preliminary investigation of their performance effects. Information Systems Journal, 25(3), S. 231–273.

Baddeley, A. (1994). The magical number seven: still magic after all these years? Psychological Review, 101 (2), S. 353–356.

Brandeins (2023). »Arbeiten, wie ich wirklich, wirklich will.« https://www.brandeins.de/magazine/brand-eins-thema/it-dienstleister-2023/arbeiten-wie-ich-wirklich-wirklich-will (Abrufdatum 05.06.2023).

Coolman, A. (2021). Warum E-Mails süchtig machen und wie man mit der Gewohnheit bricht. https://www.wrike.com/de/blog/warum-e-mails-suechtig-machen-und-wie-man-mit-der-gewohnheit-bricht/ (Abrufdatum 05.06.2023).

Csikszentmihályi, M. (1997). Flow and the psychology of discovery and invention. HarperPerennial, New York, 39, S. 1–16.

Galluch, P. S., Grover, V., and Thatcher, J. B. 2015. Interrupting the Workplace: Examining Stressors in an Information Technology Context. Journal of the Association for Information Systems, 16(1), S. 1–47.

Gartner (2022). Neues aus dem Gartner Hype Cycle 2022 zum Thema KI, https://www.gartner.de/de/artikel/gartner-hype-cycle-2022-zum-thema-ki (Abrufdatum 06.06.2023).

Kies, S. C. (2018). Social media impact on attention span. Journal of Management & Engineering Integration, 11(1), S. 20–27.

Marulanda-Carter, L., & Jackson, T. W. (2012). Effects of e-mail addiction and interruptions on employees. Journal of Systems and Information Technology, 14(1), S. 82–94.

Miller, G. A. (1956). The magical number seven, plus or minus two: Some limits on our capacity for processing information. Psychological Review, 63(2), S. 81–97.

Rose, J. (2023). Meetings, unbeantwortete Mails, Slack-Nachrichten: Mitarbeiter verbringen laut einer neuen Erhebung fast 60 Prozent ihrer Arbeitszeit mit Kommunikation. https://www.businessinsider.de/karriere/studie-mitarbeiter-verbringen-fast-60-prozent-ihrer-zeit-mit-kommunikation/?xing_share=news (Abrufdatum 07.06.2023).

Tarafdar, M., Tu, Q., Ragu-Nathan, B. S. & Ragu-Nathan, T. S. (2007). The impact of technostress on role stress and productivity. Journal of Management Information Systems, 24(1), S. 301–328.

t3n digital pioneer (2021). Zoom bleibt ein Gewinner der Krise und wächst weiter rasant https://t3n.de/news/zoom-bleibt-gewinner-krise-rasant-1382059/ (Abrufdatum 07.06.2023).

Kapitel 6

AC (2018). Hart aber fair: Mit dem Handy noch ins Bett wenn der Job die Freizeit frisst, https://www.youtube.com/watch?v=tiau4wZ4EKE (Abrufdatum 26.04.2023).

Chavanne, Y. (2022). Microsoft ersetzt umstrittenen »Productivity Score« durch »Adoption Score«, https://www.netzwoche.ch/news/2022-08-30/microsoft-ersetzt-umstrittenen-productivity-score-durch-adoption-score (Abrufdatum 28.04.2023).

Covey, S. R. (2018). Die 7 Wege zur Effektivität: Prinzipien für persönlichen und beruflichen Erfolg. GABAL Verlag GmbH.

Gimpel, H., Berger, M., Regal, C., Urbach, N., Kreilos, M., Becker, J., & Derra, N. D. (2020). Belastungsfaktoren der digitalen Arbeit: Eine beispielhafte Darstellung der Faktoren, die digitalen Stress hervorrufen. Projektgruppe Wirtschaftsinformatik des Fraunhofer FIT.

Gimpel, H., Lanzl, J., Regal, C., Urbach, N., Wischniewski, S., Tegtmeier, P., Kreilos, M., Kühlmann, T., Becker, J., Eimecke, J., et al. (2019). Gesund digital arbeiten?! Eine Studie zu digitalem Stress in Deutschland; Projektgruppe Wirtschaftsinformatik des Fraunhofer FIT.

Grassegger, H., Krogeruslch, M. (2016). Ich habe nur gezeigt, dass es die Bombe gibt, https://web.archive.org/web/20170127181034/https://www.dasmagazin.ch/2016/12/03/ich-habe-nur-gezeigt-dass-es-die-bombe-gibt/ (Abrufdatum 29.04.2023).

Kahneman, D. (2012). Schnelles denken, langsames Denken. Siedler Verlag.

Langer, M.-A. (2022). Die Schattenseite des Home-Office: In den USA überwachen immer mehr Firmen ihre Mitarbeiter per Software, https://www.nzz.ch/technologie/ueberwachung-im-homeoffice-us-firmen-setzen-vermehrt-software-ein-ld.1708201 (Abrufdatum 28.04.2023).

Lanzl, J. (2023). Social Support as Technostress Inhibitor. Bus Inf Syst Eng 65, S. 329–343.

Rakowski, J. (2023). Tipps gegen Überforderung am digitalen Arbeitsplatz. https://business-user.de/workplace/tipps-gegen-ueberforderung-am-digitalen-arbeitsplatz/ (Abrufdatum 18.08.2023).

Tarafdar, M., Tu, Q., Ragu-Nathan, T. S., & Ragu-Nathan, B. S. (2011). Crossing to the dark side: Examining creators, outcomes, and inhibitors of technostress. Communications of the ACM, 54(9), S. 113–120.

Techninker Krankenkasse (2022). Gesundheitsreport 2022. https://www.tk.de/resource/blob/2125010/da11bbb6e19aa012fde9723c8008e394/gesundheitsreport-au-2022-data.pdf (Abrufdatum 27.04.2023).

WHO (2022). WHO verzeichnet starke Zunahme psychischer Erkrankungen durch Corona, https://unric.org/de/who17062022/ (Abrufdatum 26.04.2023).

Kapitel 7

Behrendt, C. & Schneider, J. (2022): Videokonferenz mit Giffey: Falscher Klitschko doch kein Deepfake?. https://www.zdf.de/nachrichten/politik/giffey-telefonat-falscher-klitschko-ukraine-krieg-100.html (Abrufdatum 13.08.2023).

Bostrom, N. (2014). Superintelligenz: Szenarien einer kommenden Revolution. Suhrkamp Verlag.

Future of Life Institute (2023). Pause Giant AI Experiments: An Open Letter, https://futureoflife.org/open-letter/pause-giant-ai-experiments/ (Abrufdatum 16.04.2023).

Gimpel, H., Lanzl, J., Regal, C., Urbach, N., Wischniewski, S., Tegtmeier, P., Kreilos, M., Kühlmann, T., Becker, J., Eimecke, J., et al. (2019). Gesund digital arbeiten?! Eine Studie zu digitalem Stress in Deutschland; Projektgruppe Wirtschaftsinformatik des Fraunhofer FIT.

Hensen, C (2023). Elon Musk und über 1000 Techriesen warnen in offenem Brief vor KI, https://www.capital.de/wirtschaft-politik/elon-musk-und-ueber-1000-techriesen-warnen-in-offenem-brief-vor-ki-33331838.html (Abrufdatum 18.06.2023).

Jiang, Y., Li, X., Luo, H., Yin, S., & Kaynak, O. (2022). Quo vadis artificial intelligence?. Discover Artificial Intelligence, 2(1), 4.

Kahneman, D. (2012). Schnelles denken, langsames Denken. Siedler Verlag.

Zdfheute Nachrichten (2023). Wer am Schreibtisch arbeitet, sollte dieses Video gesehen haben, https://www.youtube.com/watch?v=oyZ87y38zsl (Abrufdatum 03.05.203).

Li, L., & Wang, X. (2021). Technostress inhibitors and creators and their impacts on university teachers' work performance in higher education. Cognition, Technology & Work, 23, S. 315–330.

Lund, B. D. & Wang, T. (2023). Chatting about ChatGPT: how may AI and GPT impact academia and libraries?. Library Hi Tech News, 40(3), S. 26–29.

Prensky, M. (2001). Digital natives, digital immigrants part 2: Do they really think differently?. On the horizon, 9(6), S. 1–6.

Sharma, S., & Gupta, B. (2023). Investigating the role of technostress, cognitive appraisal and coping strategies on students' learning performance in higher education: a multidimensional transactional theory of stress approach. Information Technology & People, 36(2), S. 626–660.

Reid, L., Button, D. & Brommeyer, M. (2023). Challenging the myth of the digital native: A narrative review. Nursing Reports, 13(2), S. 573–600.

Sarabadani, J., Carter, M. & Compeau, D. (2018). 10 Years of Research on Technostress Creators and Inhibitors: Synthesis and Critique. AMCIS 2018 Proceedings, 1, S. 86–95.

Tarafdar, M., Tu, Q., Ragu-Nathan, B. S. & Ragu-Nathan, T. S. (2007). The impact of technostress on role stress and productivity. Journal of Management Information Systems, 24(1), S. 301–328.

Tarafdar, M., Tu, Q., Ragu-Nathan, T. S., & Ragu-Nathan, B. S. (2011). Crossing to the dark side: Examining creators, outcomes, and inhibitors of technostress. Communications of the ACM, 54(9), S. 113–120.

Vilentchik, D. (2023). KI-Bild-Schöpfer erklärt: So kam es zum Papst-Fakefoto. https://www.berliner-zeitung.de/news/ki-bild-schoepfer-pablo-xavier-erklaert-so-kam-es-zum-papst-franziskus-fakefoto-li.332514 (Abrufdatum 14.05.2023).

Wang, Q., Myers, M. D., & Sundaram, D. (2013). Digital natives and digital immigrants: Towards a model of digital fluency. Wirtschaftsinformatik, 55, S. 409–420.

Kapitel 8

Adam, M. T. P., Gimpel, H., Maedche, A. & Riedl, R. (2017). Design Blueprint for Stress-Sensitive Adaptive Enterprise Systems. Business and Information Systems Engineering, 59(4), S. 277–291.

Johansson, G. & Aronsson, G. (1984). Stress reactions in computerized administrative work. Journal of organizational behavior, 5(3), S. 159–181.

Jülicher, S. (2021). Nach geplatztem FC-Transfer – Bayern-Star wegen falscher Mail-Adresse ausgebremst. https://www.express.de/sport/fussball/fc-bayern-choupo-moting-fehlt-nach-mail-panne-bei-afrika-cup-60870 (Abrufdatum 22.07.2023).

Jünger, A. (2019). Branchenübergreifende Studie untersucht Zufriedenheit im IT-Support https://www.callcenterprofi.de/branchennews/detailseite/branchenuebergreifende-studie-untersucht-zufriedenheit-im-it-support-20196345/ (Abrufdatum 27.05.2023).

Kahneman, D. (2012). Schnelles denken, langsames Denken. Siedler Verlag.

Kohrs, C., Angenstein, N., & Brechmann, A. (2016). Delays in human-computer interaction and their effects on brain activity. PloS one, 11(1), e0146250.

Riedl, R. (2021). Digitaler Stress: Wie er uns kaputt macht und was wir dagegen tun können. 2. Auflage, Linde Verlag.

Trimmel, M., Meixner-Pendleton, M. & Haring, S. (2003). Stress response caused by system response time when searching for information on the Internet. Human Factors, 45(4), S. 615–622.

Kapitel 9

Bernau, P. (2023). »Menschen glauben der Künstlichen Intelligenz sehr schnell alles« https://www.faz.net/aktuell/wirtschaft/kuenstliche-intelligenz/ethikrat-chefin-alena-buyx-ueber-kuenstliche-intelligenz-19126425.html (Abrufdatum 23.09.2023).

Bughin, J., Batra, P., Chui, M., Manyika, J., Ko, R., Sanghvi, S. & Lund, S. (2017). Jobs lost, jobs gained: Workforce transitions in a time of automation. McKinsey Global Institute, 150, S. 1–160. https://www.mckinsey.com/~/media/BAB489A30B724BECB5DEDC41E9BB9FAC.ashx (Abrufdatum 11.08.2023).

Cheng, G. H.-L. & Chan, D. K.-S. 2008. Who suffers more from job insecurity? A meta-analytic review. Applied Psychology: An International Review, 57, S. 272–303.

Christmann, Kathrin (2023). Bericht des »Rats der Arbeitswelt«: Sechs Erkenntnisse über den Arbeitsmarkt der Zukunft. https://www.tagesspiegel.de/politik/bericht-des-rats-der-arbeitswelt-sechs-erkenntnisse-uber-den-arbeitsmarkt-der-zukunft-9785450.html (Abrufdatum 08.08.2023).

Ernst, N. (2023): KI-Startup verspricht Fotoshootings auf Basis eigener Bilder. https://www.heise.de/news/KI-Startup-verspricht-Fotoshootings-auf-Basis-eigener-Bilder-9187812.html (Abrufdatum 14.08.2023)

Genner, S., Probst, L., Huber, R., Werkmann-Karcher, B., Gundrum, E., & Majkovic, A.-L. (2017). IAP Studie 2017: der Mensch in der Arbeitswelt 4.0. ZHAW Zürcher Hochschule für Angewandte Wissenschaften.

House of the Dragon (2022). Zitate und Sprüche aus House Of The Dragon https://www.myzitate.de/house-of-the-dragon/ (Abrufdatum 30.05.2023).

Institut für Arbeitsmarkt- und Berufsforschung (o.J.). Werden digitale Technologien Ihren Job verändern? https://job-futuromat.iab.de (Abrufdatum 20.04.2023).

Ipsos (2023). Global Views on A.I.: Jeder Zweite glaubt, dass künstliche Intelligenz seinen Alltag grundlegend verändern wird. https://www.ipsos.com/de-de/global-views-ai-jeder-zweite-glaubt-dass-kunstliche-intelligenz-seinen-alltag-grundlegend-verandern (Abrufdatum 08.08.2023).

IT Finanzmagazin (2016). Commerzbank wird Technologieunternehmen: 1000 Mitarbeiter für Frankfurter »Digital Campus« geplant. https://www.it-finanzmagazin.de/commerzbank-wird-technologieunternehmen-1000-mitarbeiter-im-frankfurter-digital-campusgeplant-37691/#:~:text=In%20den%20nächsten%20vier%20Jahren,innerhalb%20der%20Bank%20digitalisieren%20wolle (Abrufdatum 06.06.2023).

Li, L. (2022). Reskilling and upskilling the future-ready workforce for industry 4.0 and beyond. Information Systems Frontiers, S. 1–16.

Mann, A., Denis, V., Schleicher, A., Ekhtiari, H., Forsyth, T., Liu, E. & Chambers, N. (2020). DreamJobs? Teenagers' Career Aspirations and the Future of Work, Berlin: OECD. https://www.oecd.org/berlin/publikationen/dream-jobs-teenagers-career-aspirations-and-the-future-of-work.htm (Abrufdatum 17.05.2023).

McKinsey Global Institute (2021). The future of work after COVID-19. https://www.mckinsey.com/featured-insights/future-of-work/the-future-of-work-after-covid-19#/ (Abrufdatum 23.06.2023).

Precht, R. D. (2022). Freiheit für alle: Das Ende der Arbeit wie wir sie kannten. Goldmann Verlag.

Ragu-Nathan, T. S., Tarafdar, M., Ragu-Nathan, B. S. & Tu, Q. (2008). The consequences of technostress for end users in organizations: Conceptual development and validation. Information Systems Research, 19(4), S. 417–433.

Schreck, K. (2022). Up- und Reskilling: Entwickeln Sie sich in die Zukunft, wie es Ihnen gefällt. https://www.haufe-akademie.de/perspektiven/re-und-upskilling-entwickeln-sie-sich-in-die-zukunft-wie-es-ihnen-gefaellt/ (Abrufdatum 20.06.2023).

Schwind, M. (2023). ChatGPT überholt George R.R. Martin und schreibt Game of Thrones fertig. https://www.gamestar.de/artikel/chatgpt-schreibt-game-of-thrones-fertig,3397807.html (Abrufdatum 31.08.2023).

Stettes, O. (2020). (Keine) Angst vor Robotern? Aktualisierte Befunde zu potenziellen Beschäftigungseffekten der Digitalisierung. IW-Trends, 47(4) S. 85–103.

Süddeutsche Zeitung (2019). Wenige haben Angst vor Jobverlust durch Digitalisierung. https://www.sueddeutsche.de/karriere/arbeit-wenige-haben-angst-vor-jobverlust-durch-digitalisierung-dpa.urn-newsml-dpa-com-20090101-190624-99-779608 (Abrufdatum 06.07.2023).

Vallor, S. (2015). Moral deskilling and upskilling in a new machine age: Reflections on the ambiguous future of character. Philosophy & Technology, 28, S. 107–124.

Kapitel 10

Andrews, J. A., Brown, L. J., Hawley, M. S., & Astell, A. J. (2019). Older adults' perspectives on using digital technology to maintain good mental health: interactive group study. Journal of Medical Internet Research, 21(2), e11694.

Kreuter, d. (o.J.). Homepage. https://dirkkreuter.com (Abrufdatum 20.05.2023).

Marten, W. D., & Wilkerson, B. (2003). Stress, work and mental health: a global perspective. Acta neuropsychiatrica, 15(1), S. 44–53.

Ohlbrecht, H. (2018). Arbeitswelt und Gesundheit: Ein gesundheitssoziologischer Blick auf die Herausforderungen der Arbeitswelt 4.0. Medizinische Soziologie trifft Medizinische Pädagogik, S. 117–137.

Schaff, A. (2019). Arbeit 4.0: Risiken für die psychische Gesundheit. In: Hermeier, B., Heupel, T., Fichtner-Rosada, S. (Hrsg.) Arbeitswelten der Zukunft: Wie die Digitalisierung unsere Arbeitsplätze und Arbeitsweisen verändert, S. 303–321.

Kapitel 11

Berg-Beckhoff, G., Nielsen, G., & Ladekjær Larsen, E. (2017). Use of information communication technology and stress, burnout, and mental health in older, middle-aged, and younger workers–results from a systematic review. International journal of occupational and environmental health, 23(2), S. 160–171.

Brown, R., Duck, J. & Jimmieson, N. (2014). E-mail in the workplace: The role of stress appraisals and normative response pressure in the relationship between E-mail stressors and employee strain. International Journal of Stress Management, 21(4), S. 325–347.

Coach, L. & French, J. R. (1948). Overcoming resistance to Change. Human Relations, 1, S. 512–532.

Çoklar, A. N. & Şahin, Y. L. (2011). Technostress levels of social network users based on ICTS in Turkey. European Journal of Social Sciences, 23(2), S. 171–182.

Gardner, R. L., Cooper, E., Haskell, J., Harris, D. A., Poplau, S., Kroth, P. J., & Linzer, M. (2019). Physician stress and burnout: the impact of health information technology. Journal of the American Medical Informatics Association, 26(2), S. 106–114.

Hauschildt, J., Salomo, S., Schultz, C. & Kock, A. (2016). Innovationsmanagement. Vahlen, S. 31.

Ioannou, A. & Papazafeiropoulou, A. (2017). Using it mindfulness to mitigate the negative consequences of technostress. America's Conference on Information Systems: A Tradition of Innovation, S. 1–10.

Jena, R. K. (2015). Technostress in ICT enabled collaborative learning environment: An empirical study among Indian academician. Computers in Human Behavior, 51, S. 1116–1123.

La Torre, G., Esposito, A., Sciarra, I. & Chiappetta, M. (2019). Definition, symptoms and risk of techno-stress: a systematic review. International Archives of Occupational and Environmental Health, 92(1), S. 13–35.

Park, J. C., Kim, S. & Lee, H. (2020). Effect of work-related smartphone use after work on job burnout: Moderating effect of social support and organizational politics. Computers in Human Behavior, 2020 (105). S. 106–194.

Ragu-Nathan, T. S., Tarafdar, M., Ragu-Nathan, B. S. & Tu, Q. (2008). The consequences of technostress for end users in organizations: Conceptual development and validation. Information Systems Research, 19(4), S. 417–433.

Reinecke, L., Aufenanger, S., Beutel, M. E., Dreier, M., Quiring, O., Stark, B. & Müller, K. W. (2017). Digital Stress over the Life Span: The Effects of Communication Load and Internet Multitasking on Perceived Stress and Psychological Health Impairments in a German Probability Sample. Media Psychology, 20(1), S. 90–115.

Schumpeter, J. (1912). Theorie der wirtschaftlichen Entwicklung. Duncker & Humblot, S. 108.

Tarafdar, M., Pullins, E. B. & Ragu-Nathan, T. S. (2015). Technostress: Negative effect on performance and possible mitigations. Information Systems Journal, 25(2), S. 103–132.

Tarafdar, M., Ragu-Nathan, B. S., Ragu-Nathan, T. S., & Tu, Q. (2005). Exploring The Impact of Technostress on Productivity. 36th Annual Meeting of the Decision Sciences Ins' Foreword, S. 13771–13776.

Tarafdar, M., Tu, Q., Ragu-Nathan, B. S., & Ragu-Nathan, T. S. (2007). The impact of techno-stress on role stress and productivity. Journal of Management Information Systems, 24, S. 301–328.

Tarafdar, M., Tu, Q., Ragu-Nathan, T. S., & Ragu-Nathan, B. S. (2011). Crossing to the dark side: Examining creators, outcomes, and inhibitors of technostress. Communications of the ACM, 54(9), S. 113–120.

Techniker Krankenkasse (2017). Schlaf gut, Deutschland. https://www.tk.de/resource/blob/2033604/eef53464692e64d14cf4c91b1c820bb9/schlaf-gut-deutschland-data.pdf (Abrufdatum 29.07.2023).

Tu, Q., Wang, K. & Shu, Q. (2005). Computer-Related Technostress in China. Communications of the ACM, 48(4), S. 77–82.

Kapitel 12

AZ (2019). »Wer eine Jogginghose trägt, hat die Kontrolle über sein Leben verloren«. https://www.faz.net/aktuell/stil/mode-design/karl-lagerfeld-die-besten-zitate-des-verstorbenen-modedesigners-16049283.html (Abrufdatum 23.07.2023).

Cabane, O. F. (2013). Das Charisma-Geheimnis: Wie jeder die Kunst erlernen kann, andere Menschen in seinen Bann zu ziehen. mvg Verlag.

Covey, S. R. (2018). Die 7 Wege zur Effektivität: Prinzipien für persönlichen und beruflichen Erfolg. GABAL Verlag GmbH.

Digitale Profis (2023).18 OUTLOOK TRICKS, DIE DU KENNEN MUSST https://www.youtube.com/watch?v=4HT5qmug5CQ (Abrufdatum 20.07.2023).

Gilly, D. (2022). Postfach organisieren: So besiegen Sie die E-Mail-Flut! https://www.handwerk.com/e-mail-postfach-organisieren-so-arbeiten-sie-effizient (Abrufdatum 18.06.2023).

Kals, U., Kokenbrink, A. (2023). Wenn der Feierabend nicht frei ist. https://m-faz-net.cdn.ampproject.org/c/s/m.faz.net/aktuell/karriere-hochschule/staendige-erreichbarkeit-wenn-der-feierabend-nicht-frei-ist-18969195.amp.html (Abrufdatum 12.08.2023).

Knuth, C. (2022). Vertrauensarbeitszeit weiterhin möglich https://www.haufe.de/personal/arbeitsrecht/bag-urteil-sorgt-fuer-handlungsbedarf-bei-zeiterfassung_76_575932.html (Abrufdatum 23.06.2023).

Michaelis, C. (2020). Wie ziehe ich im Homeoffice die Grenze zwischen Job und Privatleben? https://www.spiegel.de/karriere/home-office-wie-kann-ich-jetzt-job-und-privatleben-abgrenzen-a-12d21b31-2326-4291-b29a-98cc06d884f3 (Abrufdatum 19.07.2023).

Rakowski, J. (2023). Tipps gegen Überforderung am digitalen Arbeitsplatz, https://business-user.de/workplace/tipps-gegen-ueberforderung-am-digitalen-arbeitsplatz/ (Abrufdatum 03.08.2023).

Schlicht, F. (2021). 8 Outlook Powertipps für mehr Effizienz, https://www.haufe-akademie.de/blog/themen/persoenliche-kompetenz/8-outlook-powertipps-fuer-mehr-effizienz/ (Abrufdatum 17.06.2023).

Starker, V. (2022). Fünf Tipps für mehr Produktivität, https://www.haufe.de/personal/hr-management/5-tipps-fuer-mehr-produktivitaet_80_573840.html (Abrufdatum 16.07.2023).

Tarafdar, M., Tu, Q., Ragu-Nathan, B. S. & Ragu-Nathan, T. S. (2007). The impact of technostress on role stress and productivity. Journal of Management Information Systems, 24, S. 301–328.

Mussler, H. (2022). Banken müssen hohe Strafen wegen Whatsapp-Nutzung zahlen, https://www.faz.net/aktuell/wirtschaft/deutsche-bank-muss-hohe-strafen-wegen-whatsapp-nutzung-zahlen-18347986.html (Abrufdatum 20.06.2023).

Kapitel 13

Bhamra, R., Dani, S. & Burnard, K. (2011). Resilience: the concept, a literature review and future directions. International journal of production research, 49(18), S. 5375–5393.

Cosh, S. & Tully, P. J. (2015). Stressors, coping, and support mechanisms for student athletes combining elite sport and tertiary education: Implications for practice. The Sport Psychologist, 29(2), S. 120–133.

Evers, F. T., Rush, J. C. & Berdrow, I. (1998). The bases of competence: Skills for lifelong learning and employability. San Francisco.

Gerlach, C. (2000). Lebenslanges Lernen. Konzepte und Entwicklungen 1972 bis 1997. Böhlau Verlag.

Heller, J. (2013). Resilienz: 7 Schlüssel für mehr innere Stärke. Gräfe und Unzer.

Herrman, H., Stewart, D. E., Diaz-Granados, N., Berger, E. L., Jackson, B., & Yuen, T. (2011). What is resilience?. The Canadian Journal of Psychiatry, 56(5), S. 258–265.

Ishida R. & Okada M. (2011). Factors influencing the development of «Purpose in Life« and its relationship to coping with mental stress. Psychology, 2, S. 29–34.

Kaiseler, M., Polman, R. & Nicholls, A. (2009). Mental toughness, stress, stress appraisal, coping and coping effectiveness in sport. Personality and individual differences, 47(7), S. 728–733.

Lanzl, J. (2023). Social Support as Technostress Inhibitor. Bus Inf Syst Eng 65, S. 329–343.

Li, L. (2022). Reskilling and upskilling the future-ready workforce for industry 4.0 and beyond. Information Systems Frontiers, S. 1–16.

Matthews, K. A., Hall, M. H., Cousins, J. & Lee, L. (2016). Getting a good night's sleep in adolescence: Do strategies for coping with stress matter?. Behavioral Sleep Medicine, 14(4), S. 367–377.

Müller, T. (2014). LED-Licht raubt den Schlaf, https://www.aerztezeitung.de/Medizin/LED-Licht-raubt-den-Schlaf-237937.html (Abrufdatum 12.08.2023).

Nicholls, A. R. & Polman, R. C. (2007). Coping in sport: A systematic review. Journal of sports sciences, 25(1), S. 11–31.

Razurel, C., Kaiser, B., Sellenet, C. & Epiney, M. (2013). Relation between perceived stress, social support, and coping strategies and maternal well-being: a review of the literature. Women & health, 53(1), S. 74–99.

Schäfer, E. (2017). Lebenslanges Lernen. Springer.

Schreck, K. (2022). Up- und Reskilling: Entwickeln Sie sich in die Zukunft, wie es Ihnen gefällt. https://www.haufe-akademie.de/perspektiven/re-und-upskilling-entwickeln-sie-sich-in-die-zukunft-wie-es-ihnen-gefaellt/ (Abrufdatum 20.06.2023).

Tarafdar, M., Tu, Q., Ragu-Nathan, B. S. & Ragu-Nathan, T. S. (2007). The impact of technostress on role stress and productivity. Journal of Management Information Systems, 24, S. 301–328.

Thoits, P. A. (1995). Stress, coping, and social support processes: Where are we? What next?. Journal of health and social behavior, S. 53–79.

Wang, M. C., Richard Lightsey, O., Pietruszka, T., Uruk, A. C. & Wells, A. G.. (2007). Purpose in life and reasons for living as mediators of the relationship between stress, coping, and suicidal behavior. The Journal of Positive Psychology, 2(3), S. 195–204.

Walker, M. P. (2019). Sleep is your Superpower. Ted.

Wallace-Hadrill, S. M. & Kamboj, S. K. (2016). The impact of perspective change as a cognitive reappraisal strategy on affect: A systematic review. Frontiers in Psychology, 7, 1715.

Wellensiek, S. K. (2019). Ruhe, Kraft und Klarheit in Zeiten ständigen Wandels: Persönliche und organisationale Resilienz durch ganzheitliches Training und Coaching stärken. In: Heller, J. (Hrsg.) Resilienz für die VUCA-Welt. Springer.

Vallor, S. (2015). Moral deskilling and upskilling in a new machine age: Reflections on the ambiguous future of character. Philosophy & Technology, 28, S. 107–124.

Kapitel 14

Bass, B. M. & Riggio, R.E. (2006). Transformational Leadership. Psychology Press.

Boyer-Davis, S. (2018). The relationship between technology stress and leadership style: An empirical investigation. Journal of Business and Educational Leadership, 8(1), S. 48–65.

Çiçek, B. & Kılınç, E. (2021). Can transformational leadership eliminate the negativity of technostress? Insights from the logistic industry. Business & Management Studies: An International Journal, 9(1), S. 372–384.

Fieseler, C. Grubenmann, S., Meckel, M. & Müller, S. (2014). The leadership dimension of coping with technostress. In 2014 47th Hawaii International Conference on System Sciences (S. 530–539). IEEE.

Salanova, M., Llorens, S. & Cifre, E. (2013). The dark side of technologies: Technostress among users of information and communication technologies. International journal of psychology, 48(3), S. 422–436.

Wang, G., Oh, I.S., Courtright, S. H. & Colbert, A.E. (2011). Transformational leadership and performance across criteria and levels: A meta-analytic review of 25 years of research. Group & organization management, 36(2), S. 223–270.

Kapitel 15

Doppler, K. & Lauterburg, C. (2019). Change Management – Den Unternehmenswandel gestalten. Campus Verlag.

Drewery, D. W., Sproule, R. & Pretti, T. J. (2020). Lifelong learning mindset and career success: evidence from the field of accounting and finance. Higher Education, Skills and Work-Based Learning, 10(3), S. 567–580.

Edmondson A. (1999). Psychological safety and learning behavior in work teams. Administrative Science Quarterly, 44, S. 350–383.

Edmondson, A. C. & Lei, Z. (2014). Psychological Safety: The History, Renaissance, and Future of an Interpersonal Construct. Annual Review of Organizational Psychology and Organizational Behavior, 1(1) S. 23–43.

Fuglseth, A. M. & Sørebø, Ø. (2014). The effects of technostress within the context of employee use of ICT. Computers in Human Behavior, 40, S. 161–170.

Harteis, C., Bauer, J., & Gruber, H. (2008). The culture of learning from mistakes: How employees handle mistakes in everyday work. International Journal of Educational Research, 47(4), S. 223–231.

Kemmer, R. & Zahn, C. (2018). Bewusste Fehlerkultur als Erfolgsfaktor für Unternehmen. Arbeitswelt der Zukunft: Trends–Arbeitsraum–Menschen–Kompetenzen, S. 117–130.

Koo, C. & Wati, Y. (2011). What Factors Do Really Influence the Level of Technostress in Organizations?: An Empirical Study. In: Nguyen, N.T., Trawiński, B., Jung, J.J. (Hsrg.) New Challenges for Intelligent Information and Database Systems. Studies in Computational Intelligence, Ausgabe 351. Springer.

Kotter, J. P. (2012). Die Kraft der zwei Systeme. Harvard Business Manager, 12(2012), S. 22–36.

Kotter, J. P. (2013). Accelerate! The Evolution of the 21st Century Organization. https://www.youtube.com/watch?v=Pc7EVXnF2aI (Abrufdatum 22.07.2023).

Levitt, B. & March, J. G. (1988). Organizational learning. Annual review of sociology, 14(1), S. 319–338.

Meyer, H., Wrba, M. & Bachmann, T. (2018). Psychologische Sicherheit: Das Fundament gelingender Arbeit im Team. In: Hess, S. & Fischer, H. (Hrsg.) Mensch und Computer. Gesellschaft für Informatik e. V. und die German UPA e. V..

Wang, K. & Shu, Q. (2008). The moderating impact of perceived organizational support on the relationship between technostress and role stress. Proceedings – International Workshop on Database and Expert Systems Applications, S. 420–424.

Winkler, K. & Fink, J. (2022). Personalentwicklung in der digitalisierten Arbeitswelt – Das individuelle, lebenslange Lernen im Mittelpunkt. In: Cloots, A. (Hrsg.) Hybride Arbeitsgestaltung. Springer Gabler.

Ragu-Nathan, T. S., Tarafdar, M., Ragu-Nathan, B. S. & Tu, Q. (2008). The consequences of technostress for end users in organizations: Conceptual development and validation. Information Systems Research, 19(4), S. 417–433.

Stichwortverzeichnis

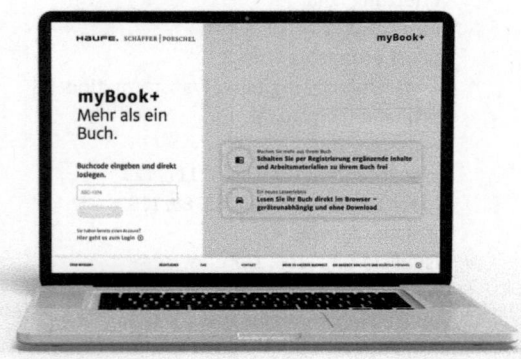

Ihre Online-Inhalte zum Buch: Exklusiv für Buchkäuferinnen und Buchkäufer!

▶ https://mybookplus.de

▶ Buchcode: JTC-16764